# 玄奘取經

## 《西遊記》滿文譯本會話選讀

莊吉發編譯

滿 語 叢 刊
文史哲出版社印行

國家圖書館出版品預行編目資料

玄奘取經：《西遊記》滿文譯本會話選讀 / 莊吉發編譯. -- 初版.-- 臺北市：文史哲, 民 108.09

面； 公分.（滿語叢刊；36）

ISBN 978-986-314-499-1 (平裝)

1.滿語 2.會話

802.9188 108020938

滿語叢刊 36

# 玄奘取經

## 《西遊記》滿文譯本會話選讀

編譯者：莊吉發

出版者：文史哲出版社

http:// www.lapen.com.tw

e-mail:lapen@ms74.hinet.net

登記證字號：行政院新聞局版臺業字五三三七號

發行人：彭正雄

發行所：文史哲出版社

印刷者：文史哲出版社

臺北市羅斯福路一段七十二巷四號

郵政劃撥帳號：一六一八〇一七五

電話886-2-23511028・傳真886-2-23965656

**定價新臺幣五〇〇元**

民國一〇八年（2019）十二月初版

民國一〇九年（2020）八月修訂版



ISBN 978-986-314-499-1 65136

# 玄奘取經
# 《西遊記》滿文譯本會話選讀

## 目　　次

**玄奘取經：《西遊記》滿文譯本會話選讀導讀** ………… 3

一　、　師徒扶持 ………… 17
二　、　請看僧面 ………… 25
三　、　師徒模樣 ………… 33
四　、　延年益壽 ………… 39
五　、　寶貝在手 ………… 47
六　、　西天路遠 ………… 59
七　、　鬼怕惡人 ………… 69
八　、　佛門弟子 ………… 77
九　、　投告無門 ………… 85
十　、　過去未來 ………… 93
十一、芭蕉樹下 ………… 101
十二、烏雞國王 ………… 109
十三、七級浮圖 ………… 117
十四、九轉還魂 ………… 125
十五、真主復活 ………… 133

十　六、君臣父子 …… 143
十　七、天地同生 …… 151
十　八、缺乳骨輕 …… 159
十　九、識得時務 …… 167
二　十、相生相尅 …… 175
二十一、求雨捉妖 …… 183
二十二、壽增千歲 …… 191
二十三、人逢喜事 …… 199
二十四、坐上蓮花 …… 207
二十五、眼耳鼻舌 …… 215
二十六、天上人間 …… 223
二十七、車遲國王 …… 231
二十八、孤掌難鳴 …… 239
二十九、濟度萬民 …… 245
三　十、坐禪念佛 …… 255
三十一、砍頭剖腹 …… 265
三十二、披星戴月 …… 277
三十三、貌醜心善 …… 285
三十四、同天共日 …… 295
三十五、道路迷漫 …… 303
三十六、竹林大士 …… 311
三十七、浮頭聽經 …… 319
三十八、大黿渡河 …… 327
三十九、西天如來 …… 335

# 玄奘取經
# 《西遊記》滿文譯本會話選讀

## 導　讀

女真族是滿族的主體民族，蒙古滅金後，女真遺族散居於混同江流域，開元城以北，東濱海，西接兀良哈，南鄰朝鮮。由於元朝蒙古對東北女真的統治以及地緣的便利，在滿族崛起以前，女真與蒙古的接觸，已極密切，蒙古文化對女真產生了很大的影響，女真地區除了使用漢文外，同時也使用蒙古語言文字。明朝後期，滿族的經濟與文化，進入迅速發展的階段，但在滿族居住的地區，仍然沒有滿族自己的文字，其文移往來，主要使用蒙古文字，必須「習蒙古書，譯蒙古語通之。」使用女真語的民族書寫蒙古文字，未習蒙古語的女真族則無從了解，這種現象實在不能適應新興滿族共同體的需要。明神宗萬曆二十七年（1599）二月，清太祖努爾哈齊為了文移往來及記注政事的需要，即命巴克什額爾德尼、扎爾固齊噶蓋仿照老蒙文創製滿文，亦即以老蒙文字母為基礎，拼寫女真語，聯綴成句，而發明了拼音文字，例如將蒙古字母的「ᠠ」（a）字下接「ᠮᠠ」(ma)字，就成「ᠠᠮᠠ」(ama)，意即父親。這種由老維吾爾體老蒙文脫胎而來的初期滿文，在字旁未加圈點，未能充分表達女真語言，無從區別人名、地名的讀音。清太宗天聰六年(1632)，皇太極命巴克什達海將初創滿文在字旁加置圈點，使音義分明，同時增添一些新字母，使滿文的語音、形體更臻完善，區別了原來容易混淆的語音。清太祖時期的初創滿文，習稱老滿文，又稱無圈點滿文。天聰年間，巴克什達海奉命改進的滿文，習稱新滿文，又稱加圈點滿文，滿文的創製，就是滿族承襲北亞文化的具體表現。臺北國立故宮博物院典藏清史館纂修《國語志》稿本，其卷首有奎善撰〈滿文源流〉一文。原文有一段敘述說：「文字所以代結繩，無論何國文字，其糾結屈曲，無不含有結繩遺意。然體制不一，則又以地勢而殊。歐洲多水，故英、法國文字橫行，如風浪，如水紋。滿洲故里多山林，故文字矗立高聳，如古樹，如孤峰。蓋造文字，本乎人心，人心之靈，實根於天地自然之理，非偶然也。」滿文是一種拼音文字，由上而下，由左而右，直行書寫，字形矗立高聳，滿文的創造，有其文化、地理背景，的確不是偶然的。從此，滿洲已有能準確表達自己語言的新文字，由於滿文的創造及改進，更加促進了滿洲文化的發展。

清初諸帝，重視國語清文，已有居安思危的憂患意識。滿文是一種拼音文字，相對漢語的學習而言，學習滿洲語文，確實比學習漢語漢文容易，西洋傳教士以歐洲語音學習滿洲語文，更覺容易，口音也像。巴多明神父致法蘭西科學院書信中指出，康熙年間編纂《御製清文鑑》的工作進行得極為認真，倘若出現疑問，就請教滿洲八旗的老人；如果需要進一步研究，便垂詢剛從滿洲腹地前來的人員。誰發現了某個古老詞彙或熟語，便可獲獎。康熙皇帝深信《御製清文鑑》是重要寶典，只要寶典存在，滿洲語文便不至於消失。通過巴多明神父的描述，可知《御製清文鑑》的編纂，就是康熙皇帝提倡清文國語的具體表現，具有時代的意義。康熙十二年（1673）四月十二日，《起居注冊》記載康熙皇帝對侍臣所說的一段話：「此時滿洲，朕不慮其不知滿語，但恐後生子弟漸習漢語，竟忘滿語，亦未可知。且滿漢文義，照字翻譯，可通用者甚多。今之翻譯者，尚知辭意，酌而用之，後生子弟，未必知此，不特差失大意，抑且言語欠當，關係不小。」「後生子弟漸習漢語，竟忘滿語」，就是一種憂患意識。

乾隆年間（1736-1795），滿洲子弟多忘滿語。乾隆七年（1742）八月二十二日，乾隆皇帝降諭云：「滿洲人等，凡遇行走齊集處，俱宜清語，行在處清語，尤屬緊要。前經降旨訓諭，近日在南苑，侍衛官員兵丁，俱說漢話，殊屬非是。侍衛官員，乃兵丁之標準，而伊等轉說漢話，兵丁等何以效法。嗣後凡遇行走齊集處，大臣侍衛官員，以及兵丁，俱著清語，將此通行曉諭知之。」滿洲侍衛、官員、兵丁等在南苑或行走齊集處，不說滿語，轉說漢話，竟忘滿語。乾隆十一年（1746）十月初十日，乾隆皇帝在所頒諭旨中指出，黑龍江地區是專習清語滿洲辦事地方，黑龍江將軍傅森竟不知穀葉生蟲的清語，傅森在奏摺內將穀葉生蟲清語，兩處誤寫。乾隆十二年（1747）七月初六日，諭軍機大臣等，盛京補放佐領之新滿洲人等帶領引見，清語俱屬平常。乾隆皇帝在諭旨中指出，「盛京係我滿洲根本之地，人人俱能清語，今本處人員，竟致生疏如此，皆該管大臣官員等，平日未能留心教訓所致，將軍達勒當阿著傳旨申飭。」黑龍江、盛京等處，都是滿洲根本之地，清語是母語，乾隆年間，當地滿洲人，其清語平常生疎如此，確實是一種隱憂。由於滿洲後世子孫缺乏居安思危的憂患意識，清初諸帝搶救滿洲語文的努力，確實效果不彰。

錫伯族的歷史與文化，源遠流長，西遷伊犁的錫伯族對於滿洲語文的傳習作出了極大的貢獻，回溯錫伯族西遷的歷史，具有時代意義。錫伯族是東北地區的少數民族之一，清太宗崇德年間（1636-1643），錫伯族同科爾沁蒙古同時歸附於滿洲，編入蒙古八旗。康熙三十一年（1692），將科爾沁蒙古所屬錫伯族編入滿洲八旗，從此以後，錫伯族開始普遍使用滿洲語文。康熙三十八年（1699）至四十年（1701）三年中，將齊齊哈爾、伯都訥、吉林烏拉三城披甲及其家眷南遷至盛京、京師等地。乾隆年間，清軍平定天山南北路後，隨即派兵屯種，欲使駐防兵丁口食有資，並使遠竄的厄魯特無從復踞舊地。乾隆二十七年（1762），設伊犁將軍。同年十月，以明瑞為伊犁將軍，伊犁成為新疆政治、軍事中心。為加強邊防，陸續由內地調派大批八旗兵丁進駐伊犁，其中駐守伊犁的錫伯兵，主要是從東三省抽調移駐的。錫伯兵及其眷屬西遷前夕的活動，在今日察布查爾的錫伯族，仍然記憶猶新，還編成錫伯文教材，代代相傳。乾隆二十九年（1764）四月十八日，西遷錫伯族在瀋陽太平寺祭告祖先，與留在故鄉的錫伯族共同聚會餐敘，翌日便啟程，前往伊犁守邊。當時西遷的錫伯兵是從東北三省十七城抽調出來的，官兵連同眷屬總計五千餘人。陰曆四月十八日，就是錫伯族的西遷節，尤其在新疆的錫伯族，每年到了四月十八日，家家戶戶，男女老少都穿上新衣服，聚在一起就餐、演奏樂器、跳貝倫舞（beilen）、玩遊戲、射箭、摔跤、賽馬等活動，四月十八日，就成了錫伯族特別的節日。錫伯官兵從東北家鄉遠赴新疆屯墾戍邊，也把滿洲語文帶了過去。這批錫伯官兵後代子孫，在進入二十一世紀的今日新疆，仍持續使用滿洲語文，這是錫、滿文化傳承歷史上值得關注的大事，察布查爾錫伯自治縣被稱為保存滿文的「活化石」地區。

錫伯官兵到達新疆後，在伊犁河南岸一帶屯墾戍邊，乾隆三十一年（1766），編為八個牛彔，組成錫伯營。蘇德善撰〈錫伯族雙語教育的歷史回顧〉一文指出，錫伯營的單獨成立，對錫伯族來說，是政治地位的重大改變，從此凡涉及本族的重大事務，有了自主權，錫伯族在政治、軍事上的成就，均以本族名義被伊犁將軍奏聞朝廷記錄在案。西遷的錫伯族，借助錫伯營這個舞臺，演出了有聲有色的多幕悲喜劇，為發展民族經濟、文教、文學藝術，具備了主客觀條件，可謂英雄有用武之地了。乾隆三十一年（1766），伊犁將軍明瑞令每旗各設清書房一所。錫伯營有一所書房，有教習二人，分司教弓，學滿文、四書五經、千字文、旗訓等，年終由伊犁將軍府派員考課，考上者走上仕途。嘉慶七年（1802），伊犁將軍松筠以八旗子弟能讀者甚多，就從各旗閒散童蒙中挑選聰慧者集中在一起，選派滿、漢教師分司教讀，並宣講《聖諭廣訓》，派滿營協領等管理。這種學校稱為敬業官學，伊犁僅有一所。在錫伯營各牛彔還有若干私塾，只有少數富家子弟就讀。在本旗接受軍訓的披甲，也要教授滿文。通過這些學堂和軍營教育，有相當一部分的人學會了滿文。

嘉慶七年（1802），在伊犁察布查爾山口開鑿大渠，引進伊犁河水灌溉。嘉慶十三年（1808），大渠竣工，長達一百八十里，命名為察布查爾大渠，開墾了七萬八千多畝良田。光緒八年（1882），錫伯營總管色布喜賢呈請伊犁將軍金順撥款辦學。翌年，每個牛彔開始各設一所官辦義學。光緒十一年（1885），索倫營錫伯族成立一所義學。當時共有九所學校，小學生約九百名，實施單一的滿文教育。民國三年（1914），伊犁成立了尚學會，總部設在一、三牛彔。為紀念錫伯營總管色布喜賢，在尚學會屬下設立了色公學校，開始採用滿漢對照的課本教學。民國四年（1915），成立了興學會，為紀念曾任索倫營領隊大臣的錫吉爾渾，設立了錫公學校，採用漢文新學課本，實施雙語教學。一年級只學滿文，二年級開始實施滿、漢文教學。民國二十年（1931），在鞏留大營盤設立錫伯小學校，共三個班，教授滿漢文。民國三十三年（1944）秋，錫伯族聚居地區，計小學十三所，包括中心校五所，一般學校八所。民國三十六年（1947）十月，成立「三區錫伯索倫文化促進會」，簡稱「錫索文化促進會」，是年，召開學者大會，對滿文進行改革，並將滿文改稱錫伯文。一九五四年三月，伊犁成立自治縣，廢除寧西舊稱，改用錫伯族喜愛的察布查爾渠名作自治縣的名稱，定名為察布查爾錫伯自治縣。各小學所採用的六年制錫伯文課本，基本上就是滿文教材。

伊克津太撰〈錫伯文教學之我見〉一文指出，錫伯語文是以滿文為基礎發展起來的，今天的錫伯文就是歷史上業已消失的滿文。五十年代在自治區人民出版社和教育出版社組建了錫伯文編輯室，大量地出版錫伯文圖書及教學課本，為民族教育和文化發展奠定了堅實的基礎。一九九一年，教育局開始在納達齊（nadaci）牛彔即第七牛彔鄉和堆依齊（duici）牛彔即第四牛彔鄉小學各指定一班實施「雙語教學實驗」。經過五年的實驗，結果表明實驗班學生的雙語能力都有大幅度的提高。為了總結實驗班的成果和促進雙語教學的進程，縣教育局於一九九五年召開了雙語教學工作會議。會議在總結實驗班教學成果的基礎上，提出了《錫伯族基礎教育整體改革方案》，並作出決議：「錫伯族雙語教學從實際出發，從幼兒教育入手，強化學前教育，低年級母語起步，集中學習錫伯語文，在學生具備一定基礎的母語思維能力後，再進入漢語學習階段，並使已經掌握的母語為漢語教學服務。」又把這個決議簡化為八字方針：「先錫後漢，以錫促漢」，使雙語教學有機地銜接，相互促進，實現雙語能力同步提高。據教育局一九九五年錫伯語文教學現狀調查顯示，烏珠（ujui）牛彔即第一牛彔和齋（jai）牛彔即第二牛彔小學九個年級中有五個年級仍在使用第一冊錫伯文課本，而且在學習第一冊課本的五個年級學生中達到能讀寫的不足一半，錫伯族語文教學的情況可見一斑，並沒有起到「以錫促漢」的作用。

奇車山撰〈察布查爾地區錫伯族語言文字使用現狀〉一文指出，二十世紀初，察布查爾地區還是個相對封閉的小社會，旗營制度還沒有退出歷史舞台。因制度限制，僅有的漢族不能和錫伯族共同住在一起。所以，在錫伯人和漢族人的交往不可能很多的情況下，漢語對錫伯語的影響就很小。更主要的一個在於錫伯人有重視教育的好傳統，各牛彔都有私辦或官辦學校，使學齡兒童都能進校學習錫伯語文。七十年代，錫伯語文恢復學習和使用，各錫伯族小學都恢復了錫伯語文課。相應的出版機構也重新開始出版錫伯文圖書和教科書。文中列表統計察布查爾錫伯自治縣有錫伯小學八所，其中烏珠牛彔（ujui niru）即第一牛彔中心校，計十二班；齋牛彔（jai niru）即第二牛彔中心校，計六班；依拉齊牛彔（ilaci niru）即第三牛彔中心校，計十九班；堆齊牛彔（duici niru）即第四牛彔中心校，計十五班；孫扎齊牛彔（sunjaci niru）即第五牛彔中心校，計十二班；寧固齊牛彔（ningguci niru）即第六牛彔中心校，計十一班；納達齊牛彔（nadaci niru）即第七牛彔中心校，計八班；扎庫齊（jakūci niru）即第八牛彔中心校，計十八班，合計共一〇一班。單純的錫伯班只有九個，其餘九十二個都是錫漢學生混合編班。從調查的狀況看，錫伯族小學在低年級基本使用錫伯語授課，中年級以錫伯語為主，部分使用漢語，高年級則是錫漢兼半。

搶救滿文，久已成為錫伯族的共識，執教於察布查爾師範進修學校專授錫伯文的郭秀昌先生編寫《錫伯語語匯》（sibe gisun isamjan），一九九〇年，由新疆人民出版社出版。原書凡例說明語匯所收詞語以現代錫伯語常用詞語為主，為兼顧閱讀和繙譯的需要，也酌收清代滿文典籍中比較常見而現在仍有使用價值的詞語。另外，也收錄了部分錫伯語口語詞彙。為提供錫伯族小學師生教學錫伯文之用，楊震遠、伊津太、富倫泰三位先生編譯《錫漢教學辭典》，一九九八年三月，由新疆人民出版社出版。詞典中所收詞彙多採自小學語文課本，並增加了一些常用詞彙，適合於初學者查閱。

同步提高錫漢雙語能力，是錫伯族的共同願望。金炳喆、金寧兩位先生著《錫漢會話》(sibe nikan gisun tacire bithe),一九九二年七月,由新疆人民出版社出版。原書會話,以錫伯文為基礎,同時對譯漢語,具有高度的實用性,對提昇錫漢雙語能力,作出了重要貢獻。錫伯族重視外部文化的選擇與改造,為適應環境及加強實用性,錫伯文新詞彙的創造及各民族語言借詞的使用,都有助於錫伯文的發展。

吳承恩(1500-1582),明淮安府山陽縣人,博覽群書,工於詩文。自幼喜讀玄怪小說,晚年絕意仕進,閉門著書。其所撰《西遊記》,凡一百回,敘述唐僧玄奘遠赴西天取經,其弟子孫悟空等人於途中降魔伏妖、排除險阻故事。全書結構完整,有始有終,取回真經,功德圓滿。作者將傳統小說人物的塑造,由單純的道德層次,引向了精神品格的層次,人物刻畫,個性生動。故事情節,曲折離奇,變化詭譎,想像力豐富,引人入勝。康熙五十二年(1713)閏五月二十八日,據武英殿總監造和素奏稱,漢文《西遊記》一部一函十六卷,照此譯出滿文本。《世界滿文文獻目錄》記載北京故宮典藏《西遊記》滿文精寫本,共五十冊。北圖典藏《西遊記》滿文曬印本,共五十冊。工欲善其事,必先利其器。為了充實滿文基礎教學,蒐集滿文教材,是不可或缺的工作。一九八九年九月,烏魯木齊新疆人民出版社出版錫伯文《西遊記》(si io ji julen)上、中、下共三冊。原書譯文,兼顧信雅達,對滿文的學習,提供了珍貴的教材。

錫伯族西遷以後,對滿文的傳承作出了重要的貢獻,錫伯語文的書面語,基本上就是滿文。但是,由於種種因素,通行的錫伯文與傳統滿文,在書寫筆順、字形等方面,不盡相同。可將錫伯文《西遊記》中常見詞彙列出簡表,對照規範滿文如後。

## 《西遊記》錫伯文與規範滿文筆順對照表

| 順次 | 漢文 | 錫伯文 | 規範滿文 | 羅馬拼音 | 備註 | 順次 | 漢文 | 錫伯文 | 規範滿文 | 羅馬拼音 | 備註 |
|---|---|---|---|---|---|---|---|---|---|---|---|
| 1 | 細小 | | | ajige | | 2 | 頭 | | | uju | |
| 3 | 是 | | | je | | 4 | 落下來 | | | tuhenjimbi | |
| 5 | 下面 | | | fejile | | 6 | 稍微 | | | majige | |
| 7 | 正在 | | | jing | | 8 | 拿來 | | | gaji | |
| 9 | 令拿 | | | gaju | | 10 | 生活 | | | banjimbi | |
| 11 | 問 | | | fonjime | | 12 | 心意 | | | mujilen | |
| 13 | 王 | | | wang | | 14 | 果真 | | | mujangga | |
| 15 | 繩 | | | futa | | 16 | 跑 | | | sujume | |

| 順次 | 漢文 | 錫伯文 | 規範滿文 | 羅馬拼音 | 備註 | 順次 | 漢文 | 錫伯文 | 規範滿文 | 羅馬拼音 | 備註 |
|---|---|---|---|---|---|---|---|---|---|---|---|
| 17 | 林 | | | bujan | | 18 | 七十 | | | nadanju | |
| 19 | 不可 | | | ojorakū | | 20 | 完結 | | | wajiha | |
| 21 | 五 | | | sunja | | 22 | 四 | | | duin | |
| 23 | 老的 | | | sakda | | 24 | 君主 | | | ejen | |
| 25 | 地界 | | | ujan | | 26 | 重的 | | | ujen | |
| 27 | 燈 | | | dengjan | | 28 | 清潔的 | | | bolho/ bolgo | |
| 29 | 責罵 | | | tombi / toombi | | 30 | 公主 | | | gungju | |
| 31 | 向下 | | | fusihūn | | 32 | 可 | | | ojoro | |

| 順次 | 漢文 | 錫伯文 | 規範滿文 | 羅馬拼音 | 備註 | 順次 | 漢文 | 錫伯文 | 規範滿文 | 羅馬拼音 | 備註 |
|---|---|---|---|---|---|---|---|---|---|---|---|
| 33 | 雞蛋 | | | coko umgan/ coko umhan | | 34 | 器械 | | | hajun | |
| 35 | 參拜 | | | harhašara/ hargašara | | 36 | 剃頭 | | | fusimbi | |
| 37 | 怨恨 | | | korsocun | | 38 | 藥 | | | okto | |
| 39 | 雲 | | | tugi | | 40 | 扁担 | | | damjan | |

資料來源：錫伯文《西遊記》，烏魯木齊新疆人民出版社，1989 年 9 月；安雙成主編《滿漢大辭典》，遼寧民族出版社，2018 年 5 月。

由前列簡表所列詞彙，可知錫伯文與規範滿文的讀音，基本相同。西遷錫伯族對滿文的傳承，作出了非常重要的貢獻。例如表中「細小」，錫伯文、規範滿文俱讀作“ajige”；「頭」，讀作“uju”；「是」，讀作“je”；「落下來」，讀作“tuhenjimbi”；「下面」，讀作“fejile”；「稍微」，讀作“majige”；「正在」，讀作“jing”；「拿來」，讀作“gaji”；「令拿」，讀作“gaju”。錫伯文在讀音上，與規範滿文，並無不同。

然而在書寫筆順上，卻稍有差異。熟悉錫伯文的書寫筆順，有助於培養閱讀錫伯文《西遊記》的能力。

前列簡表中，有些詞彙，在讀音上，稍有差異。例如，「責罵」，錫伯文讀作“tombi”，規範滿文讀作“toombi”；「雞蛋」，錫伯文讀作“coko umgan”，規範滿文讀作“coko umhan”。規範滿文“umgan”，意即「骨髓」。表中「參拜」，錫伯文讀作“harhašara”，規範滿文讀作“hargašara”。對照滿漢文，判斷文義，可以迎刃而解。

為了充實滿文基礎教學，編寫滿語教材，本書輯錄錫伯文《西遊記》唐僧玄奘師徒部分對話，轉寫羅馬拼音，譯注漢文，題為《玄奘取經：《西遊記》滿文譯本會話選讀》，對於初學滿語者，或可提供一定的參考價值，疏漏之處，尚祈讀者不吝教正。

本書由中國文化大學博士班簡意娟同學打字排版，原任駐臺北韓國代表部連寬志先生協助校對，並承文史哲出版社彭正雄先生的熱心支持，以及國立臺灣大學滿文班同學的努力學習，在此一併致謝。

**莊吉發** 謹識

二〇一九年十一月

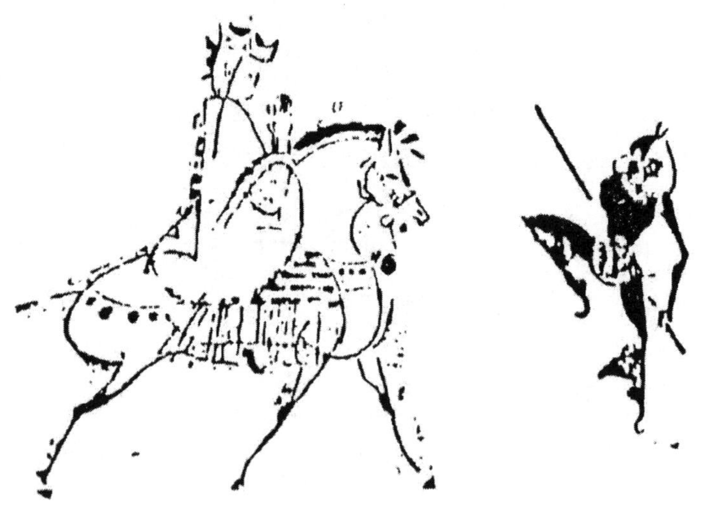

# 一、師徒扶持

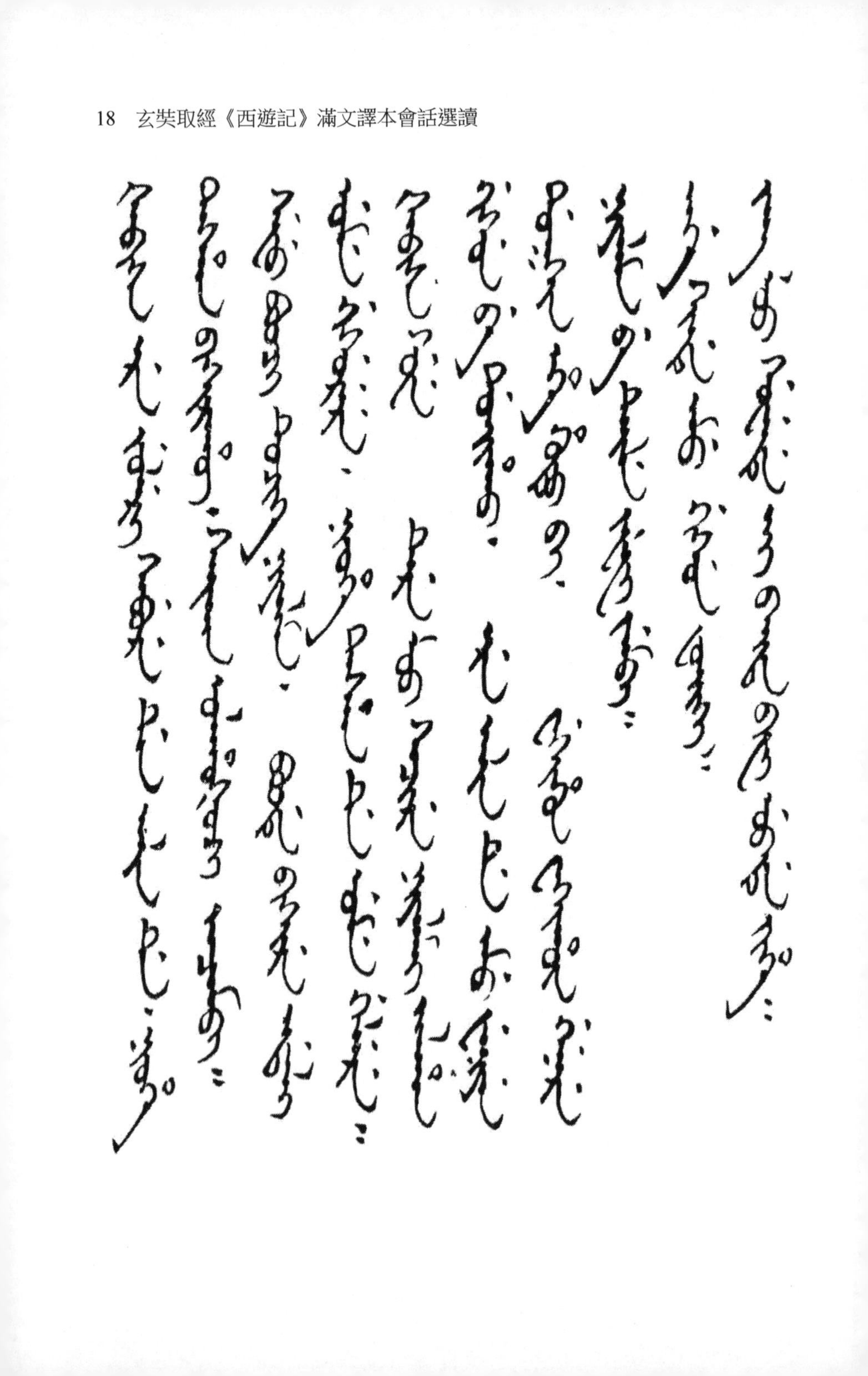

šabisa ere juleri sabure den alin de, niohe tasha bisirahū, saikan olhošoci acambi.

sefu booci tucike niyalma, boode bisire adali ume gisurere, niohe tasha de ume gelere.

šabisa suwe tere moo sacire niyalmai alaha gisun be donjihao, ere alin de emu feniyen doksin ehe hutu bi, wesihun wasihūn genere niyalma be teile jafafi jembi.

age sinde emu gisun fonjiki.

jang loo suwende ai baita bifi ubade jihe.

---

徒弟們，前面看見的高山，恐有虎狼，應小心。

師父，出家人莫說在家話，莫怕虎狼。

徒弟，你們聽那樵夫告訴說：「此山有一夥毒魔狠怪，專吃那東來西去的人。」

大哥，想問一句話。

長老，你們有什麼事來此地？

---

徒弟们，前面看见的高山，恐有虎狼，应小心。

师父，出家人莫说在家话，莫怕虎狼。

徒弟，你们听那樵夫告诉说：「此山有一伙毒魔狠怪，专吃那东来西去的人。」

大哥，想问一句话。

长老，你们有什么事来此地？

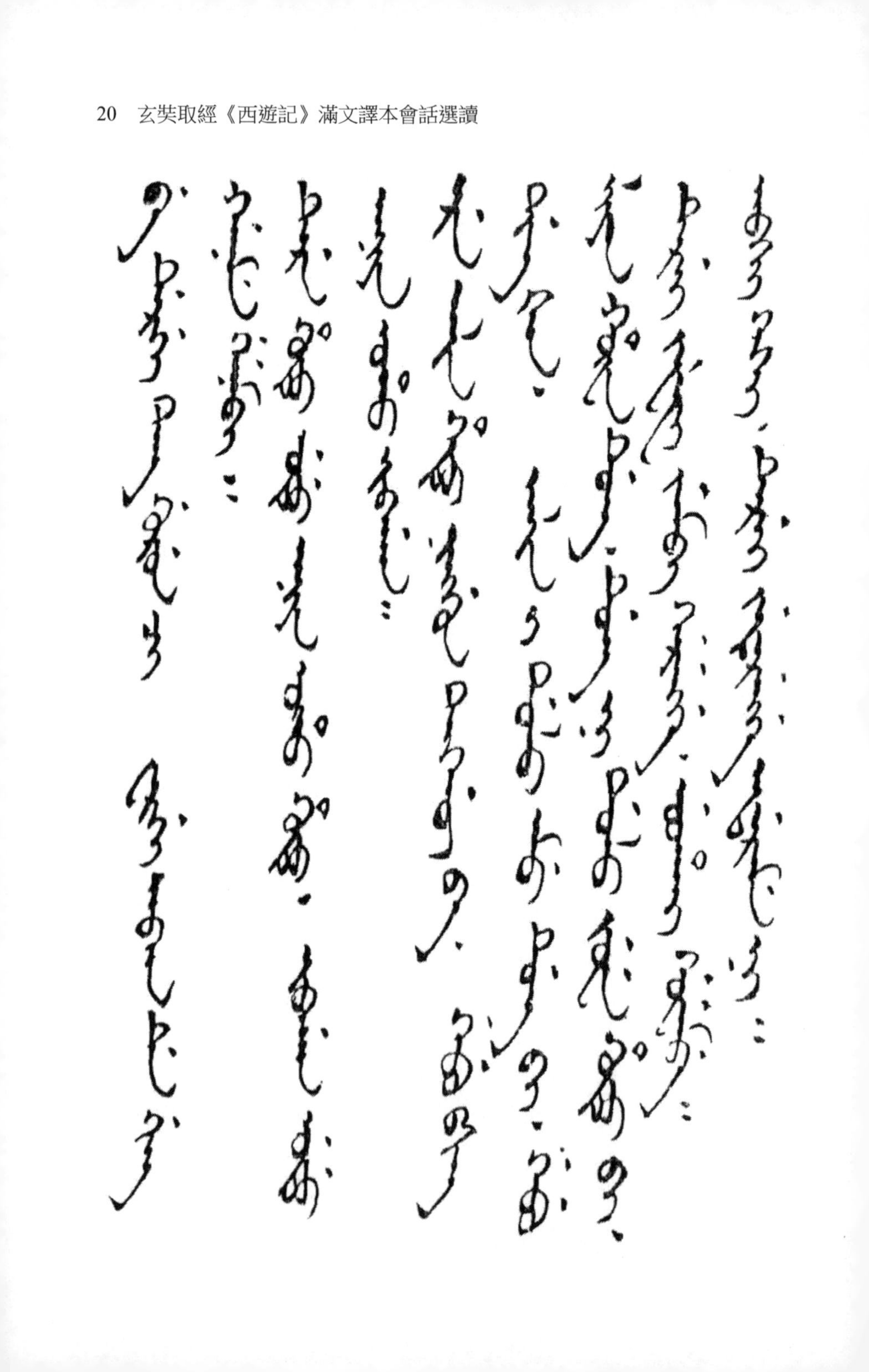

be dergi tang gurun ci wargi abka de ging ganame genembi.
tere hutu udu aniya oho hutu, ibagan udu aniya oho ibagan.
ere alin hetu ninggun tanggū ba, gebu ping ding šan, alin i dolo emu dung bi, gebu liyan hūwa dung, dung ni dolo juwe hutu bi, terei jafafi jembi serengge, uthai suwembe.
absi kesi, terei jeterengge adarame ni.

---

我們是從東土唐朝差來去西天取經的。
那魔是幾年的魔？怪是幾年的怪。
此山縱橫六百里，名喚平頂山。山中有一洞，名喚蓮花洞。洞裡有兩個魔頭，他捉食的就是你們。
造化，不知他怎樣的吃哩。

---

我们是从东土唐朝差来去西天取经的。
那魔是几年的魔？怪是几年的怪。
此山纵横六百里，名唤平顶山。山中有一洞，名唤莲花洞。洞里有两个魔头，他捉食的就是你们。
造化，不知他怎样的吃哩。

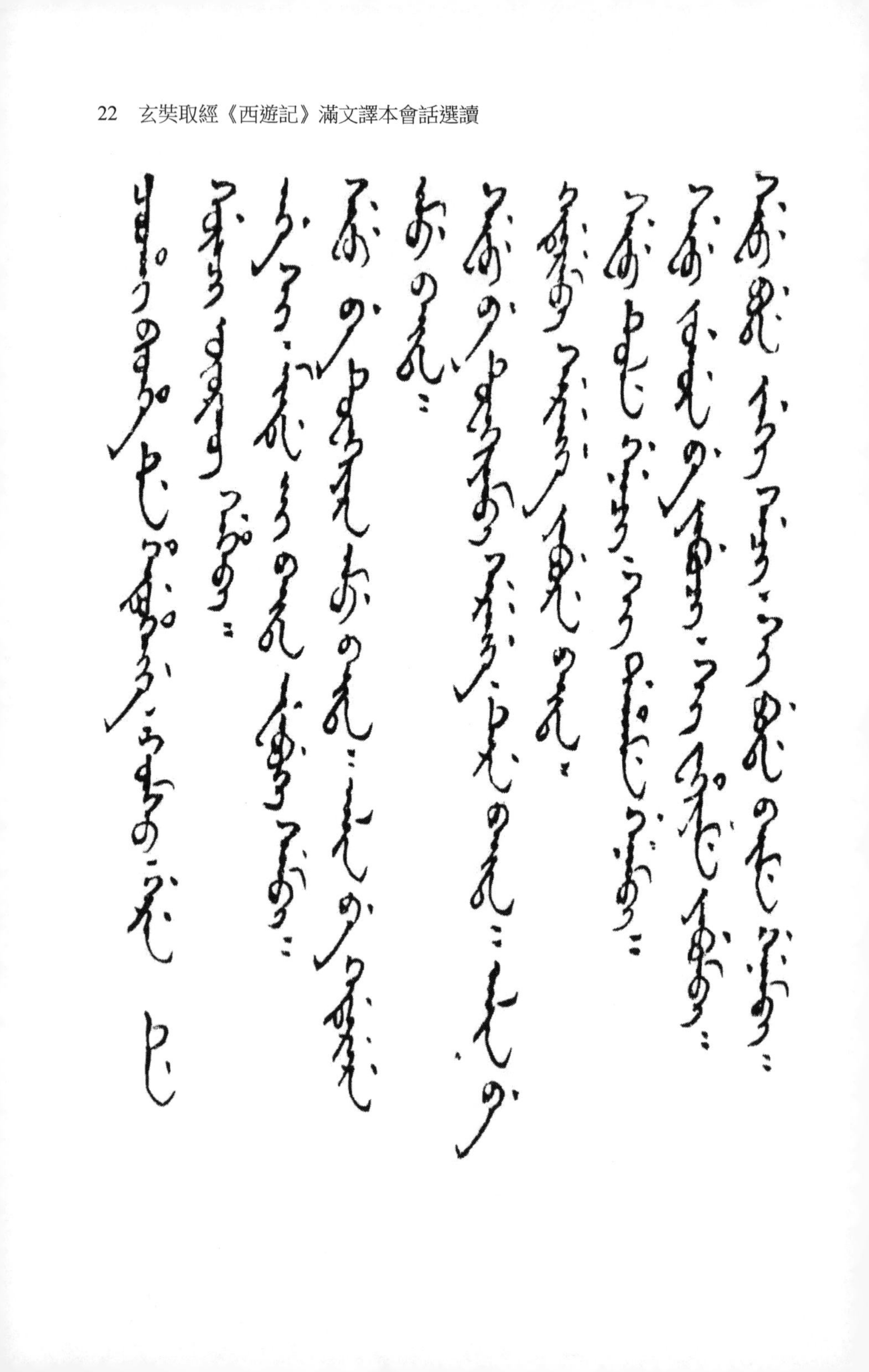

coohai bithe de henduhengge, komso, geren de sujaci ojorakū sehebi.

age si, minde ai baita afabuki sembi.

sefu be tuwakiyara emu baita, alin be kederere emu baita.

sefu be tuwakiyambi serengge, tere baita. alin be kederembi serengge yabure baita.

sefu tule geneci, si dahame genembi.

sefu jugūn be yabuci, si wahiyame yabumbi.

sefu buda jeki seci, si buda baime genembi.

---

兵書云：「寡不可敵眾。」

哥哥，你想教我做什麼事？

第一件是看師父，第二件是去巡山。

看師父是坐，巡山去是走。

師父去出恭，你伺候。

師父要走路，你扶持。

師父要吃齋，你去化齋。

---

兵书云：「寡不可敌众。」

哥哥，你想教我做什么事？

第一件是看师父，第二件是去巡山。

看师父是坐，巡山去是走。

师父去出恭，你伺候。

师父要走路，你扶持。

师父要吃斋，你去化斋。

# 二、請看僧面

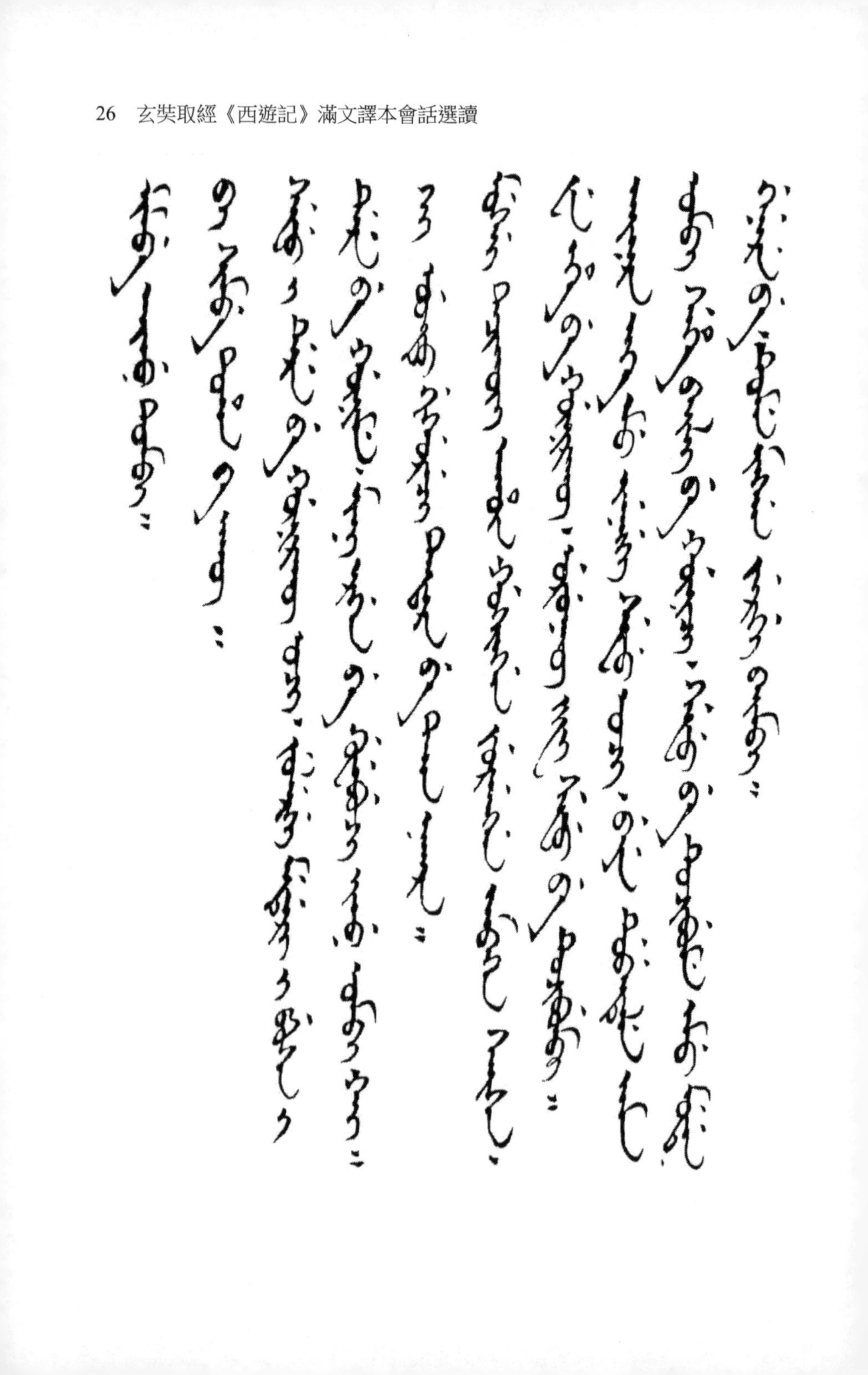

mimbe ainu tombi.
bi simbe toha ba akū.
sefu i dere be gūnirakū oci, julergi mederi i pusa i dere be gūnime, mini ergen be guwebuci inu ombi kai.
si uttu gisureci tatara be taka nakara.
musei tacikūi ahūn gosingga jurgangga ambasa saisa, fe ehe be gūnirakū, urunakū jifi sefu be tucibumbi.
ainara age emu inenggi sefu oci, beye dubentele ama ombi sehe baili be gūnici, sefu be tucibume emu mudan genere be, tumen minggan jergi baimbi.

---

怎麼罵我？
我不曾罵你。
不看師父面，請看南海菩薩面，饒了我吧！
你既如此說，且不打你。
咱們師兄是個有仁有義的君子，不念舊惡，一定來救出師父。
萬望哥哥念「一日為師，終身為父」之情，千萬請去救一救師父。

---

怎么骂我？
我不曾骂你。
不看师父面，请看南海菩萨面，饶了我吧！
你既如此说，且不打你。
咱们师兄是个有仁有义的君子，不念旧恶，一定来救出师父。
万望哥哥念「一日为师，终身为父」之情，千万请去救一救师父。

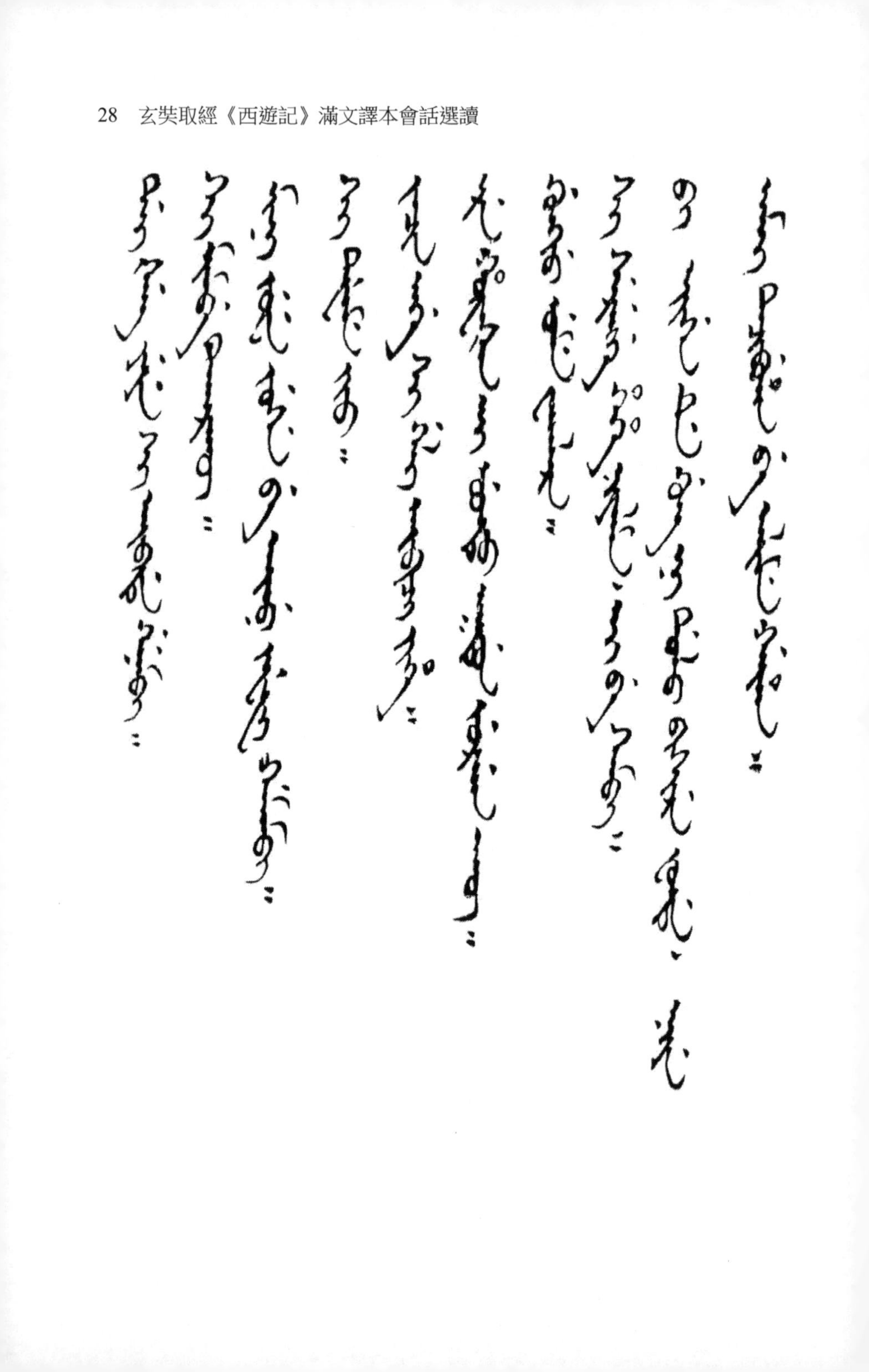

[illegible]

dai šeng yeye si aibide genembi.
si mimbe takarakū.
mini juwe juse be ainu jafafi gamambi.
si tafame jio.
jacin age si geli aibici jihe.
ere hūwašan ai uttu akdun jurgan akū.
gungju ume wakalara.
si serengge hehe niyalma, ai be sambi.
bi ajigen de gung ni dolo bisire fonde, eniye amai tacibuha be alime gaiha.

---

大聖爺爺，你要往哪裡去？
你不認得我？
怎麼把我兩個兒子拿去？
你上來。
二哥，你是從哪裡來的？
這個和尚，為何如此無信義？
公主休怪。
你是女流家，曉得什麼？
我自幼在宮時，曾受父母教訓。

---

大圣爷爷，你要往哪里去？
你不认得我？
怎么把我两个儿子拿去？
你上来。
二哥，你是从哪里来的？
这个和尚，为何如此无信义？
公主休怪。
你是女流家，晓得什么？
我自幼在宫时，曾受父母教训。

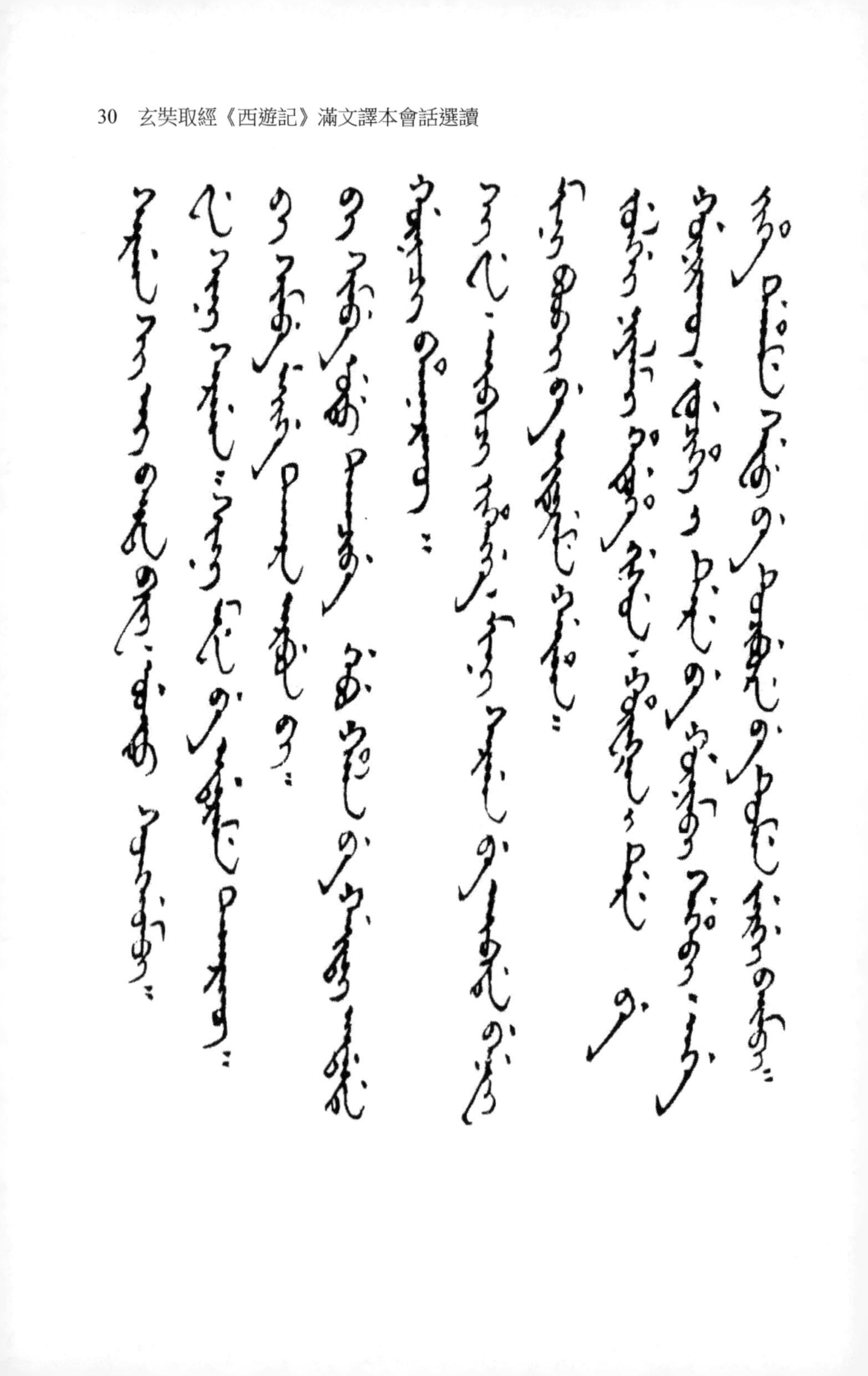

sargan si ai baita bifi, uttu songgombi.
we sini sargan. sini mafa be adarame takarakū.
bi simbe majige takara arbun bi.
bi simbe udu takacibe gebu hala be gaitai andande gūnici bahanarakū.
si we, aibici jihengge, mini sargan be aibide benefi mini boobai be eitereme gaiha.
julgei niyalmai henduhe gisun, hūwašan i dere be gūnirakū, fucihi i dere be gūnimbi sehebi, age jihe dahame sefu be tucibure be tumen jergi baimbi.

---

渾家，你因何事，這般哭泣？
誰是你渾家？連你祖宗也還不認得哩！
我像有些認得你哩！
我雖認得你，一時間卻想不起姓名。
你果是誰？從哪裡來的？你把我渾家送去何處，騙取我的寶貝？
古人云:「不看僧面看佛面。」兄長既已來了，萬望救出師父。

---

浑家，你因何事，这般哭泣？
谁是你浑家？连你祖宗也还不认得哩！
我像有些认得你哩！
我虽认得你，一时间却想不起姓名。
你果是谁？从哪里来的？你把我浑家送去何处，骗取我的宝贝？
古人云：「不看僧面看佛面。」兄长既已来了，万望救出师父。

# 三、師徒模樣

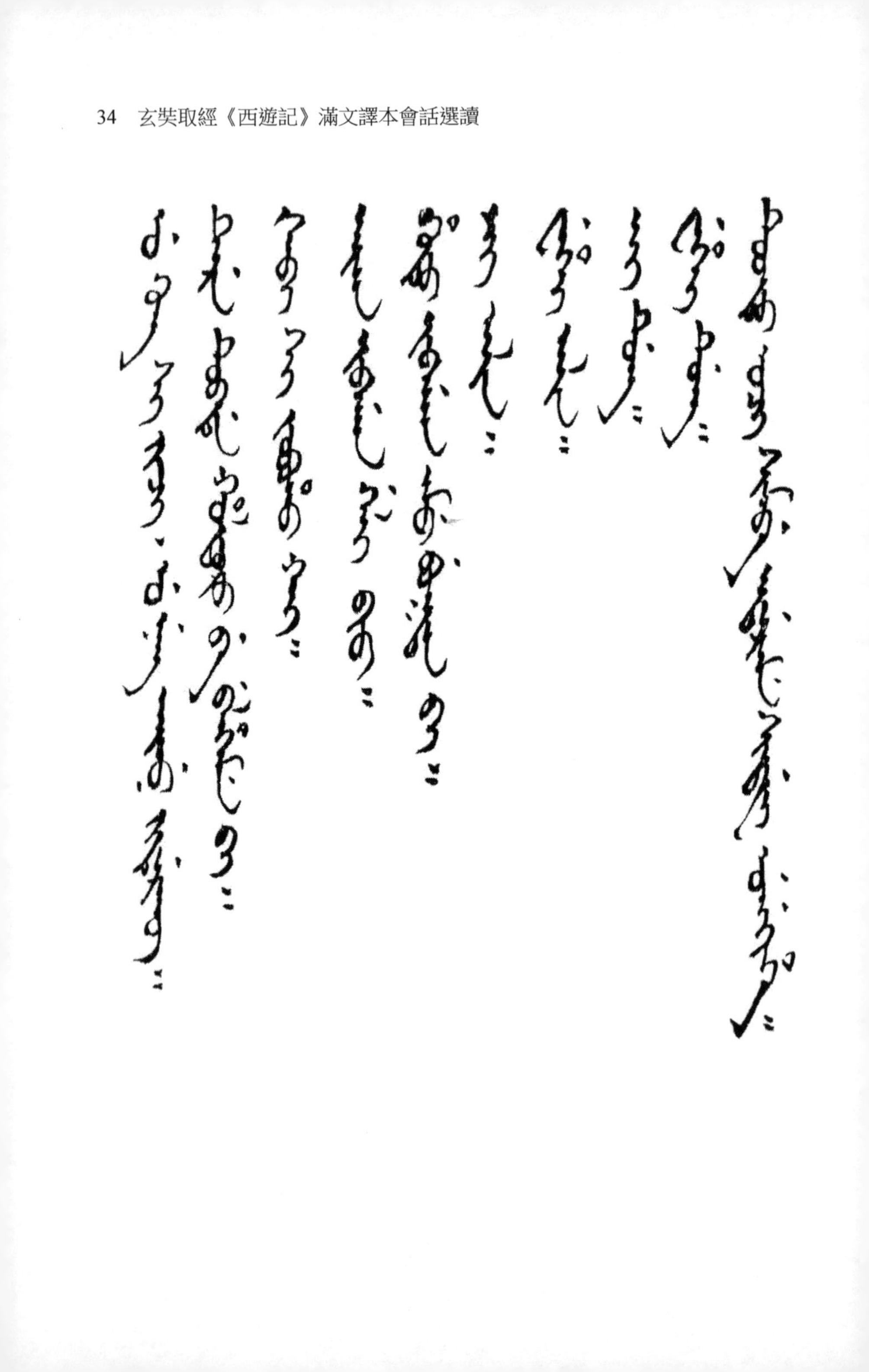

u kung si jici, u neng ainu jiderakū.
tere tubade holtoro be belheme bi.
šabi si joboho kai.
aika ibagan geli bio.
hutu ibagan emu buktan bi.
ai alin.
wehei alin.
ai dung.
wehei dung.
tuttu oci simbe adarame sindafi unggihe.

---

悟空，你來了，悟能為何不來？
他正在那裡編造謊言。
徒弟，你辛苦啊！
可又有妖怪嗎？
有一堆妖怪。
是什麼山？
是石頭山。
是什麼洞？
是石頭洞。
那怎麼打發你來？

---

悟空，你来了，悟能为何不来？
他正在那里编造谎言。
徒弟，你辛苦啊！
可又有妖怪吗？
有一堆妖怪。
是什么山？
是石头山。
是什么洞？
是石头洞。
那怎么打发你来？

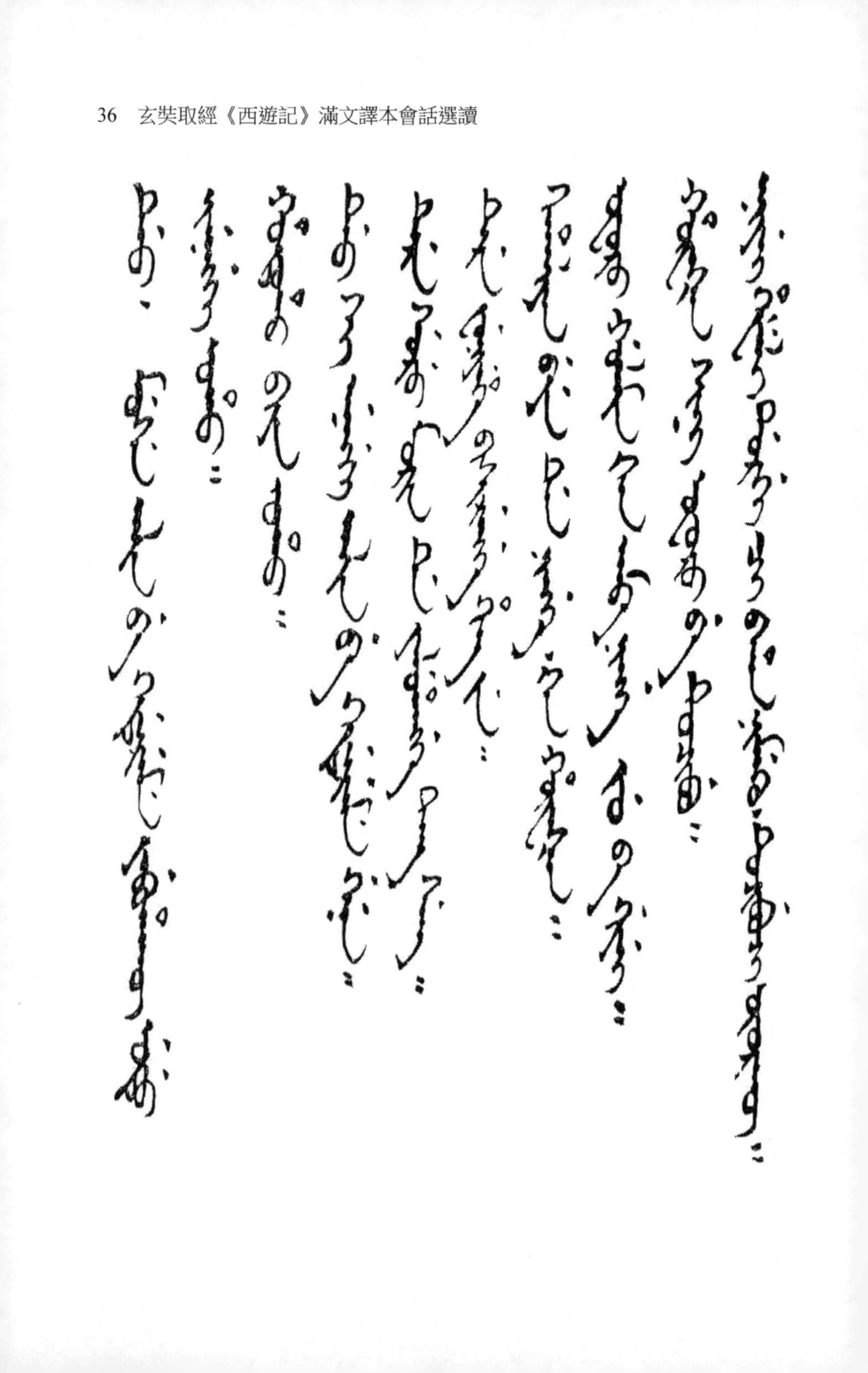

[illegible]

deo, muse alin be kedereme yabuhakū udu inenggi oho.
hontoho biya oho.
deo si enenggi alin be kedereme gene.
tere suru morin de yaluhangge tang seng.
tere funiyehe bisirengge hing je.
sahaliyan beye den ningge, ša hūwašan.
oforo golmin šan amba ningge ju ba giyei.
hūwašan sini oforo be tucibu.
eniyei hefeli dorgi ci baha nimeku, tucibuci ojorakū.

---

兄弟，我們幾天沒巡山了？
有半個月了。
兄弟，你今天去巡山。
那騎白馬的是唐僧。
那有毛的是行者。
那黑身高的是沙和尚。
長鼻大耳的是豬八戒。
和尚，伸出鼻子來！
胎裡病，伸不出來。

---

兄弟，我们几天没巡山了？
有半个月了。
兄弟，你今天去巡山。
那骑白马的是唐僧。
那有毛的是行者。
那黑身高的是沙和尚。
长鼻大耳的是猪八戒。
和尚，伸出鼻子来！
胎里病，伸不出来。

# 四、延年益壽

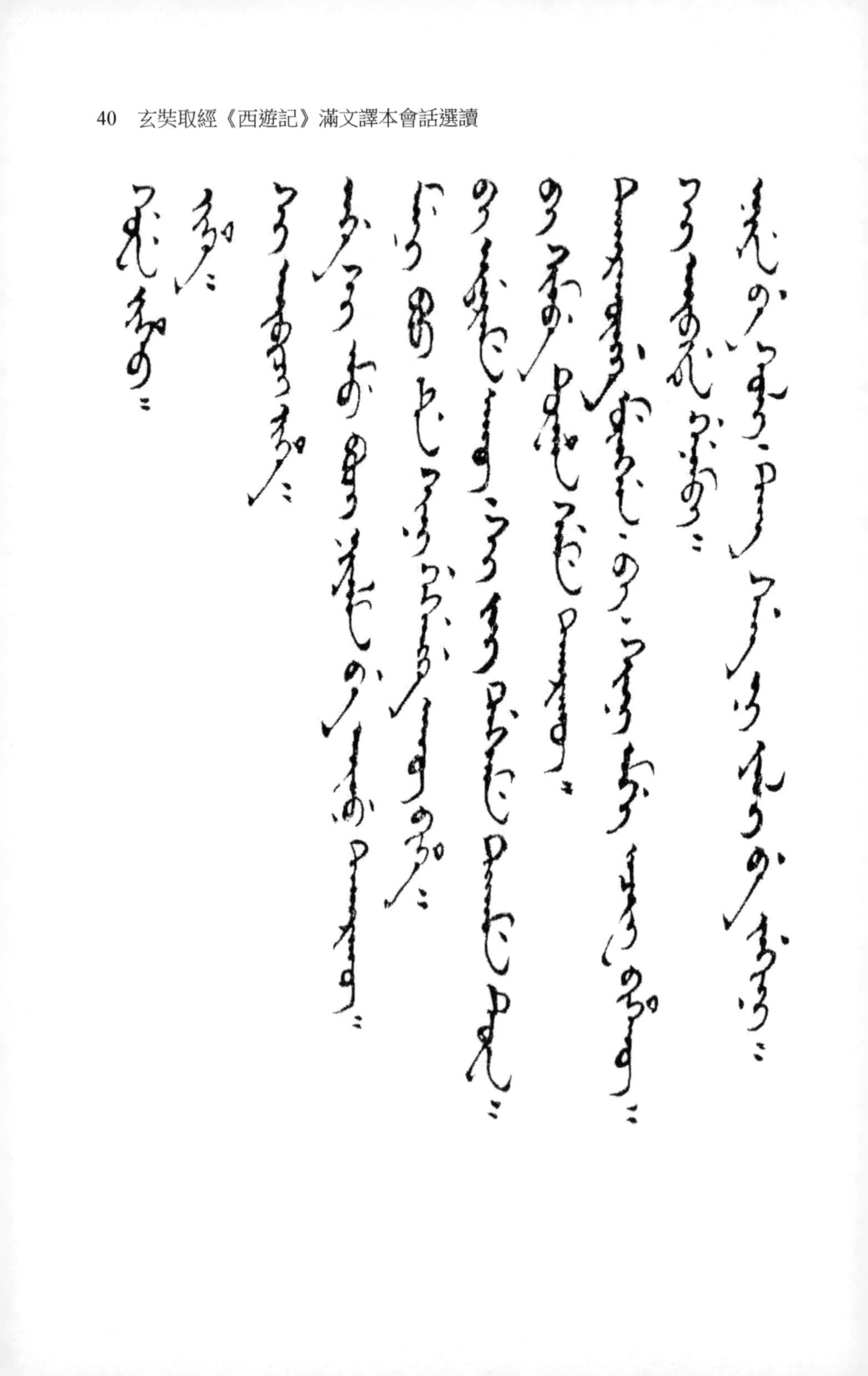

suwe jiheo.
jihe.
si aibici jihe.
age si emu booi niyalma be ainu takarakū.
meni boo de sini gesengge akū bihe.
bi adarame akū, si jai dasame takame tuwa.
bi simbe tuwaha seme takarakū.
takarakūngge mujangga, bi, sini emgi acafi bihekū.
si aibide genembi.
eniye be soli, tang seng ni yali be jekini.

---

你們來了？
來了。
你是哪裡來的？
阿哥你連自家人也認不得？
我們家沒有你。
怎會沒我？你再認認我。
不曾相會。
正是，你不曾會著我。
你往哪裡去？
請老奶奶來吃唐僧肉。

---

你们来了？
来了。
你是哪里来的？
阿哥你连自家人也认不得？
我们家没有你。
怎会没我？你再认认我。
不曾相会。
正是，你不曾会着我。
你往哪里去？
请老奶奶来吃唐僧肉。

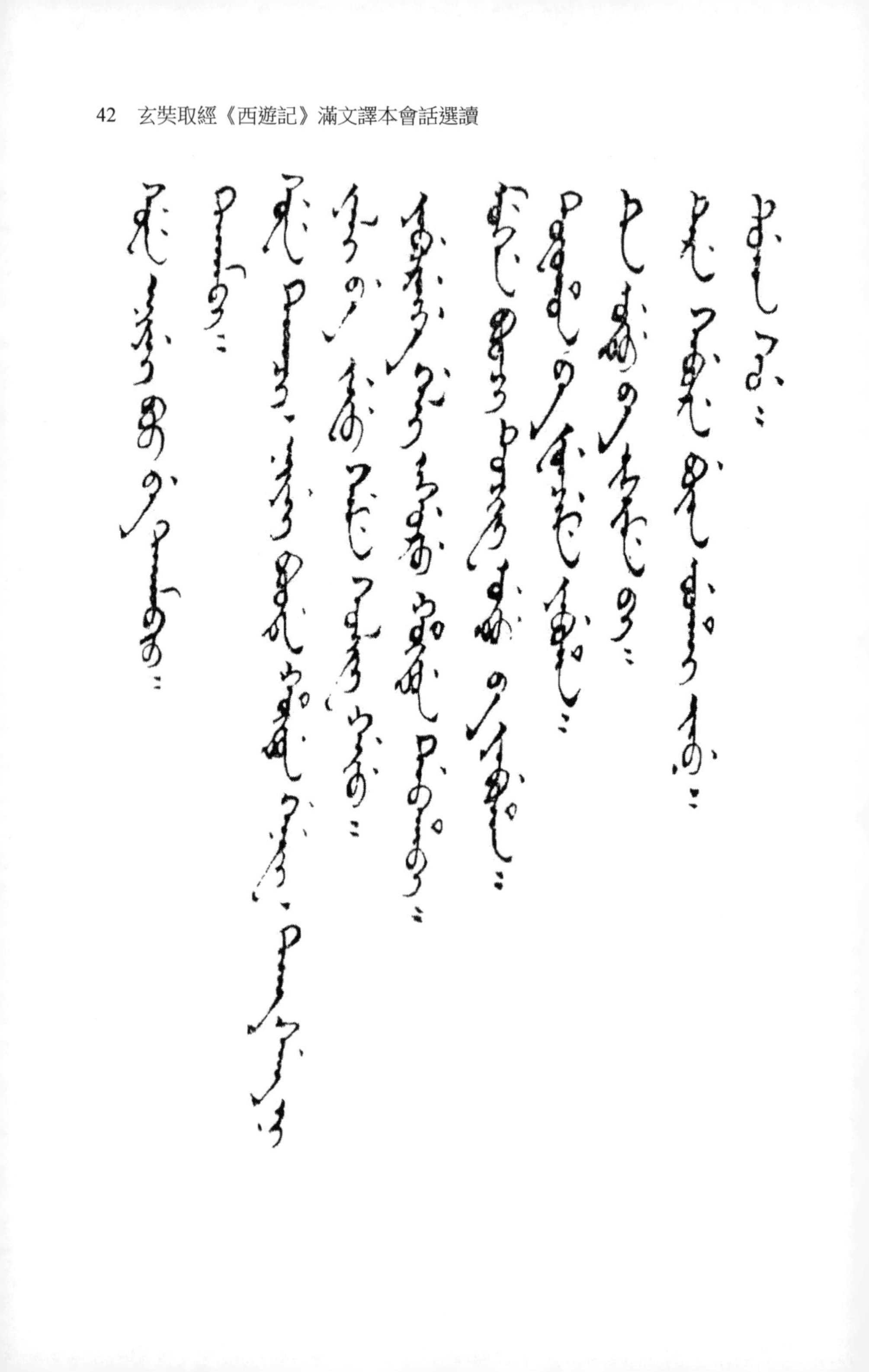

suwe eniyei boo be takambio.
takambi.
suwe takaci, eniyei boode hūdun genefi, tang seng ni yali be jefu seme solifi gaju.
yaburengge geli asuru hūdun dabahabi.
muse booci tucifi udu ba yabuha.
tofohon ba funceme yabuha.
te udu ba isime bi.
tere sabure bujan uthai inu.
duka su.

---

你們認得老奶奶家嗎？
認得。
你們既認得，快早走動，到老奶奶家，說請吃唐僧肉。
忒走快了些。
我們離家有多少里了？
有十五、六里了。
今還有幾里？
那看得見的林子裡就是。
開門。

---

你们认得老奶奶家吗？
认得。
你们既认得，快早走动，到老奶奶家，说请吃唐僧肉。
忒走快了些。
我们离家有多少里了？
有十五、六里了。
今还有几里？
那看得见的林子里就是。
开门。

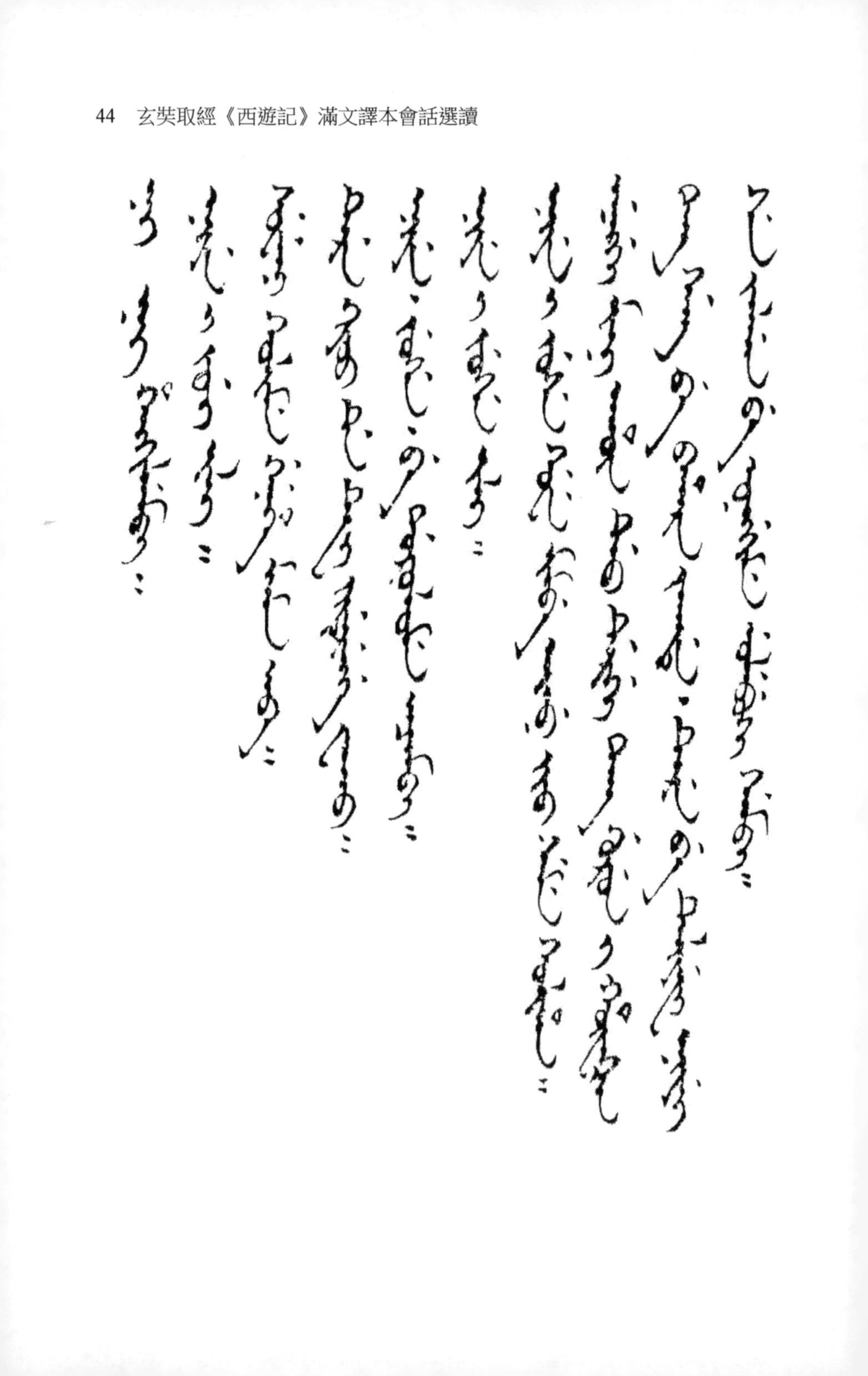

nai nai hengkilembi.
eniye i jui ili.
suweni solime genehe mama aba.
tere kiyoo de tefi jiderengge wakao.
eniye, juse, be dorolome acambi.
eniye i juse ili.
eniye i juse suwe mimbe ainu jio seme soliha.
enenggi mini ahūn deo dergi tang gurun i hūwašan tang seng be bahara jakade, tere be teliyefi eniyei se jalgan be nonggime ulebuki sembi.

---

奶奶嗑頭。
我兒，起來。
你們請的奶奶在何處？
坐在那轎內來的不是嗎？
母親，孩兒我們拜揖。
我兒起來。
我兒，你們為什麼事請我來？
今日愚兄弟拿得東土唐僧，好蒸與母親吃了延壽。

---

奶奶嗑头。
我儿，起来。
你们请的奶奶在何处？
坐在那轿内来的不是吗？
母亲，孩儿我们拜揖。
我儿起来。
我儿，你们为什么事请我来？
今日愚兄弟拿得东土唐僧，好蒸与母亲吃了延寿。

# 五、寶貝在手

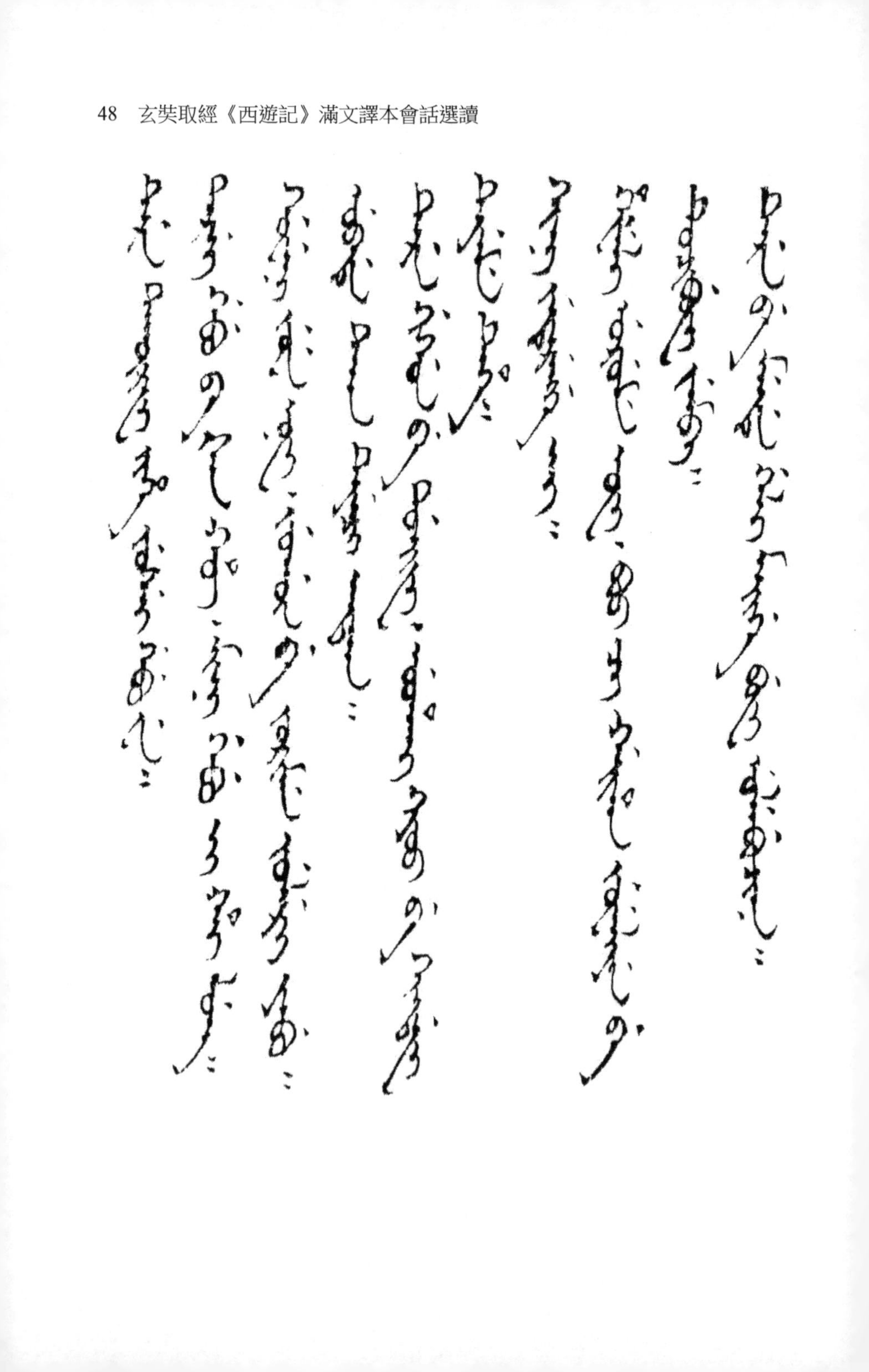

tere takūrafi jihe jusei gebu we.
terei gebu ba šan hū, mini gebu i hai lung.
suweni juwe nofi, jugūn be jorime juleri yabu.
ubade taka teyeci antaka.
tere gisun be donjifi, uthai kiyoo be sindafi teyeme tehe.
sini jeterengge ai.
hefeli urume ofi, boo ci gajiha juweliyen be tucibufi jembi.
tere be mende geli majige bufi ulebucina.

---

那差來的叫做什麼名字？
他叫做巴山虎，我叫做倚海龍。
你們兩個前走，與我開路。
在此處暫且歇歇如何？
聽得那言語，就把轎子歇下。
你吃的是什麼？
肚裡饑了，家裡帶來的乾糧取出吃些。
把些兒給我們吃吃。

---

那差来的叫做什么名字？
他叫做巴山虎，我叫做倚海龙。
你们两个前走，与我开路。
在此处暂且歇歇如何？
听得那言语，就把轿子歇下。
你吃的是什么？
肚里饥了，家里带来的干粮取出吃些。
把些儿给我们吃吃。

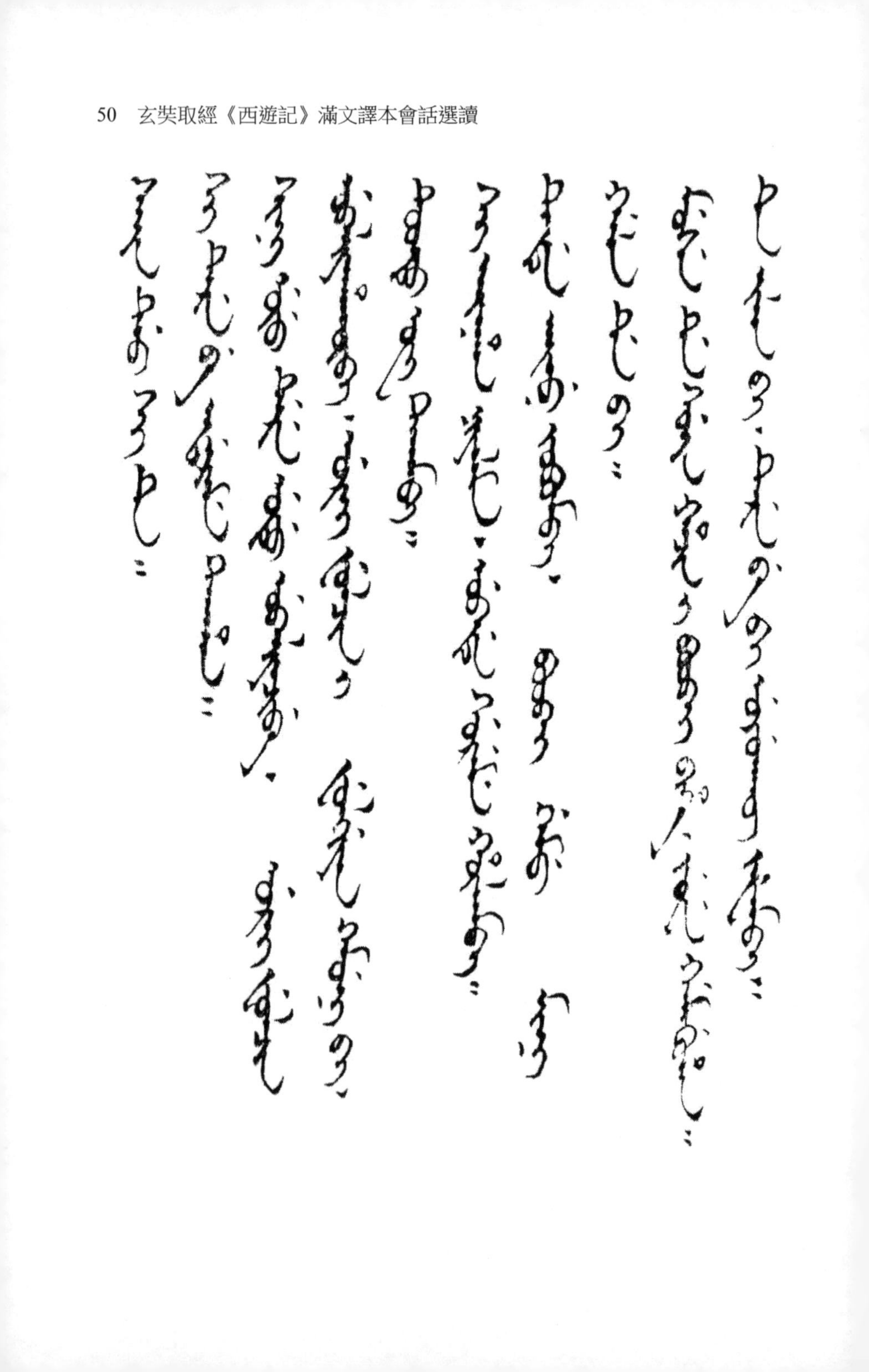

[illegible]

[illegible]

[illegible]

[illegible]

[illegible]

[illegible]

[illegible]

[illegible]

[illegible]

sain deo si te.
si tere be adarame takaha.
sini uju dere udu ubaliyacibe, urai fulcin ubaliyahakūbi, urai fulcin i fulgiyan kemuni bi, tuttu ofi takambi.
si ainaha niyalma, ubade sureme hūlambi.
tede ainu jobombi, boobai gemu mini gala de bi.
muse de sunja hacin i boobai bihe, juwe gamabuha.
te ilan bi, tere be bi urunakū jafambi.

---

賢弟，請坐。
你怎麼認得是他？
你雖變了頭臉，還不曾變得屁股，那屁股上還有兩塊紅，因此認得。
你是什麼人，在此呼喝？
怕他怎得？寶貝都在我手裡。
我們有五件寶貝，去了兩件，如今還有三件，務要拿住他。

---

贤弟，请坐。
你怎么认得是他？
你虽变了头脸，还不曾变得屁股，那屁股上还有两块红，因此认得。
你是什么人，在此呼喝？
怕他怎得？宝贝都在我手里。
我们有五件宝贝，去了两件，如今还有三件，务要拿住他。

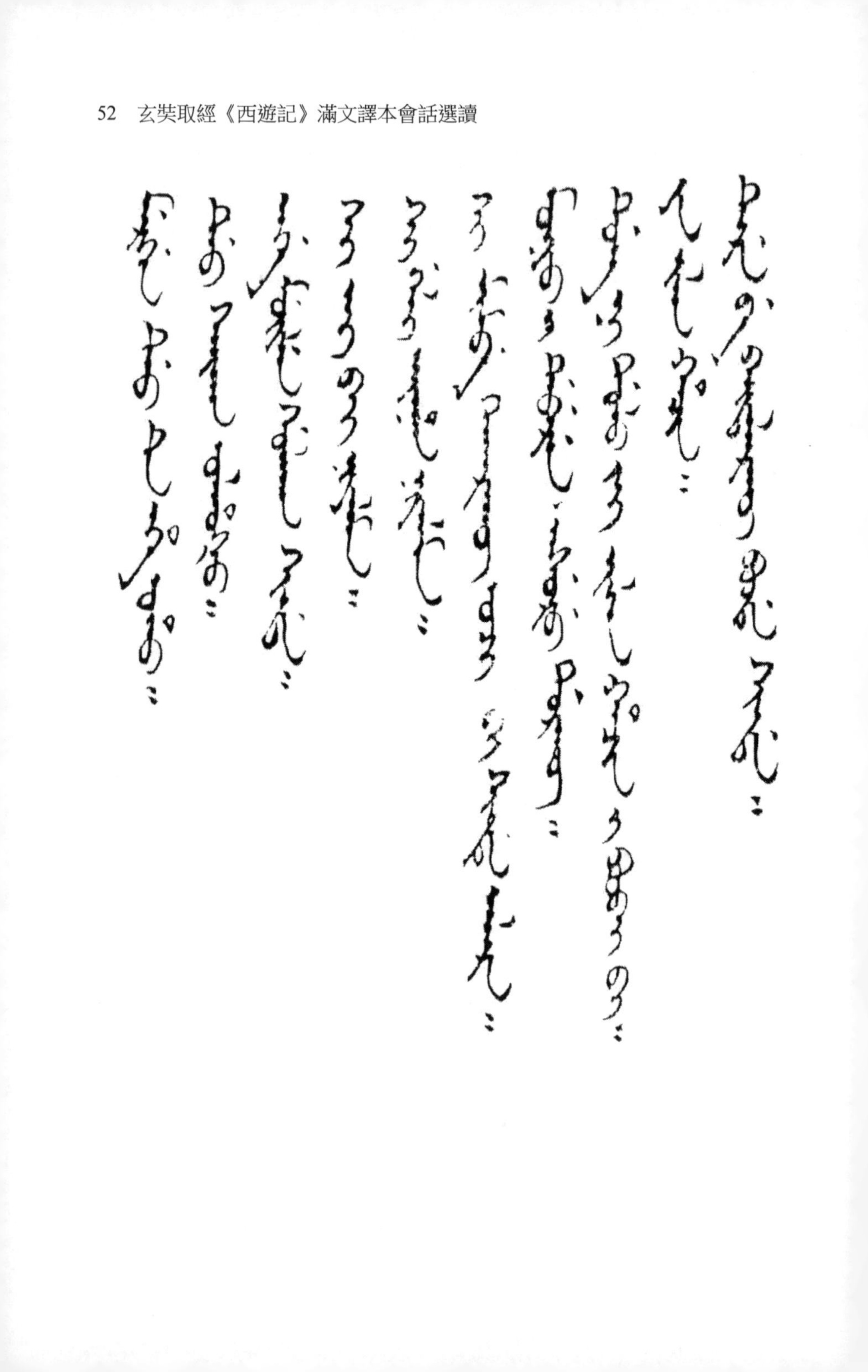

mergen deo te ehe oho.
deo saikan olhošo.
age mujilen sulakan sinda.
si ai bai niyalma.
si geli ainaha niyalma.
si mimbe takarakū oci bi sinde alara.
monio i deberen, asuru dorkū.
dung ni dolo jai ilan hacin i boobai bi.
ya ilan hacin.
tere be baitalarkū boode sinda.

---

賢弟，如今不好了。
兄弟仔細。
兄長放心。
你是哪裡人氏？
你又是什麼人？
你認不得我？我告訴你。
猴崽仔，十分無禮。
洞中還有三件寶貝哩！
是哪三件。
不用它，放在家裡。

---

贤弟，如今不好了。
兄弟仔细。
兄长放心。
你是哪里人氏？
你又是什么人？
你认不得我？我告诉你。
猴崽仔，十分无礼。
洞中还有三件宝贝哩！
是哪三件。
不用它，放在家里。

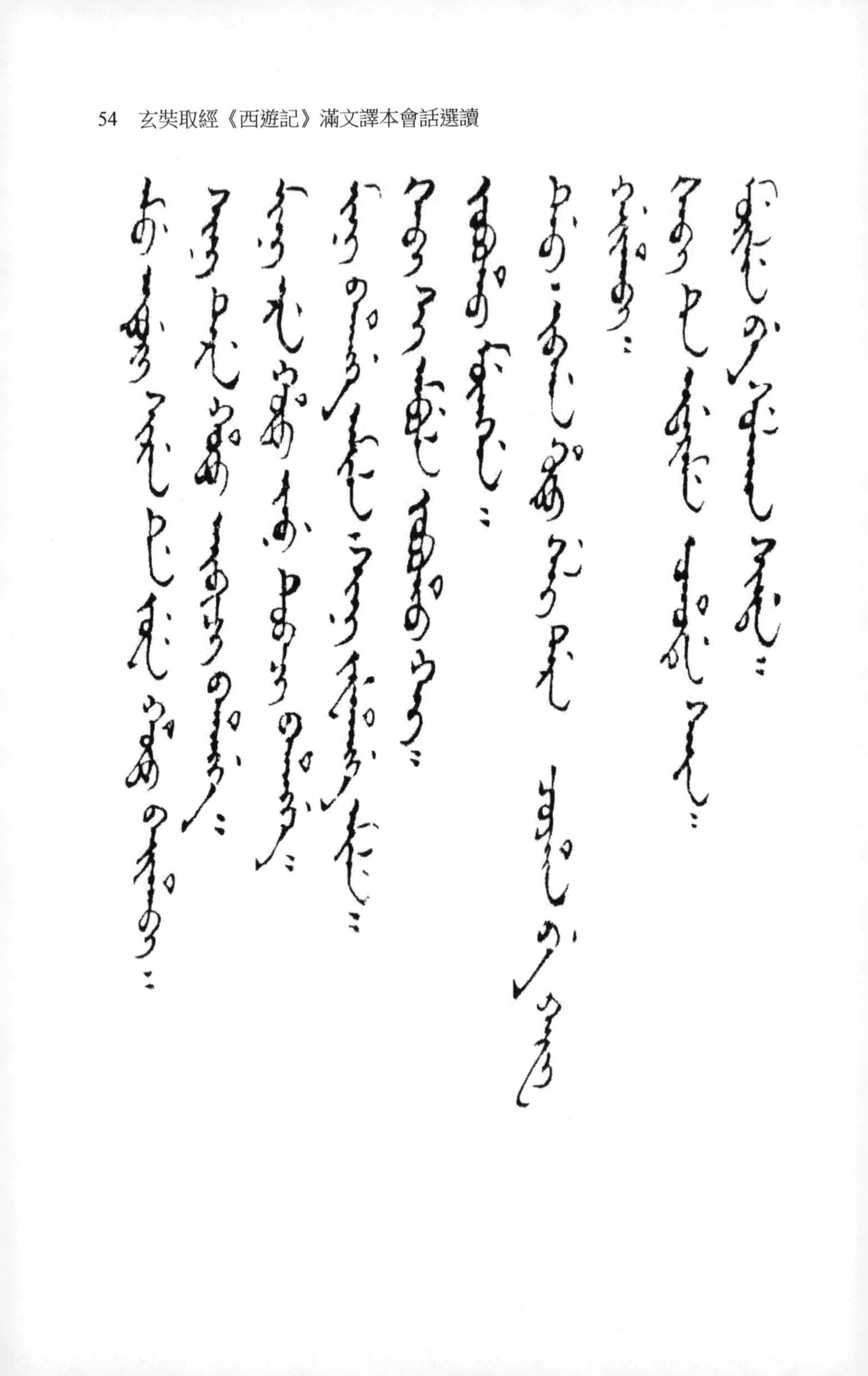

emu enduri siren de juwe hoto banjihabi.
sini tere hoto aibici bahangge.
mini ere hoto inu tubaci bahangge.
mini bahangge amila, sini jafahangge emile.
šabi si ambula joboho kai.
joboho mujangga.
deo, ibagan hutu geli dara cooha be baifi gajihabi.
šabi te adarame ohode sain.
mujilen be sulakan sinda.

---

有一縷仙藤結有兩個葫蘆。
你那葫蘆是哪裡來的？
我的這葫蘆，也是那裡來的。
我得的是雄的，你拿的是雌的。
徒弟啊，多虧你受了勞苦！
誠然勞苦。
兄弟，妖精又請救兵來了。
徒弟，似此如何是好？
放心，放心。

---

有一缕仙藤结有两个葫芦。
你那葫芦是哪里来的？
我的这葫芦，也是那里来的。
我得的是雄的，你拿的是雌的。
徒弟啊，多亏你受了劳苦！
诚然劳苦。
兄弟，妖精又请救兵来了。
徒弟，似此如何是好？
放心，放心。

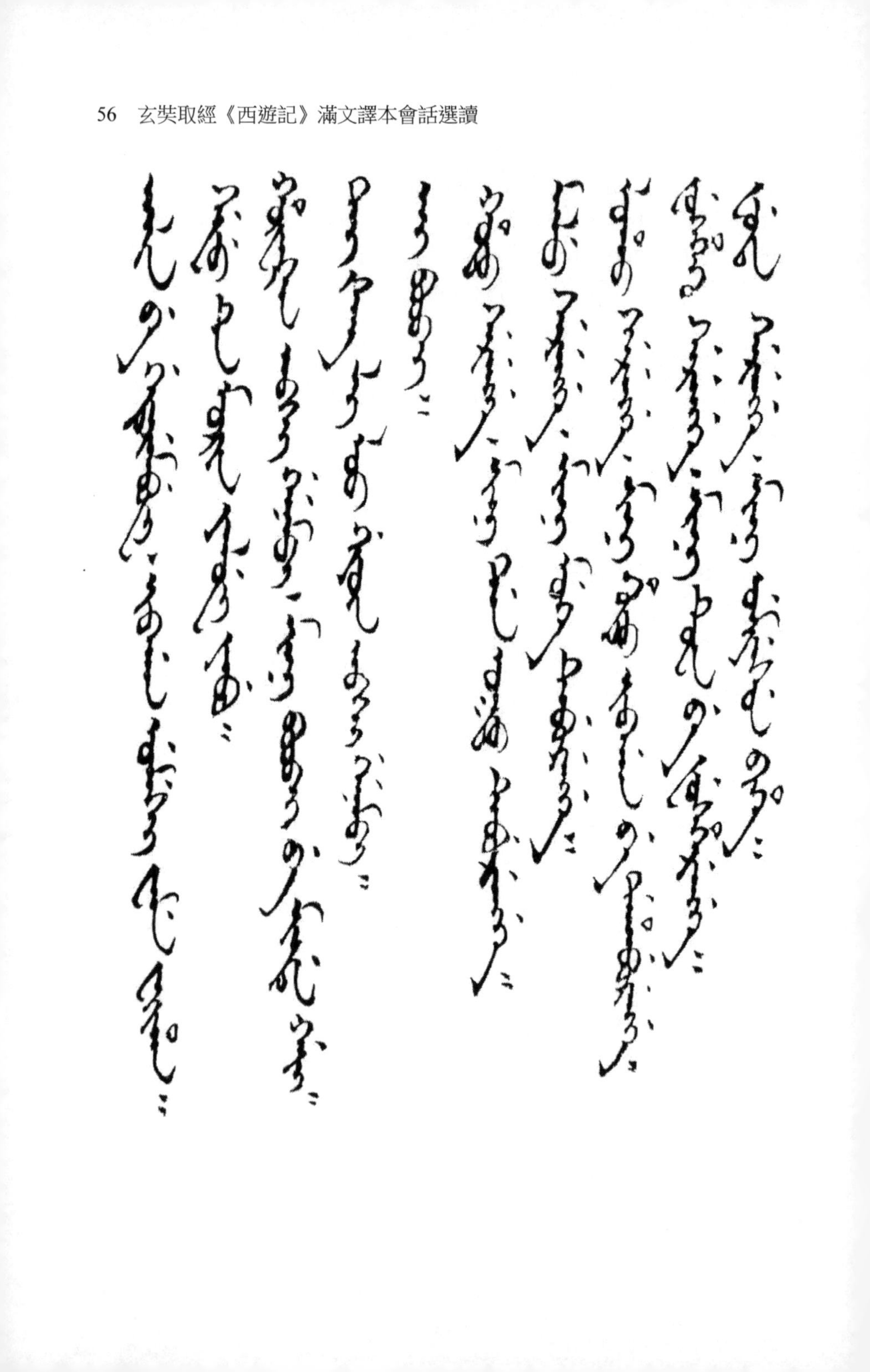

alin be geterembufi, ibagan umesi wame wajiha.
sefu te morin yalufi yabu.
hūwašan absi genembi, mini boobai be minde gaji.
tai šang li loo giyūn absi genembi.
ai boobai.
hoto serengge, mini dan okto teburengge.
malu serengge, mini muke teburengge.
loho serengge, mini hutu ibagan be dahaburengge.
fusheku serengge, mini tuwa be fusherengge.
futa serengge, mini umiyesun bihe.

---

山已淨，妖已無了。
請師父上馬走路。
和尚，哪裡去？還我寶貝來！
太上李老君，哪裡去？
什麼寶貝？
葫蘆是我盛丹的。
淨瓶是我盛水的。
劍是我降魔的。
扇子是我煽火的
繩子是我勒袍的帶。

---

山已净，妖已无了。
请师父上马走路。
和尚，哪里去？还我宝贝来！
太上李老君，哪里去？
什么宝贝？
葫芦是我盛丹的。
净瓶是我盛水的。
剑是我降魔的。
扇子是我煽火的
绳子是我勒袍的带。

# 六、西天路遠

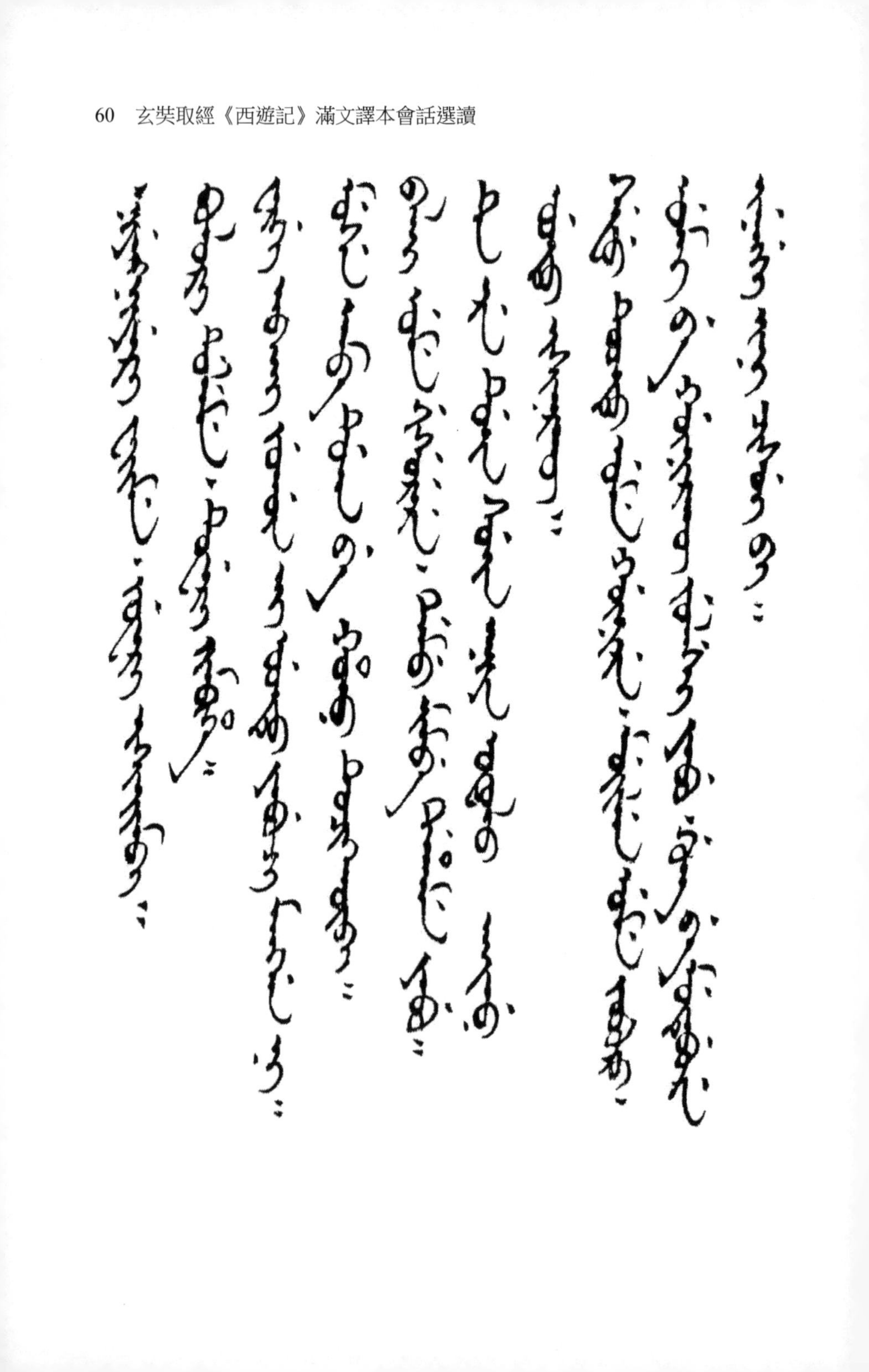

[illegible]

niyengniyeri wajime, juwari isinjimbi.
bolori duleme, tuweri jimbihe.
wargi abkai jugūn ai uttu yabuci mangga ni.
muse amba duka be hono tucikekūbi.
balai ume gisurere, damu mimbe dahame yabu.
te ere duin sunja aniya otolo ainu uttu isinarakū.
sefu tuttu ume gūnire, mujilen ume joboro, umai be gūnirakū julesi yabu, gung be mutebure inenggi ini cisui bi.

---

春盡夏來。
秋殘冬至。
西天的路怎麼這等難行？
咱們還不曾出大門哩！
不必亂談，只管跟着我走路。
如今有四、五個年頭，怎麼還不能得到？
師父不必罣念，少要心焦，且自放心前進，功到自然成。

---

春尽夏来。
秋残冬至。
西天的路怎么这等难行？
咱们还不曾出大门哩！
不必乱谈，只管跟着我走路。
如今有四、五个年头，怎么还不能得到？
师父不必罣念，少要心焦，且自放心前进，功到自然成。

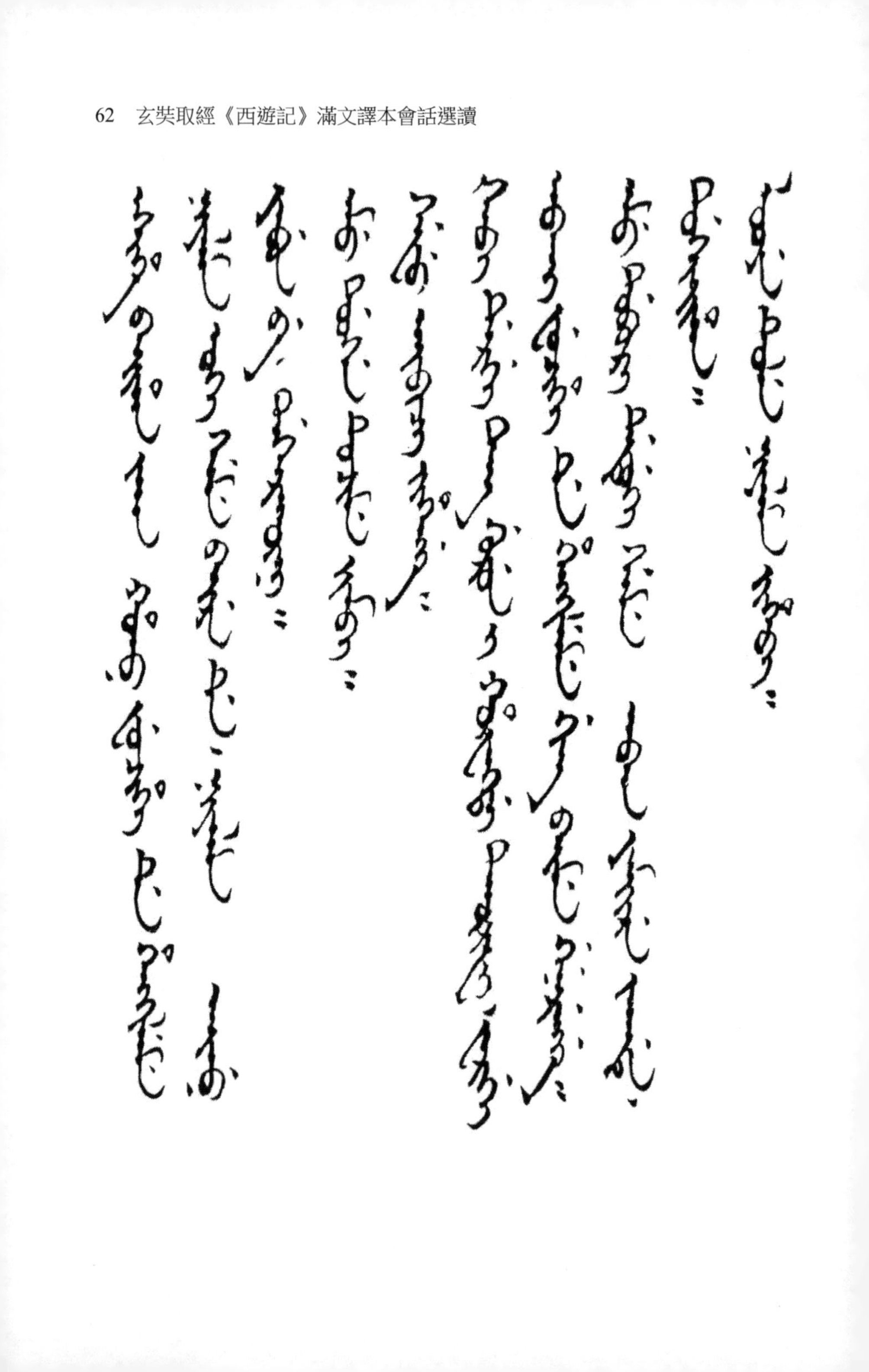

[illegible]

esihe banjiha jaka hono fucihi de hengkileme niyalma oki seme baire de, niyalma ainu yabun be dasarakūni.

emu doose tucime jimbi.

sefu aibici jihengge.

šabi dergi tang gurun i hūwangdi takūrafi, wargi abkai fucihi de henkileme ging baime generengge.

emu dobori deduki seme abka yamjire jakade, dosinjiha.

looye tule niyalma jihebi.

---

鱗甲眾生都拜佛，為人何不肯修行？

一個道人走出來。

師父哪裡來的？

弟子是東土大唐皇帝駕下差來，上西天拜佛求經的。

天色將晚，告借一宿。

老爺，外面有個人來了。

---

鳞甲众生都拜佛，为人何不肯修行？

一个道人走出来。

师父哪里来的？

弟子是东土大唐皇帝驾下差来，上西天拜佛求经的。

天色将晚，告借一宿。

老爷，外面有个人来了。

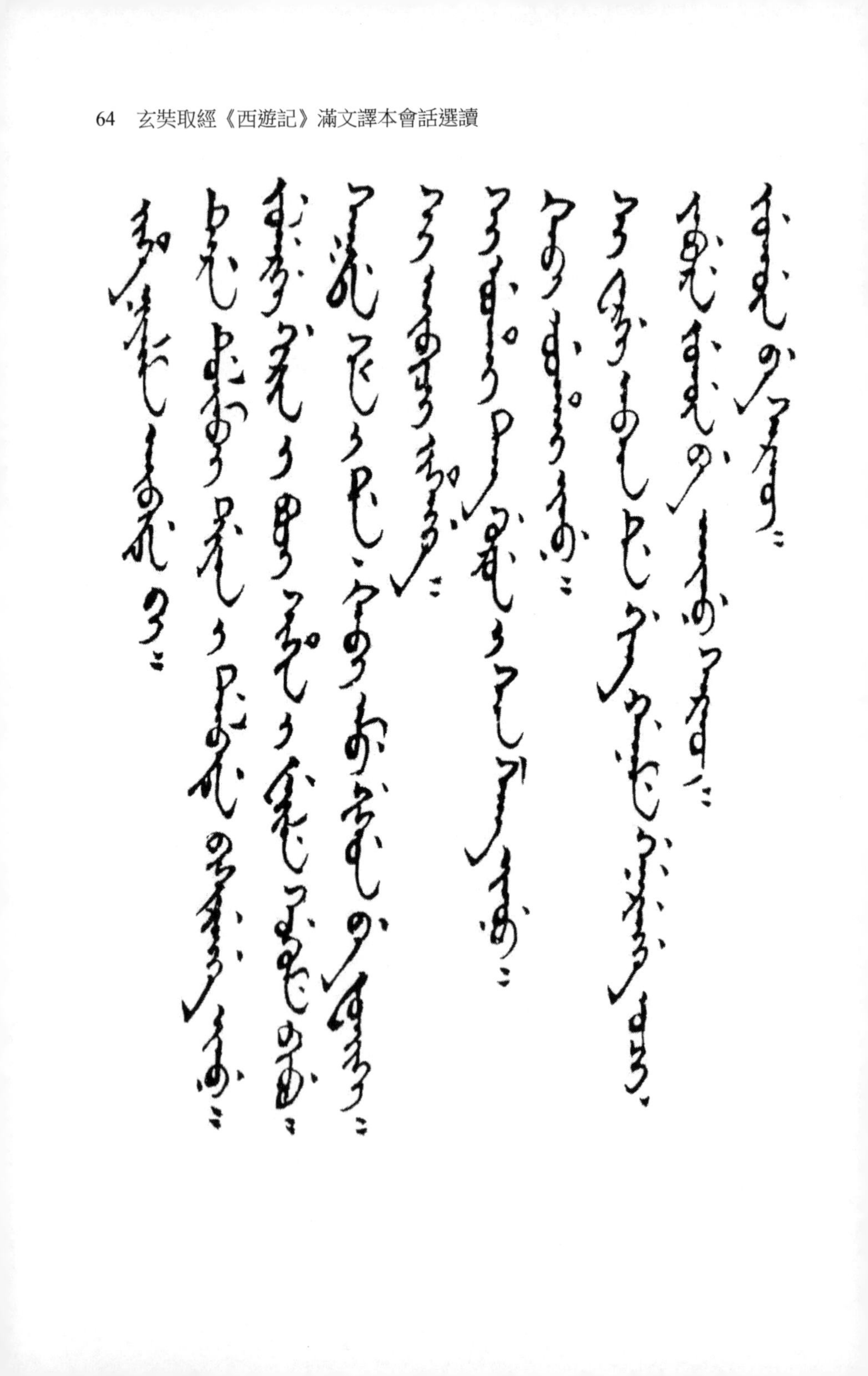

jihe niyalma aibide bi.
tere dulimbai diyan i dalbade bisirengge inu.
julergi girin i booi sihin i fejile sukume bibu.
sakda sy i da, šabi emu gisun be fonjiki.
si aibici jihengge.
si uthai tang gurun i san dzang inuo.
šabi uthai inu.
si wargi abka de ging ganame generengge oci, yabure jugūn be ainu sarkū.
jugūn be sarkū.

---

哪裡人來？
那正殿後邊的便是。
教他往前廊下蹲吧！
老院主，弟子問訊了。
你是哪裡來的？
你便是那唐三藏嗎？
弟子便是。
你要去西天取經，怎麼路也不會走？
不知道路。

---

哪里人来？
那正殿后边的便是。
教他往前廊下蹲吧！
老院主，弟子问讯了。
你是哪里来的？
你便是那唐三藏吗？
弟子便是。
你要去西天取经，怎么路也不会走？
不知道路。

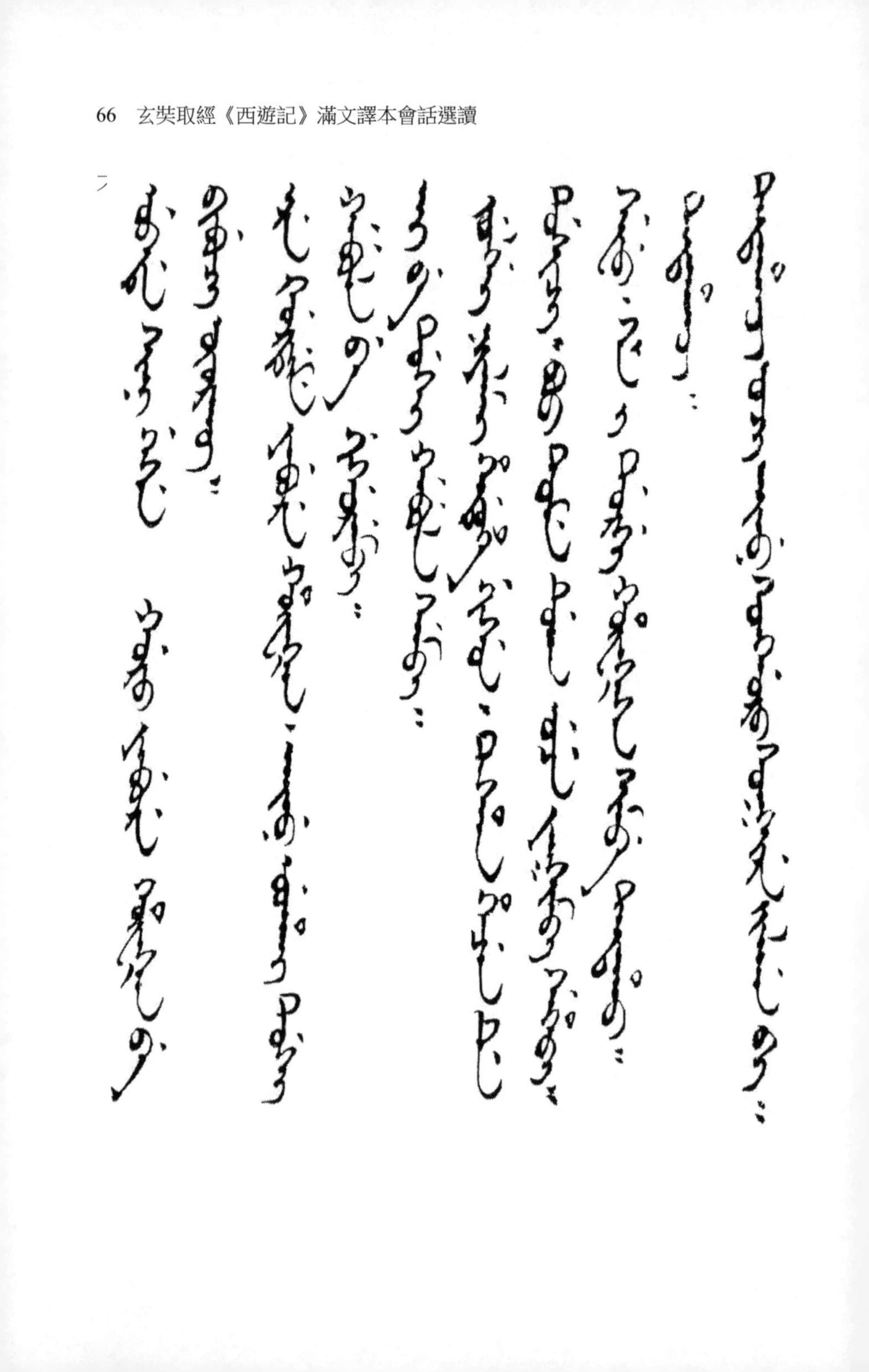

ubade sini gese goro yabure hūwašan be bibuci ojorakū.
ere šurdeme yabure hūwašan, ainu uthai dosi gabula be gisurembi.
ai be dosi gabula sembi.
julgei niyalmai henduhe gisun, tasha hecen de dosici, boo tome duka uce yaksimbi sehebi.
sefu, sy i dorgi hūwašan simbe tantahao.
tantahakū.
tantahakū oci ainu songgoro soksire jilgan bi.

---

這裡不便留你們遠來的僧。
你這遊方的和尚，便是有些油嘴油舌的說話！
何為油嘴油舌？
古人云：「老虎進了城，家家都閉門。」
師父，寺裡和尚打你來？
不曾打。
不曾打，怎麼有吞哭聲？

---

这里不便留你们远来的僧。
你这游方的和尚，便是有些油嘴油舌的说话！
何为油嘴油舌？
古人云：「老虎进了城，家家都闭门。」
师父，寺里和尚打你来？
不曾打。
不曾打，怎么有吞哭声？

# 七、鬼怕惡人

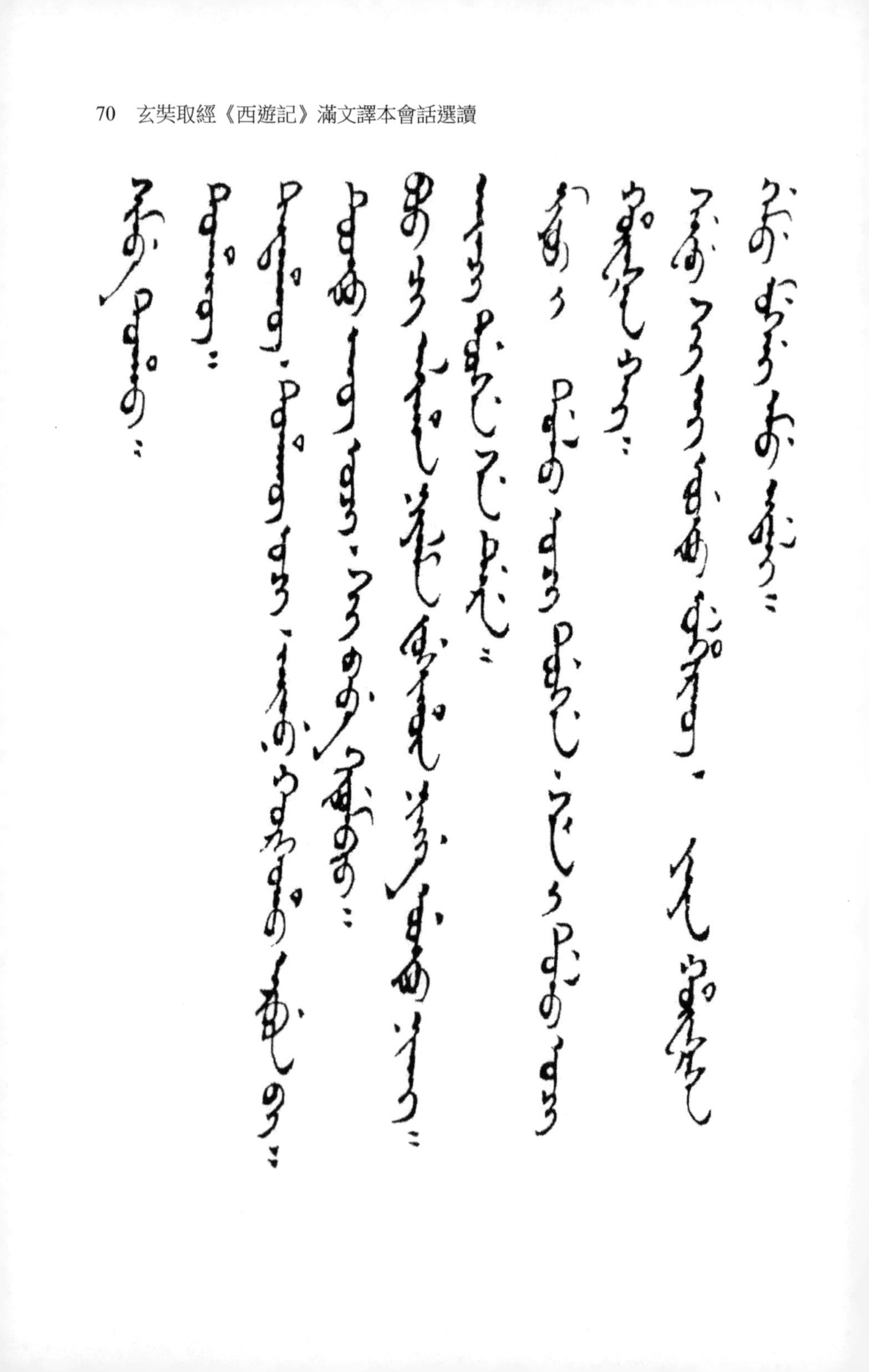

[illegible]

simbe tohao.
tohakū.
tantahakū, tohakū oci, ainu korsoho arbum bi.
tuttu akū oci, si babe kidumbio.
boo ci aljaha niyalma fusihūn ningge uttu nikai.
ainci doose se dere.
miyoo i dolo oci doose, sy i dolo oci hūwašan kai.
sefu si ai uttu ulhirakū, yaya hūwašasa gemu musei emu adali.

---

罵你來？
不曾罵。
既不曾打，又不曾罵，怎麼這般苦惱？
那不然，你是思鄉哩？
這纔是人離鄉賤。
想是道士吧！
觀裡纔有道士，寺裡只是和尚。
師父你不濟事，既是和尚，皆與我們一般。

---

骂你来？
不曾骂。
既不曾打，又不曾骂，怎么这般苦恼？
那不然，你是思乡哩？
这纔是人离乡贱。
想是道士吧！
观里纔有道士，寺里只是和尚。
师父你不济事，既是和尚，皆与我们一般。

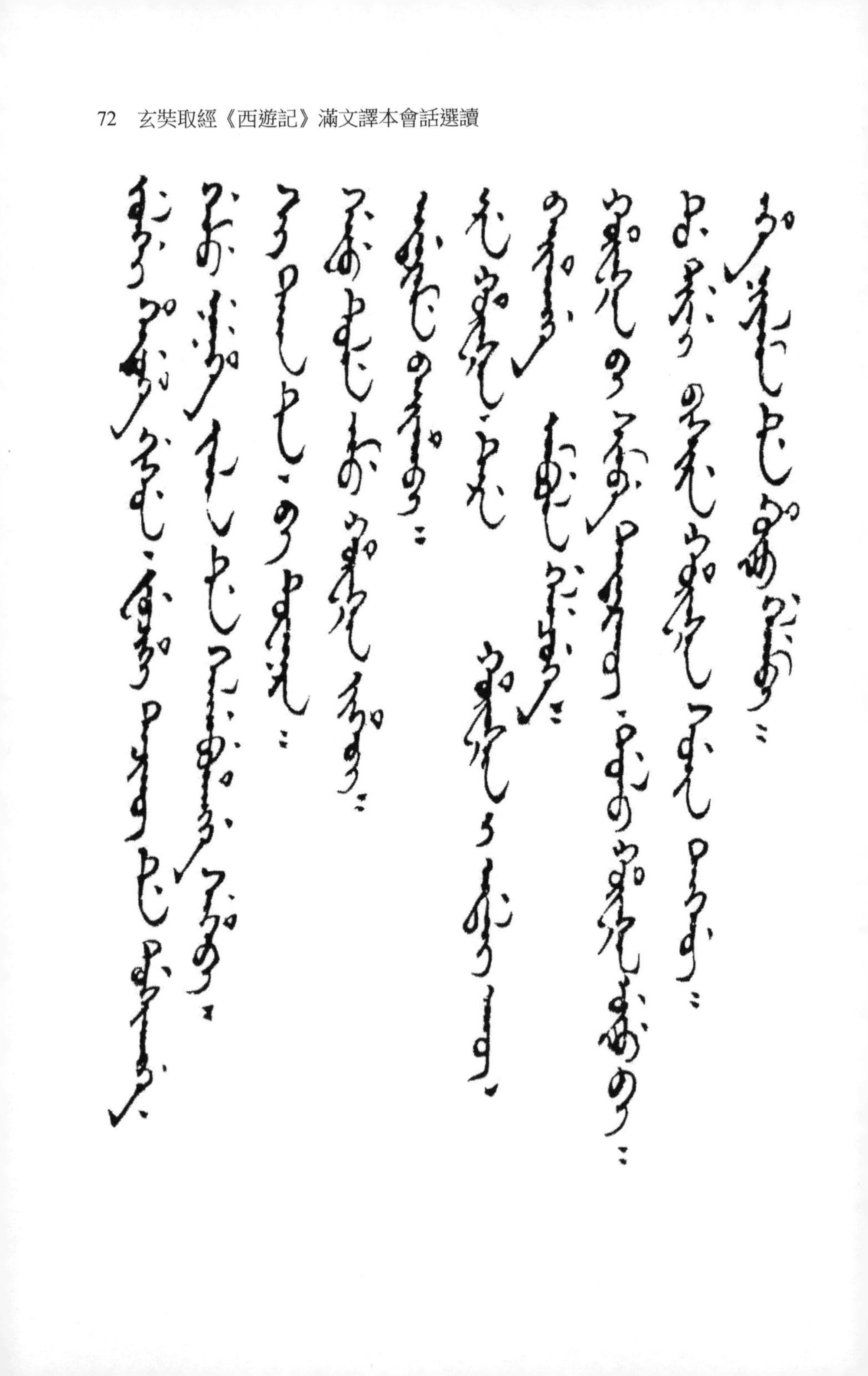

julgei henduhe gisun, fucihi tacikū de dosikangge, gemu nenehe jalan de salgabuhangge sehebi.
si taka te, bi tuwanara.
sefu tule emu hūwašan jihebi.
adarame banjihabi.
ere hūwašan, tere hūwašan i adali akū, banjihangge ambula gelecuke.
hūwašan bi simbe tantarakū, dolo hūwašan udu bi.
du diyei bisire hūwašan sunja tanggū.
ehe niyalma de hutu gelembi.

---

常言道：「既在佛會下，都是有緣人。」
你且坐，等我進去看看。
師父，外面有個和尚來了。
怎的模樣？
這個和尚，比那個和尚不同，生得惡躁。
和尚，我不打你，這寺裡有多少和尚？
有度牒的和尚共有五百個。
鬼也怕惡人。

---

常言道：「既在佛会下，都是有缘人。」
你且坐，等我进去看看。
师父，外面有个和尚来了。
怎的模样？
这个和尚，比那个和尚不同，生得恶躁。
和尚，我不打你，这寺里有多少和尚？
有度牒的和尚共有五百个。
鬼也怕恶人。

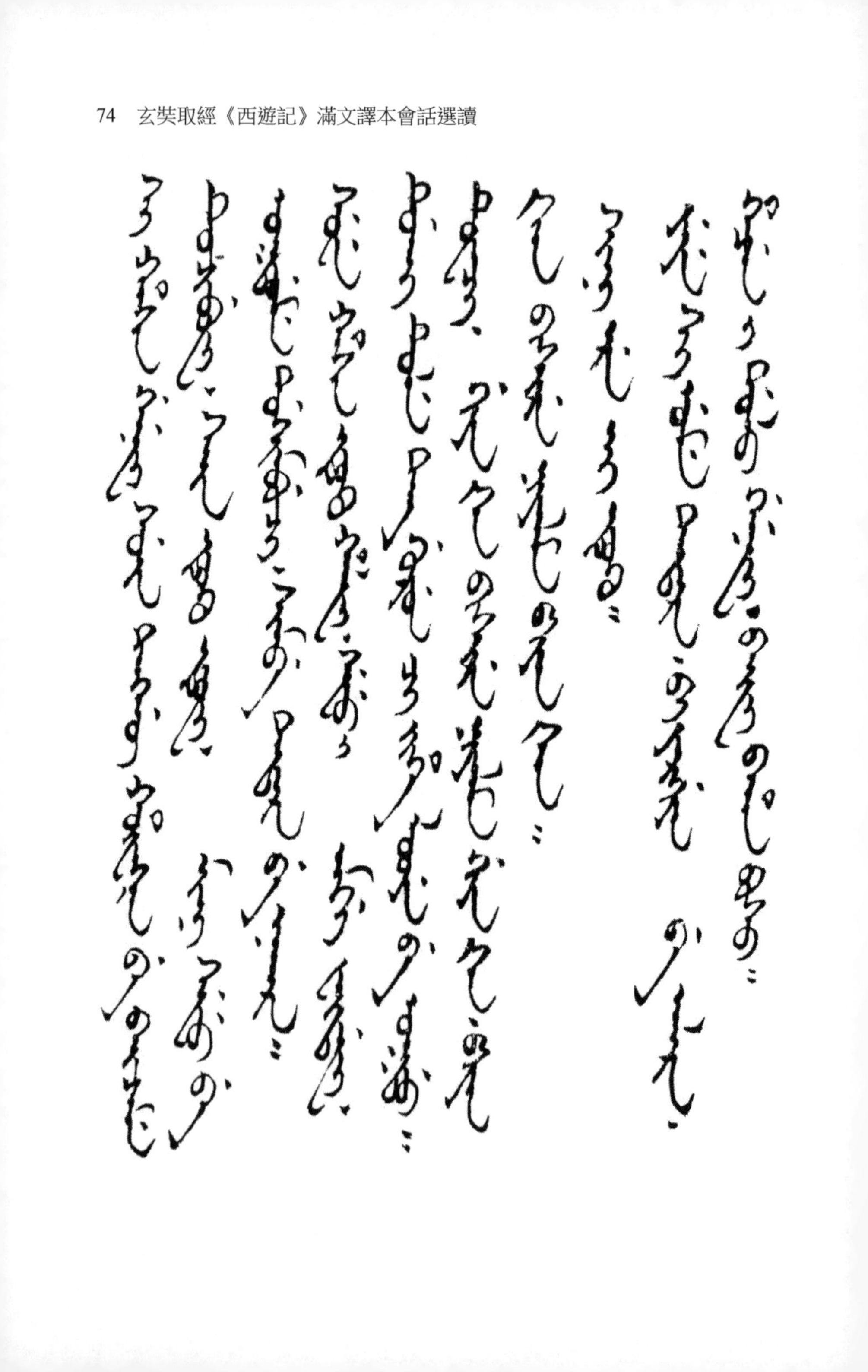

si hasa genefi sunja tanggū hūwašan be baicame tucibufi, sain etuku etufi, mini sefu be okdome dosimbuci, simbe tantara be nakara.

suwe hasa etuku halafi, sefu i emgi faidafi, dukai tule tang gurun ci jihe looye be okdo.

tuwaci, giya ša bisire niyalma giya ša, piyan šan bisire niyalma piyan šan.

sini ere ai etuku.

yeye si ume tantara, bi yargiyan be alara, hecen i dolo genefi, baifi baha boso.

---

你快去把那五百個和尚都點得齊齊整整，穿了好衣服，出去把我那唐朝的師父接進來，就不打你了。

你們快換衣服，隨老師父排班，出山門外，迎接唐朝來的老爺。

見有袈裟的披了袈裟，有偏衫的穿偏衫。

你穿的是什麼衣服？

爺爺，你不要打，我說實話。這是城中化來的布。

---

你快去把那五百个和尚都点得齐齐整整，穿了好衣服，出去把我那唐朝的师父接进来，就不打你了。

你们快换衣服，随老师父排班，出山门外，迎接唐朝来的老爷。

见有袈裟的披了袈裟，有偏衫的穿偏衫。

你穿的是什么衣服？

爷爷，你不要打，我说实话。这是城中化来的布。

# 八、佛門弟子

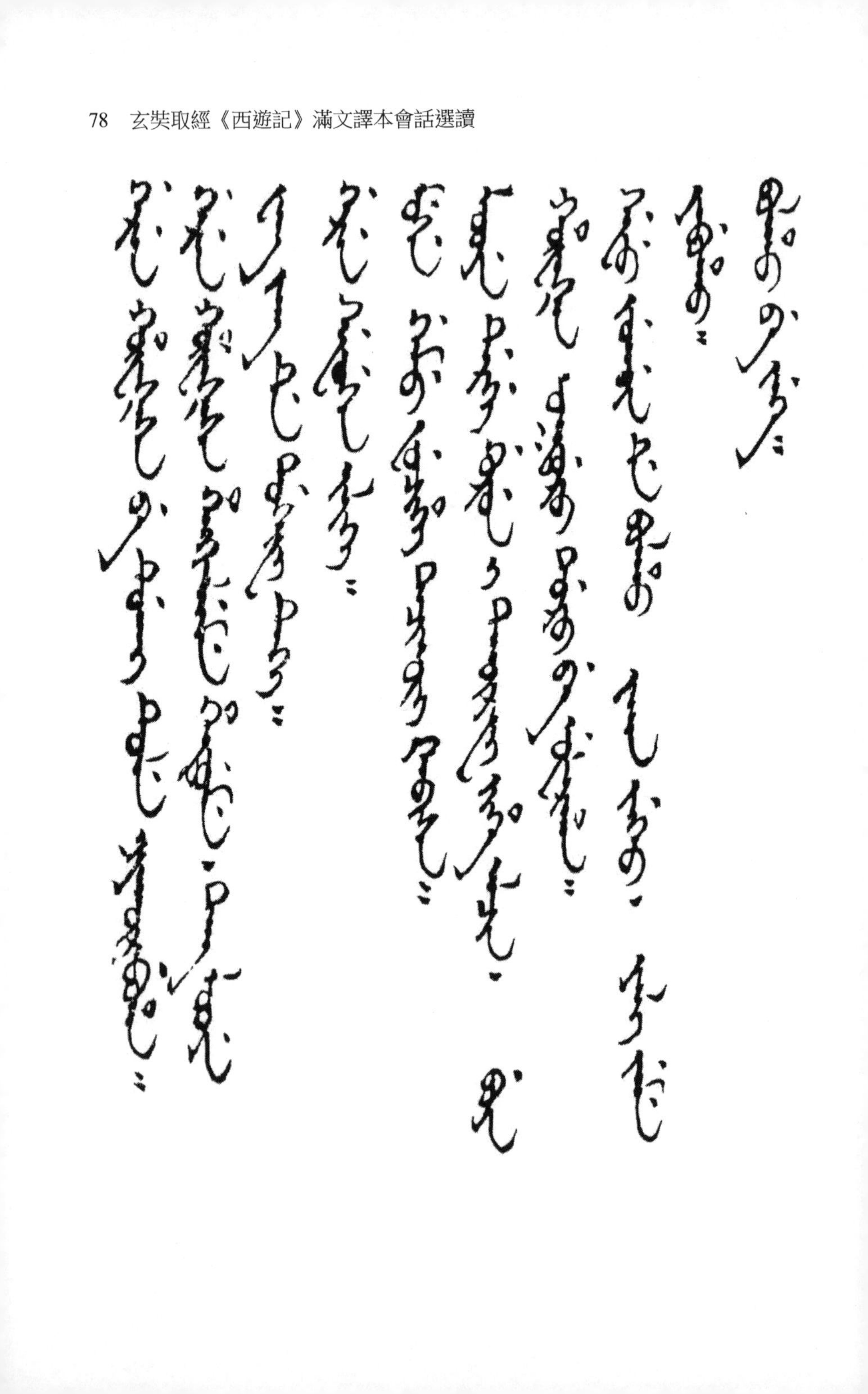

geren hūwašasa be dukai tule niyakūrabuha.
geren hūwašasa hengkileme hendume, tang looye fang jang de dosifi teki.
geren sefusa iliki.
muse gemu fucihi tacikūi šabisa.
looye dergi gurun i takūrafi jihe elcin, buya hūwašan okdoro doro be ufaraha.
sefu jugūn de bolho jaka jekeo, yali jeme yabuhao.
bolho be jeke.

---

叫眾僧出山門外跪下。
眾僧磕頭叫道：唐老爺，請方丈裡坐。
眾師父請起。
我和你都是佛門弟子。
老爺是上國欽差，小和尚有失迎接。
師父一路上是吃素？是吃葷？
吃素。

---

叫众僧出山门外跪下。
众僧磕头叫道：唐老爷，请方丈里坐。
众师父请起。
我和你都是佛门弟子。
老爷是上国钦差，小和尚有失迎接。
师父一路上是吃素？是吃荤？
吃素。

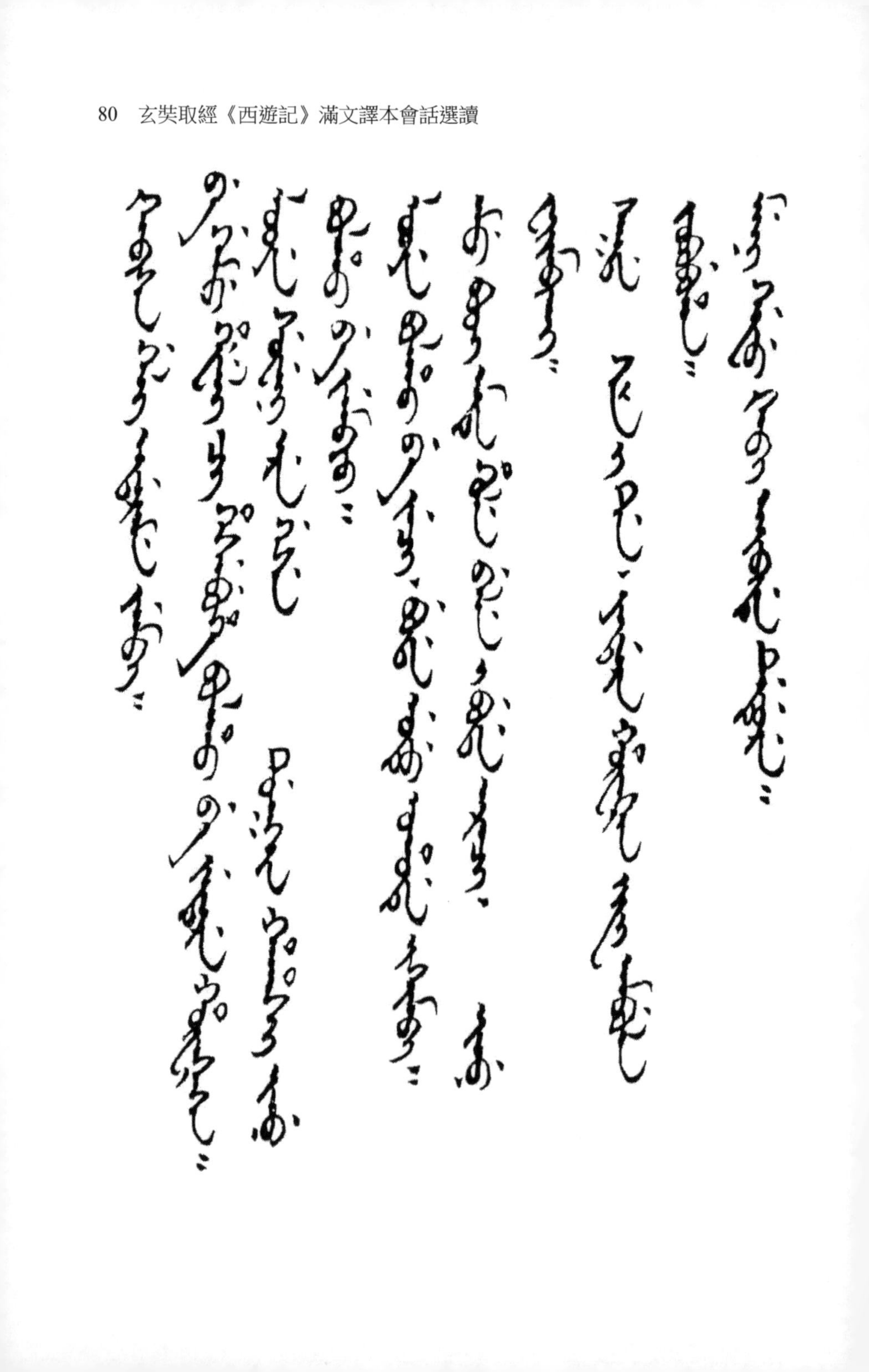

šabisa geli adarame jembi.
be gemu hefeli ci hesebuhe bolho be jetere hūwašasa.
looye suweni ere gese doksin hahasi inu bolho be jembio.
looye bolho be jeci, buda udu ohode isimbi.
emu booi emte hule bele i buda araci, inu wajimbikai.
sakda sy i da, yadara hūwašan jifi ambula jobobuha.
meni sefu šabi aibide dedure.

---

徒弟們，又怎麼吃？
我們都是吃胎裡素的和尚。
老爺，像你們這等兇漢也吃素？
老爺既然吃素，煮多少米的飯方夠吃？
一家子煮上一石米也夠了啊！
老院主，貧僧來多打攪了。
我們師徒卻在哪裡安歇？

---

徒弟们，又怎么吃？
我们都是吃胎里素的和尚。
老爷，像你们这等凶汉也吃素？
老爷既然吃素，煮多少米的饭方够吃？
一家子煮上一石米也够了啊！
老院主，贫僧来多打搅了。
我们师徒却在哪里安歇？

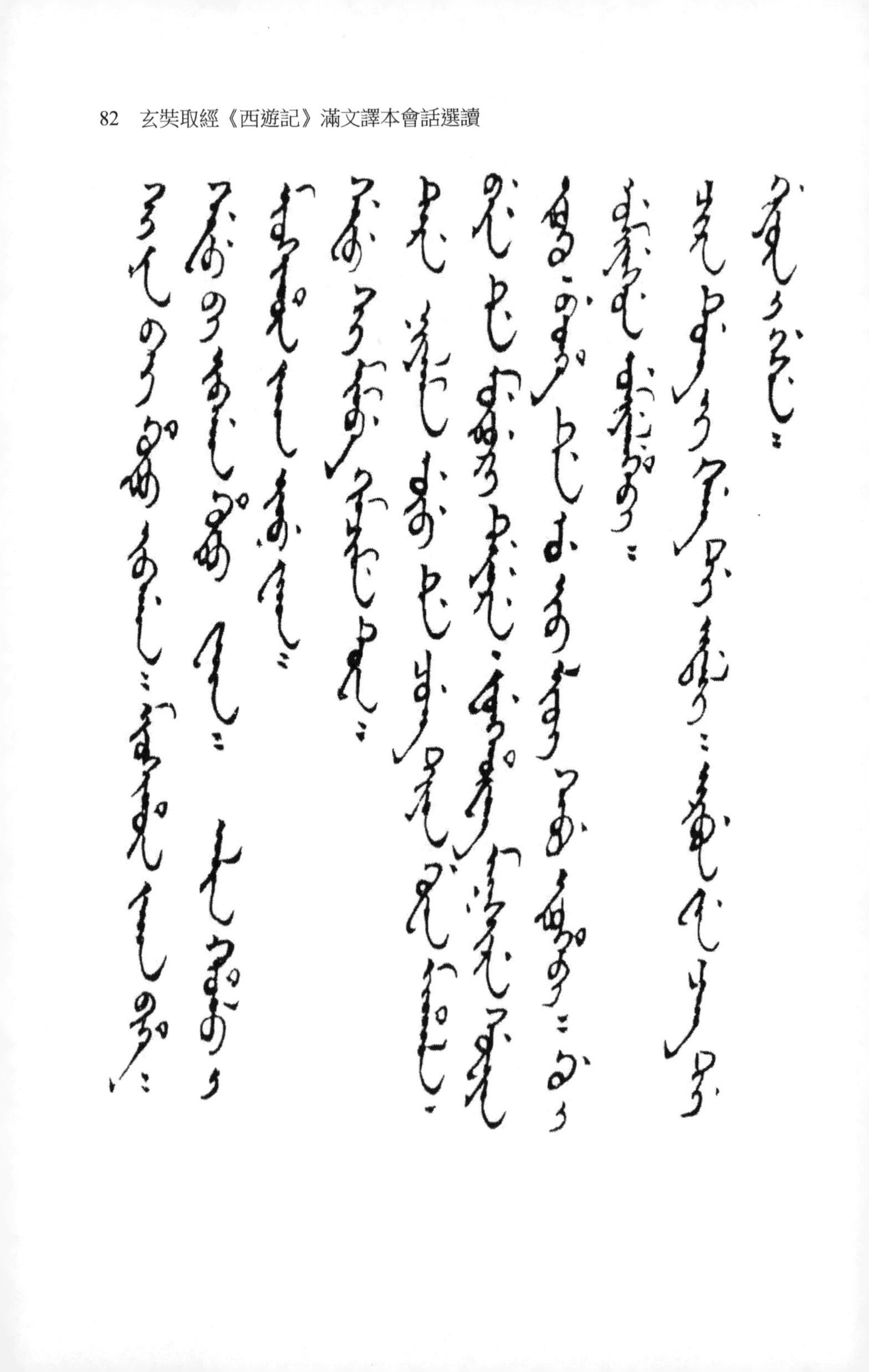

si ya bai hutu ibagan,（alin holo i）miosihūn jaka bihe.
sefu bi ibagan hutu waka. alin holo i miosihūn jaka inu waka.
sefu si mimbe kimcime tuwa.
tere niyalma uju de cung tiyan guwan mahala, beye de muduri deyere, funghūwang maksire suwayan etuku, bethe de u io lioi sabu etuhebi. gu i umiyesun umiyelehebi.
cira dung（ioi） i （cang）šeng di adali. arbun wen cang di giyūn i gese.

---

你是哪裡的魍魎妖魅、神怪邪魔？
師父，我不是妖魔鬼怪，也不是魍魎邪神。
師父，你捨眼看我一看。
那人頭戴一頂沖天冠，身穿一領飛龍舞鳳赭黃袍，足踏一雙無憂履，腰束一條璧玉帶。
面如東岳長生帝，形似文昌帝君。

---

你是哪里的魍魉妖魅、神怪邪魔？
师父，我不是妖魔鬼怪，也不是魍魉邪神。
师父，你舍眼看我一看。
那人头戴一顶冲天冠，身穿一领飞龙舞凤赭黄袍，足踏一双无忧履，腰束一条璧玉带。
面如东岳长生帝，形似文昌帝君。

# 九、投告無門

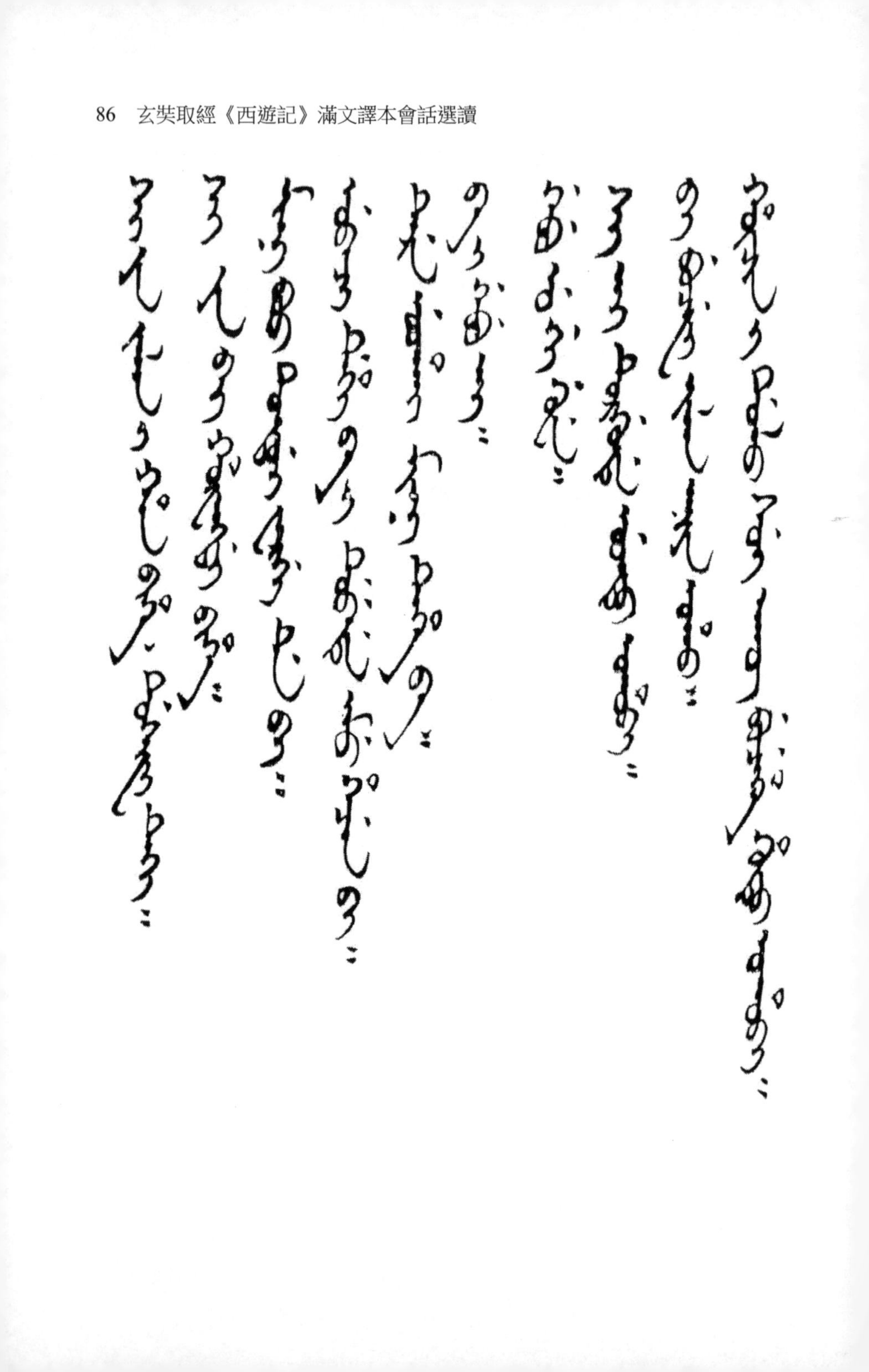

si ya jalan i han bihe, dosifi teki.
si ya bai hūwangdi bihe.
mini boo tondoi wargi de bi.
ubaci dehi ba i dubede emu hecen bi.
tere uthai mini tehe ba.
ba i gebu ai.
gebu u gi guwe.
si ai turgunde uttu ohobi.
bi bucefi ilan aniya oho.
hūcin i dolo sui akū bucehe hutu ohobi.

---

你是那一朝陛下？請進來坐。
你是那裡皇帝？
我家住在正西。
離此四十里有座城池。
那裡便是我居住之處。
叫做什麼地名？
名烏雞國。
你因甚事如此？
我已死去三年了。
是一個井裡冤屈的死鬼。

---

你是那一朝陛下？请进来坐。
你是那里皇帝？
我家住在正西。
离此四十里有座城池。
那里便是我居住之处。
叫做什么地名？
名乌鸡国。
你因甚事如此？
我已死去三年了。
是一个井里冤屈的死鬼。

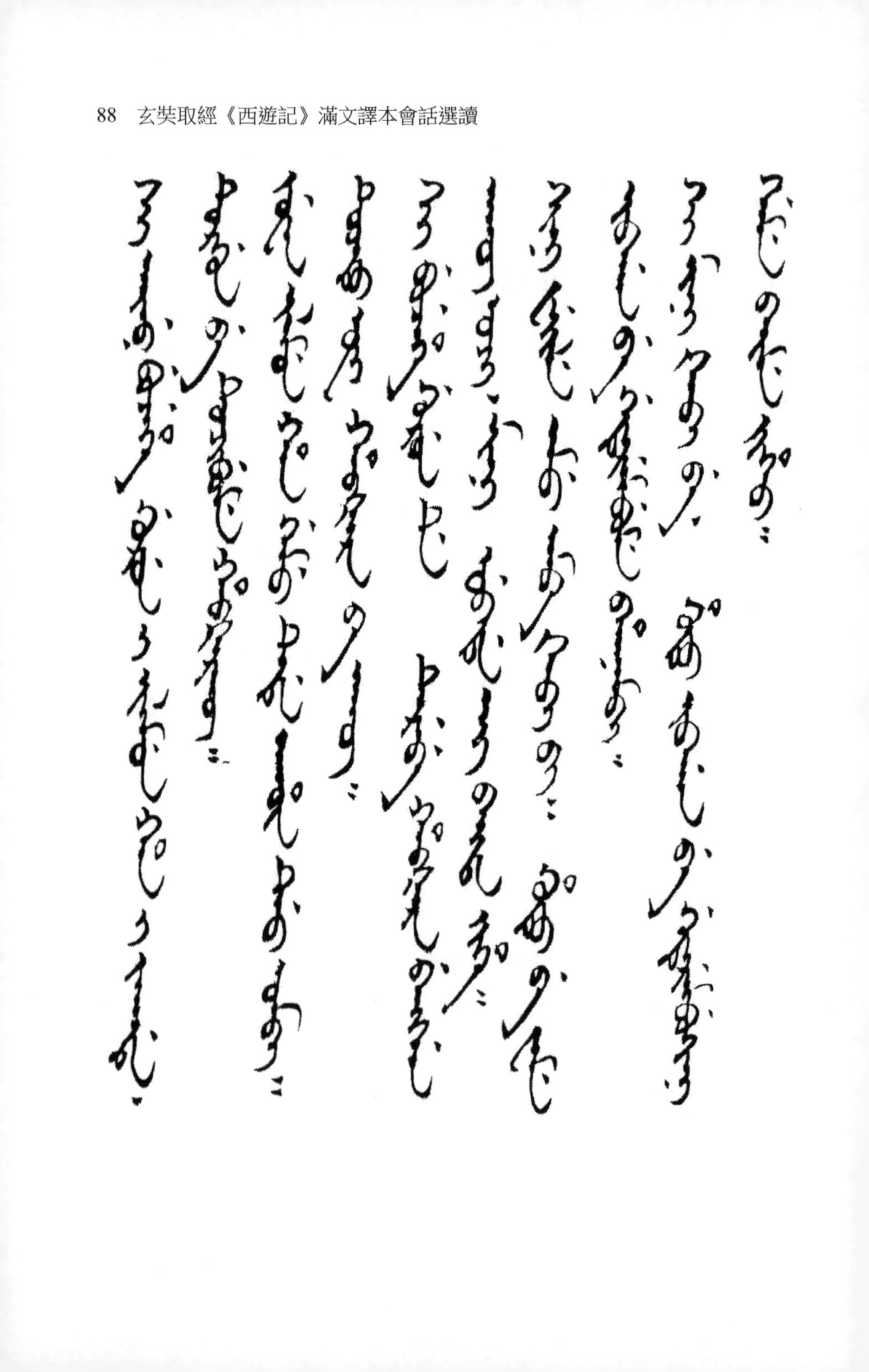

si ainu bucehe gurun i ilmun han i jakade, turgun be tucibume habšarakū.

juwan ilmun han gemu tede ahūn deo ombi. tuttu ofi habšara ba akū.

si bucehe gurun de terebe habšara bengsen akū oci, mini ubade ai baita jihe.

sini fejile emu amba šabi bi. hutu be wame ibagan be geterembume bahanambi.

si mini šabi be, hutu ibagan be geterembukini seme baime jiheo.

---

你何不在陰司閻王處具告？
十代閻羅都是他的異兄弟。因此這般，無門投告。
你陰司裡既沒本事告他，卻來我此處作甚？
你手下有一個大徒弟，極能斬怪降魔。
你到來是請我徒弟去除卻那妖怪嗎？

---

你何不在阴司阎王处具告？
十代阎罗都是他的异兄弟。因此这般，无门投告。
你阴司里既没本事告他，却来我此处作甚？
你手下有一个大徒弟，极能斩怪降魔。
你到来是请我徒弟去除却那妖怪吗？

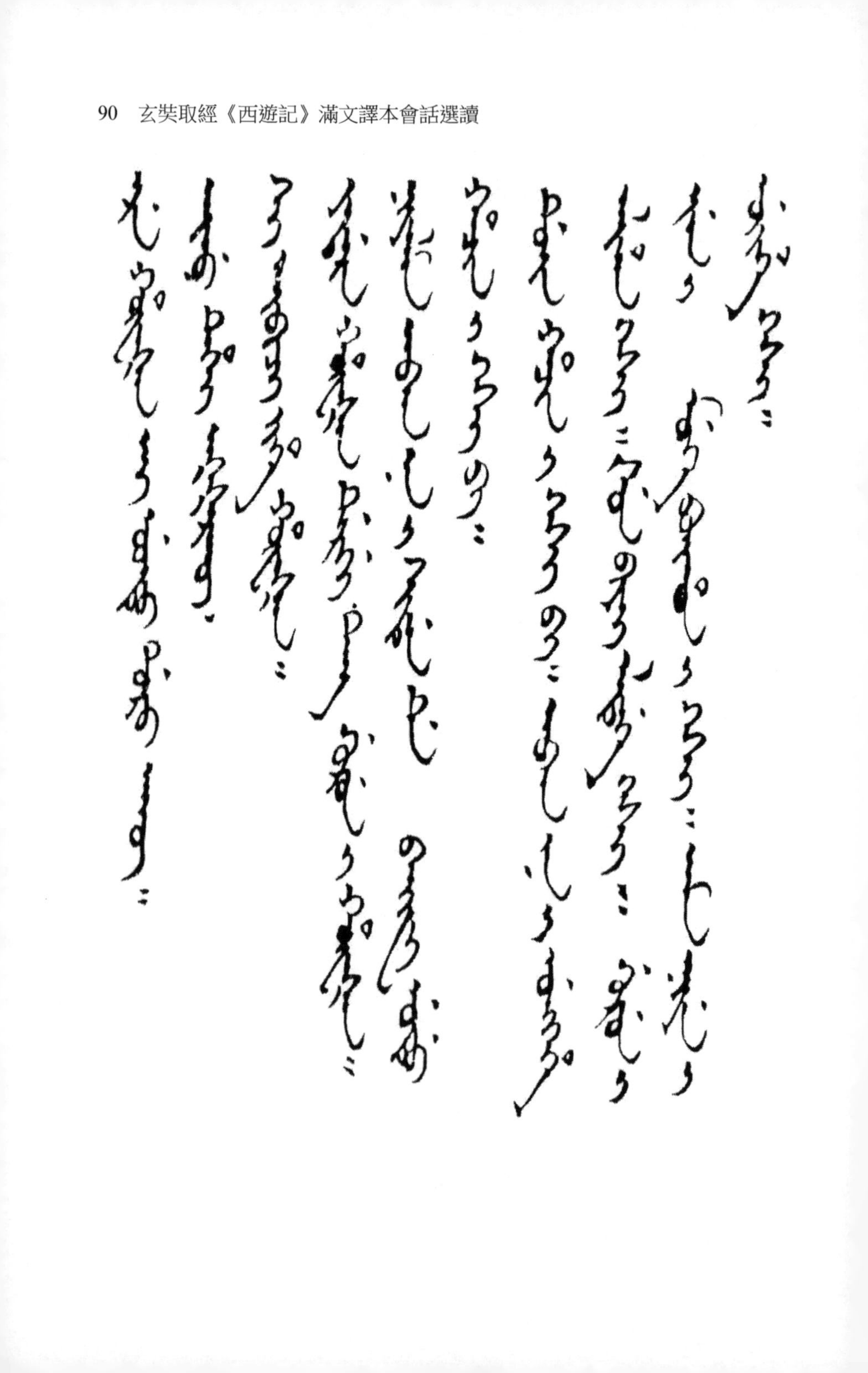

ere hūwašan ai uttu doro akū.
ainu tehei aššarakū.
si aibici jihe hūwašan.
yadara hūwašan dergi tang gurun i hūwašan.
niyalma abka na i siden de banjifi udu hacin i kesi bi.
duin hacin i kesi bi. abka na i ungkehe aliha kesi. šun biyai eldeke kesi, gurun i ejen i muke boihon i kesi. ama eniye i ujihe kesi.

---

這個和尚無禮！
怎麼坐著不動？
你是那方來的和尚？
貧僧乃是東土唐僧。
為人生在天地之間，能有幾恩？
有四恩：感天地蓋載之恩，日月照臨之恩，國王水土之恩，父母養育之恩。

---

这个和尚无礼！
怎么坐着不动？
你是那方来的和尚？
贫僧乃是东土唐僧。
为人生在天地之间，能有几恩？
有四恩：感天地盖载之恩，日月照临之恩，国王水土之恩，父母養育之恩。

# 十、過去未來

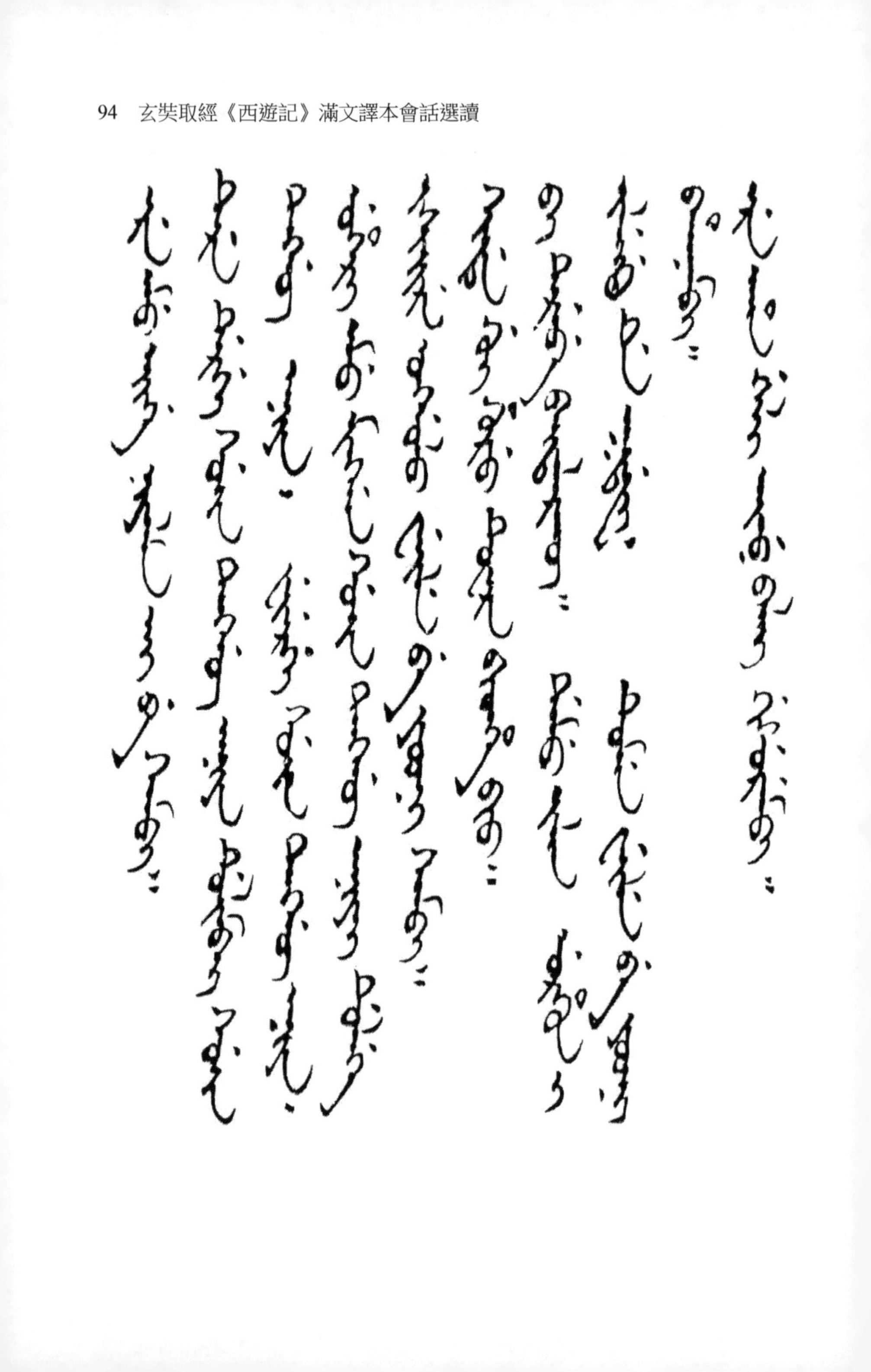

ere emu ajige niyalma ai be sambi.

tere dergi sunja tanggū aniya dulimbai sunja tanggū aniya, fejergi sunja tanggū aniya, uheri emu minggan sunja tanggū aniyai duleke isinjire onggolo weile be yooni sambi.

sinde gui huru tuwara bithe bio.

bi terebe baitalarakū. damu ilan urhun i ilenggu de akdafi, tumen weile be yooni bahanambi.

ere aha geli ainu balai gisurembi.

---

這星星小人兒能知甚事？

他上知五百年，中知五百年，下知五百年，共知一千五百年過去未來之事。

你有龜卜之書嗎？

我不用它，只是全憑三寸舌，萬事盡皆知。

這廝又是胡說。

---

这星星小人儿能知甚事？

他上知五百年，中知五百年，下知五百年，共知一千五百年过去未来之事。

你有龟卜之书吗？

我不用它，只是全凭三寸舌，万事尽皆知。

这厮又是胡说。

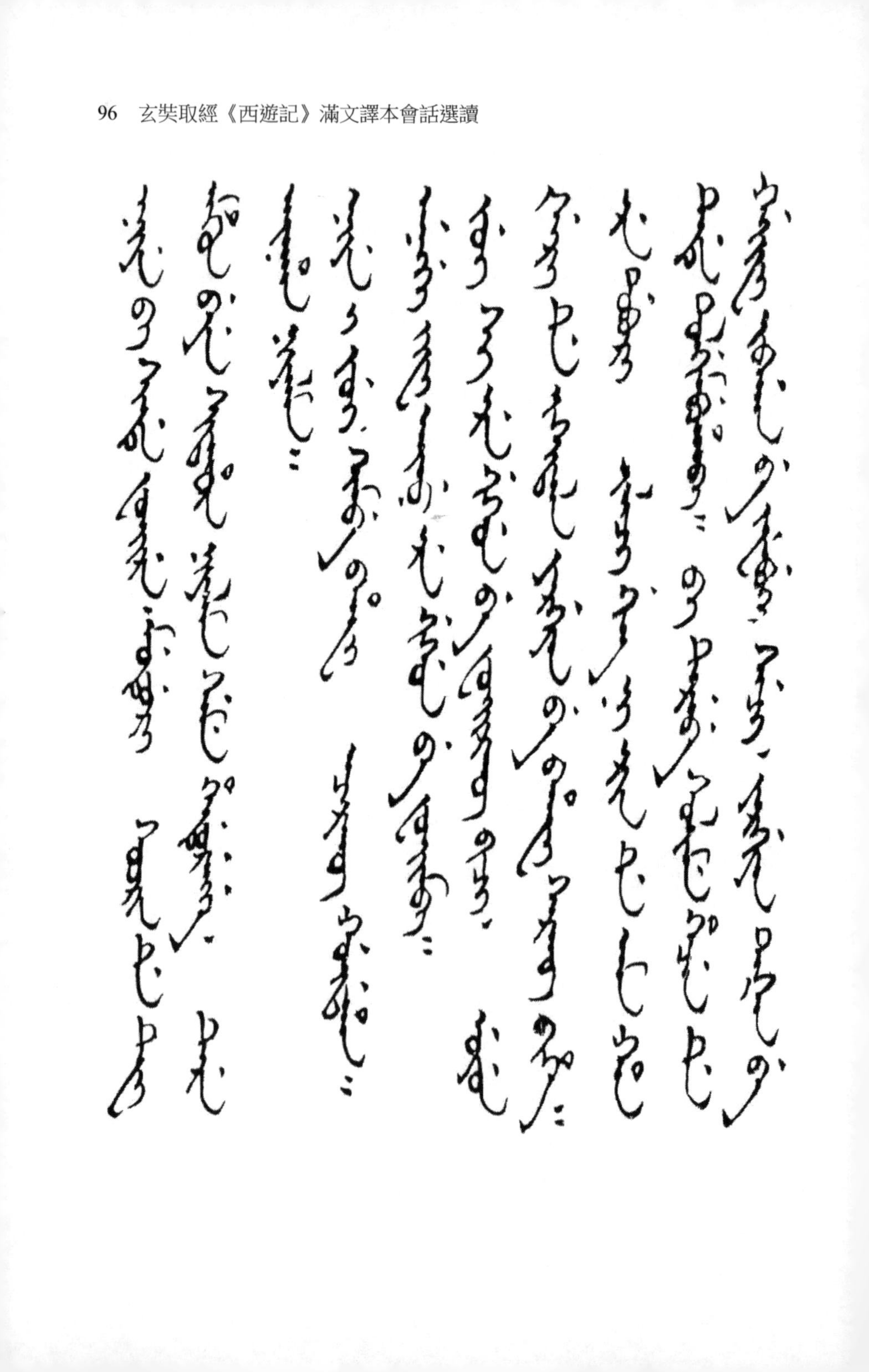

eniye bi sinde fonjire, muduri soorin de tefi emhun beye sitahūn niyalma seme hendurengge, tere ainaha niyalma.

eniye i jui simbe bahafi acarakū goidaha. enenggi jifi ainu ere gisun be fonjimbi.

jui si ere gisun be fonjirakū bici, uyun šeri de isitala yargiyan be bahafi sarkū bihe.

ere dobori ilaci ging ni erin de ama han tede tolgimbuhabi. bi terebe solime hecen de gajifi ibagan be jafabuki seci, yargiyan tašan be

---

母親，我問你：即位登龍是那個？稱孤道寡果何人？
孩兒！我與你久不相見，怎麼今日來問此言？
孩兒不問你，我到九泉之下，也不得明白。
今夜三更，父王託夢，請他到城捉怪，

---

母亲，我问你：即位登龙是那个？称孤道寡果何人？
孩儿！我与你久不相见，怎么今日来问此言？
孩儿不问你，我到九泉之下，也不得明白。
今夜三更，父王托梦，请他到城捉怪，

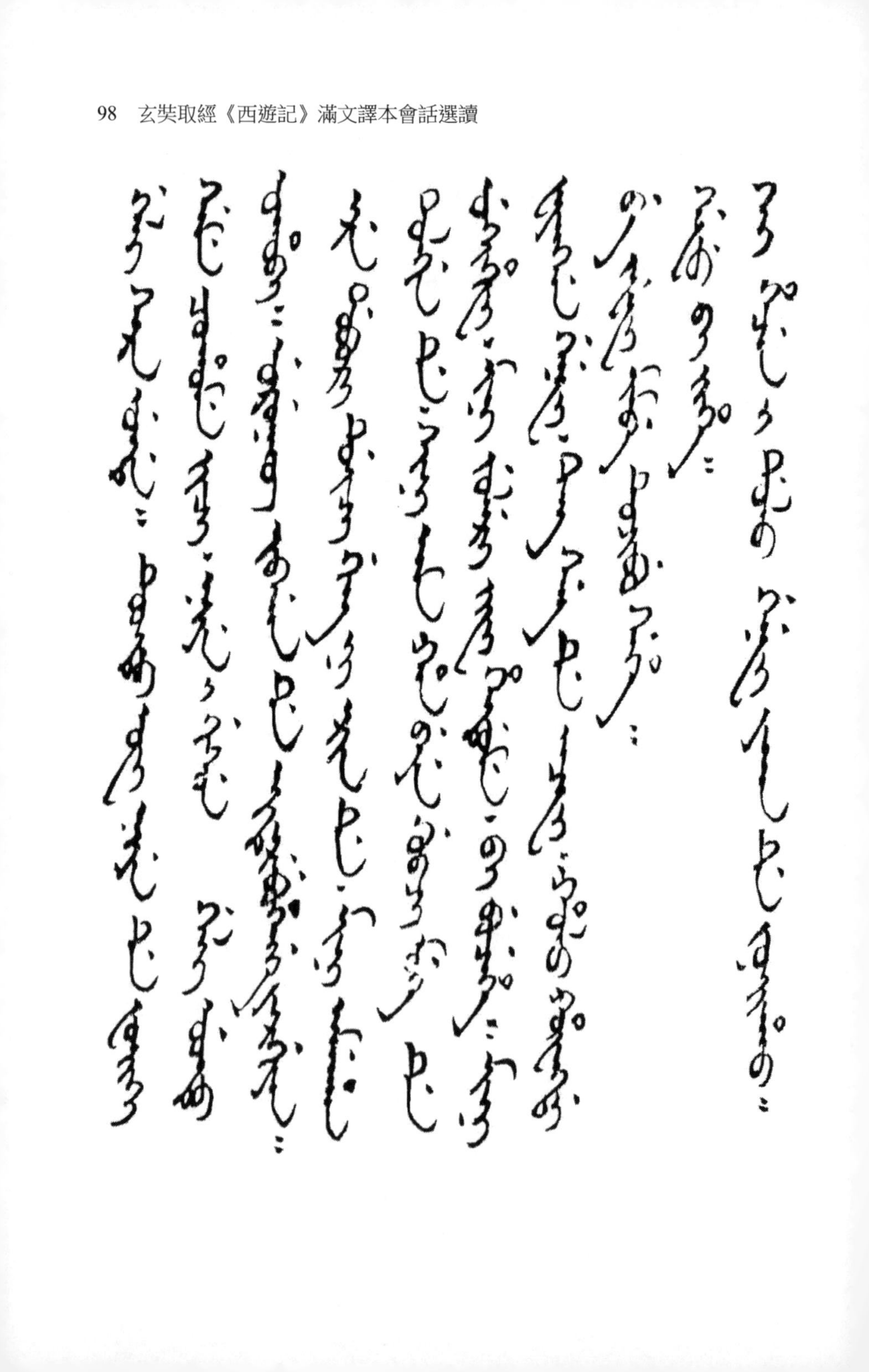

geli sara unde. tuttu ofi eniye de fonjiki seme cohome jici, eniye i gisun geli uttu ohobi. urunakū ibagan de eiterebuhengge yargiyan.

ere dobori duici ging ni erin de, mini amgaha tolgin de, sini ama han beye gubci muke de usihifi, mini juleri jifi hendume, bi bucehe. mini fayangga genefi, tang seng de acafi, holo hūwangdi be jafafi mimbe tucibu sehe.

sefu bi jihe.

si hecen i dolo genefi yaka de fonjihao.

---

孩兒不敢盡信，特來問母。母親才說出這等言語，必然是被妖精欺騙是實。

今夜四更時分，我睡著後也做了一夢，夢見你父王全身水淋淋的，站在我跟前說：「我死了，鬼魂去見了唐僧，捉拿假皇帝，救出我。」

師父，我來了。

你到城中，可曾問誰嗎？

---

孩儿不敢尽信，特来问母。母亲才说出这等言语，必然是被妖精欺骗是实。

今夜四更时分，我睡着后也做了一梦，梦见你父王全身水淋淋的，站在我跟前说：「我死了，鬼魂去见了唐僧，捉拿假皇帝，救出我。」

师父，我来了。

你到城中，可曾问谁吗？

# 十一、芭蕉樹下

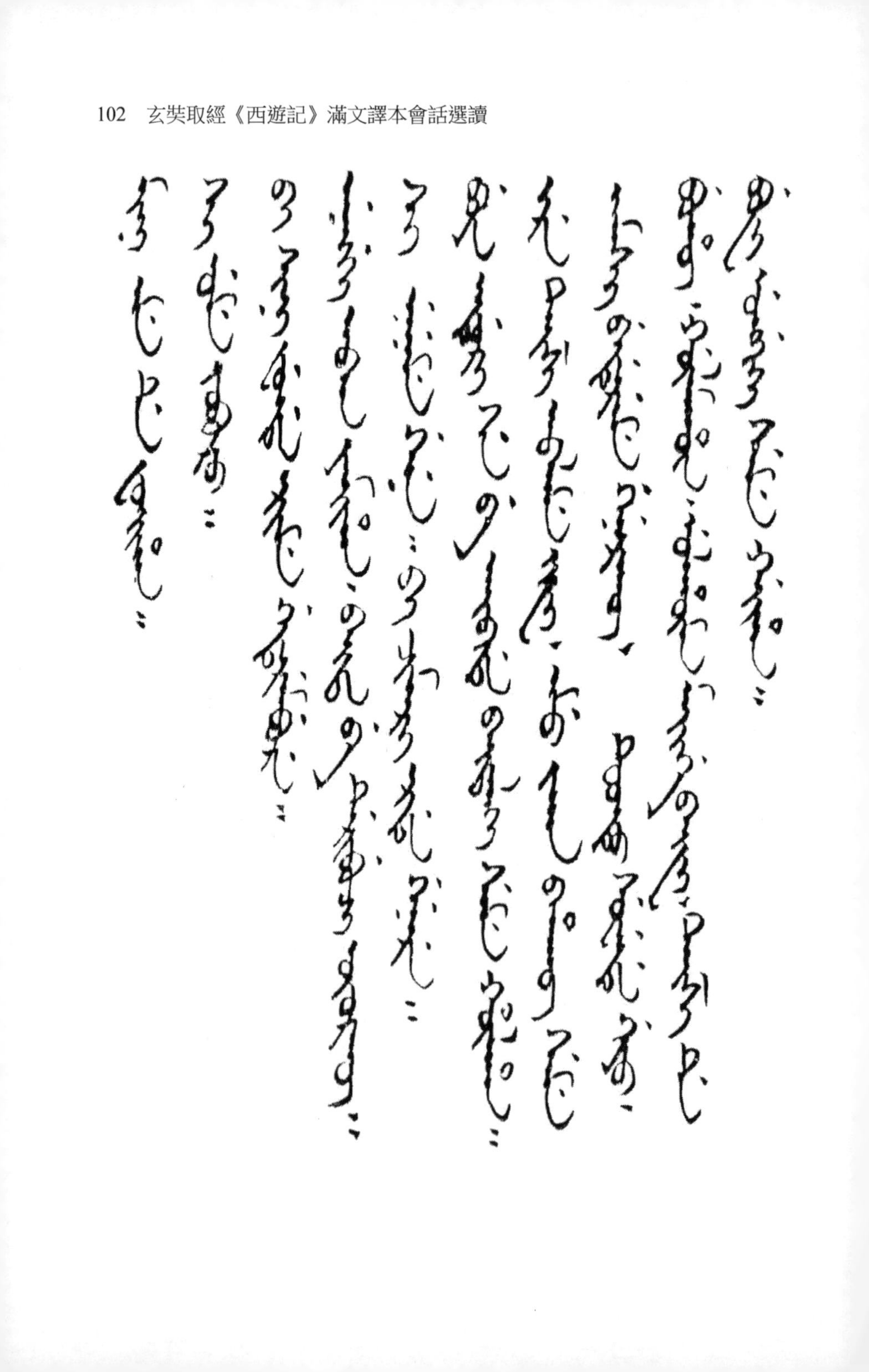

mini eme de fonjiha.
si ume joboro.
bi sini funde erime geterembure.
enenggi abka yamjiha, baita be deribuci ojorakū.
si neneme gene. bi cimari erde genere.
buya enduri se be aibide baitalaki seme hūlaha.
ere taidz abalame jifi, emu jaka bahakū seme amasi bedereme generakū, tuttu suwende giyo, buhū, gūlmahūn, ulhūma majige baifi, taidz de bufi unggiki seme gajiha.

---

問了母親來。
你不用擔心。
我替你掃蕩。
今日晚了，不好行事。
你先回去，待明早我來。
呼喚小神，有何使令？
太子來打獵，未獲一物，不敢回朝，是以請你們將狍、鹿、兔、雉各尋些來，打發太子回去。

---

问了母亲来。
你不用担心。
我替你扫荡。
今日晚了，不好行事。
你先回去，待明早我来。
呼唤小神，有何使令？
太子来打猎，未获一物，不敢回朝，是以请你们将狍、鹿、兔、雉各寻些来，打发太子回去。

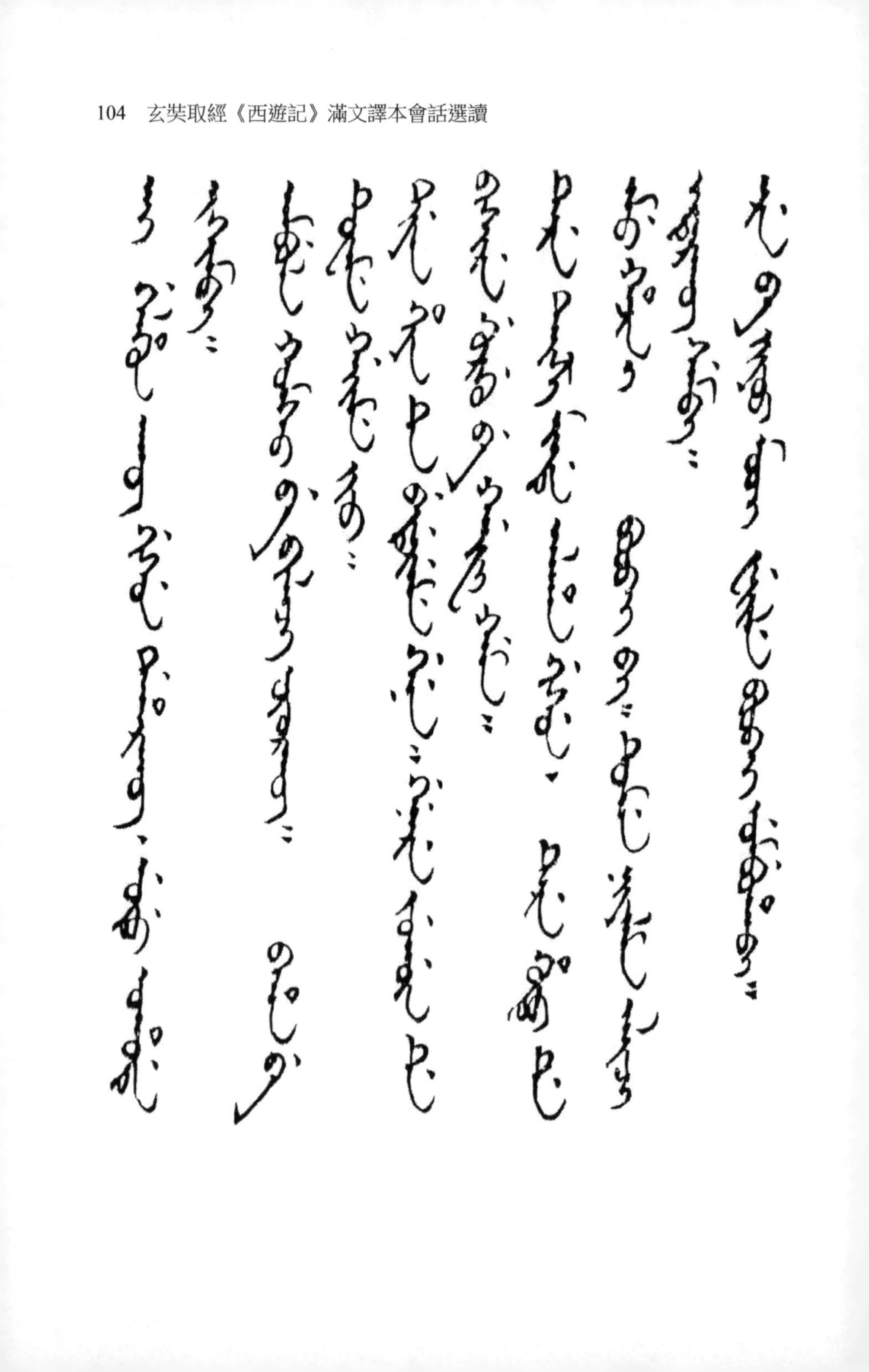

ai gelhun akū gisun daharakū, udu ohode isimbi.

ambula komso be bilaci ojorakū. baha be tuwame gajime jio.

diyan hiya te bedereme gene. genere jugūn de bisire gurgu be gaifi gama.

tere taidz minde alaha gisun, tere hutu de emu hacin i boobai bi. tumen niyalma alici eterakū sembi.

ere ba jiyoo mooi fejile boobai umbuhabi.

---

敢不承命，各要幾何？

不拘多少，視所獲取些來。

殿下請回，路上已有獸了，你自收去。

那太子告訴我說：那妖精有件寶貝，萬夫不當之勇。

這芭蕉樹下埋著寶貝。

---

敢不承命，各要几何？

不拘多少，视所获取些来。

殿下请回，路上已有兽了，你自收去。

那太子告诉我说：那妖精有件宝贝，万夫不当之勇。

这芭蕉树下埋着宝贝。

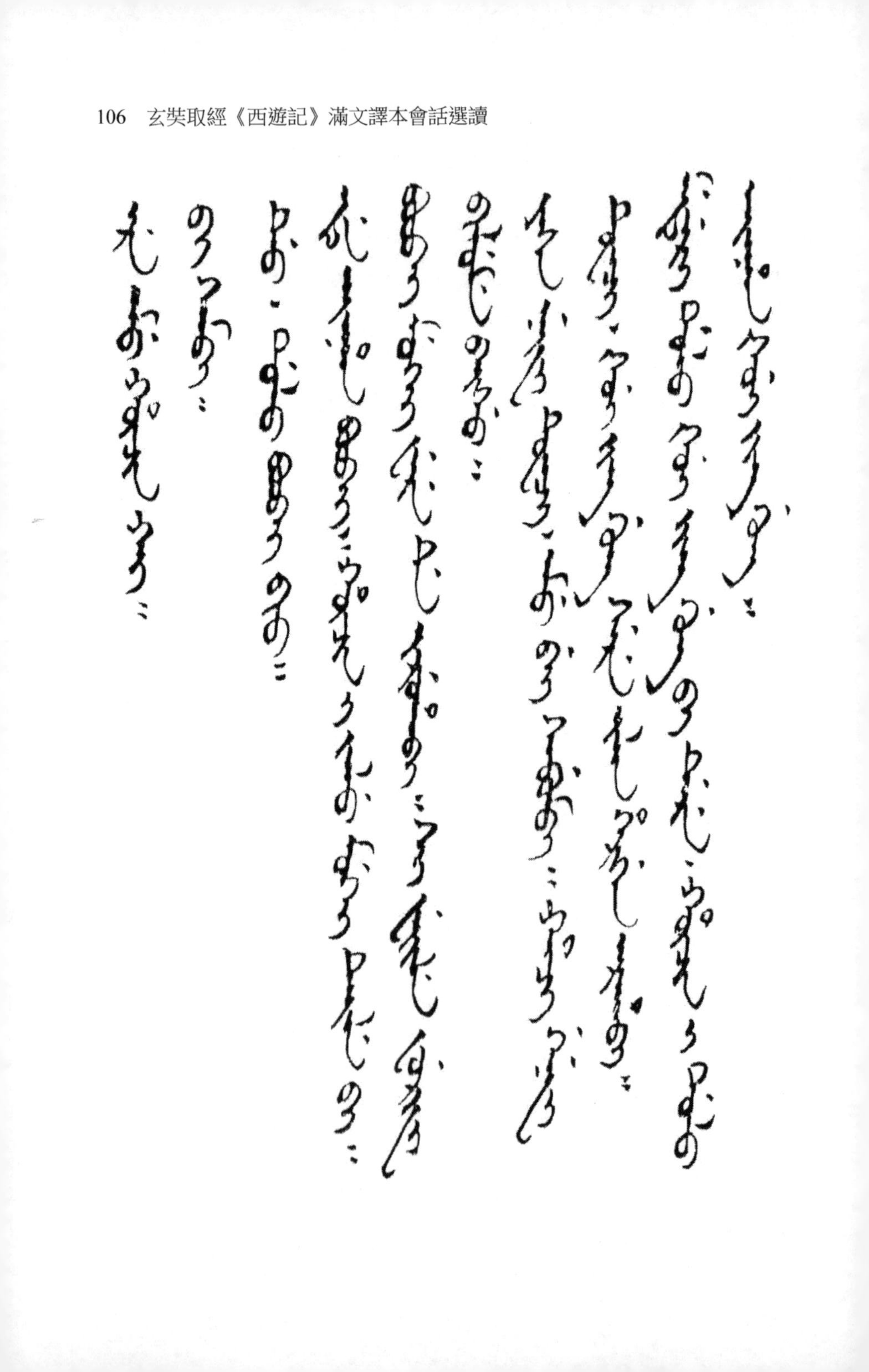

ere emu hūcin kai.
bi sambai.
deo, dolo boobai bio.
ede ainaha boobai. hūcin i jalu mukei teile bi.
boobai mukei fere de iruhabi. si fejile furifi bilume baisu.
yasa neifi tuwaci, emu bei sabumbi. hanci genefi tuwaci, šui jing gung sere ilan hergen arahabi.
mederi dolo šui jing gung bi dere, hūcin i dolo ainaha šui jing gung.

---

這是一眼井。
我曉得。
兄弟，可有寶貝麼？
見什麼寶貝，只是一井水。
寶貝沉在水底哩，你下去摸一摸來。
睜眼一看，見有一碑，走近一看，寫著「水晶宮」三個字。
海內有個水晶宮，井裡如何有水晶宮？

---

这是一眼井。
我晓得。
兄弟，可有宝贝么？
见什么宝贝，只是一井水。
宝贝沉在水底哩，你下去摸一摸来。
睁眼一看，见有一碑，走近一看，写着「水晶宫」三个字。
海内有个水晶宫，井里如何有水晶宫？

# 十二、烏雞國王

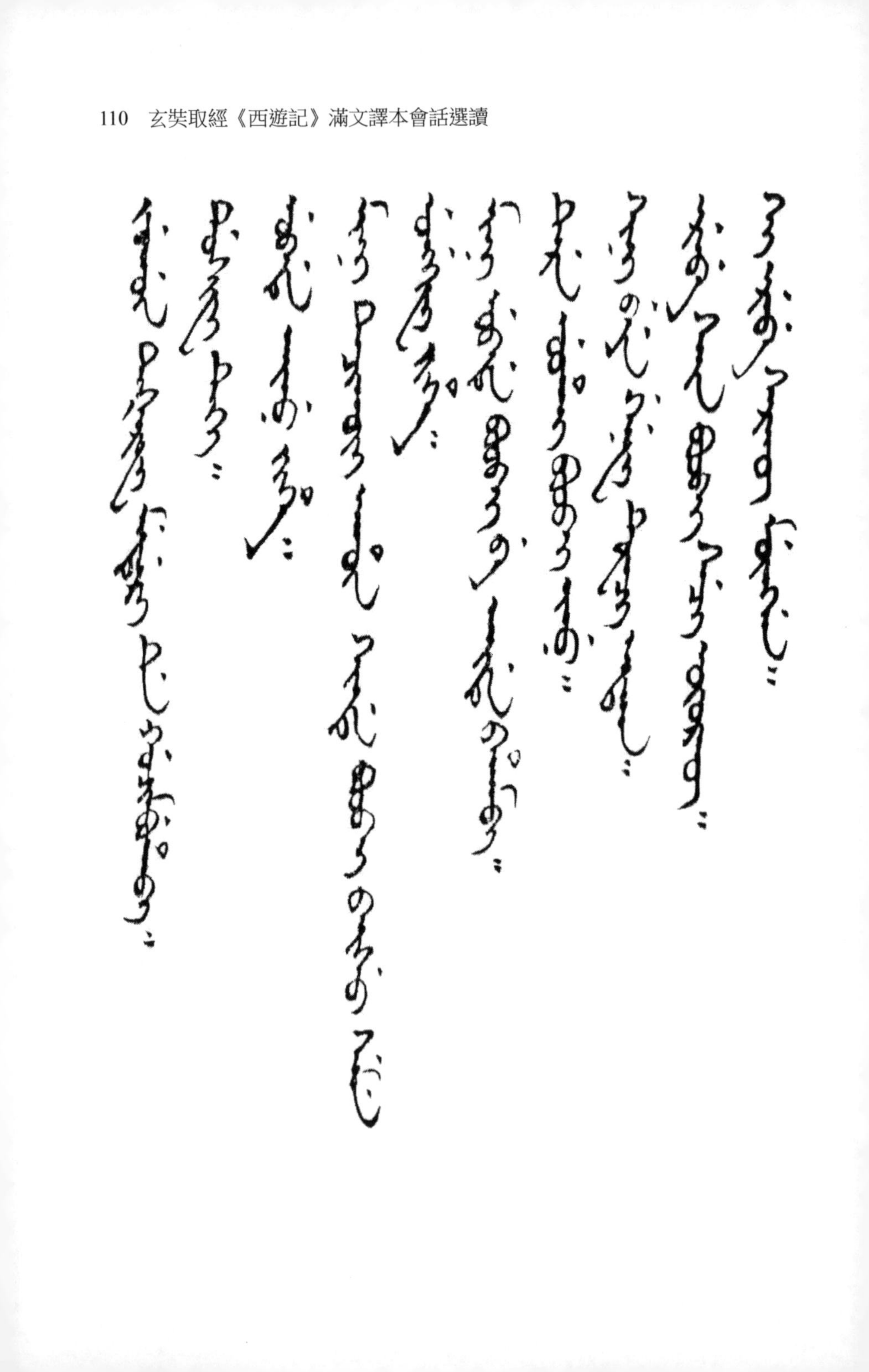

[illegible]

[illegible]

[illegible]

[illegible]

[illegible]

[illegible]

[illegible]

[illegible]

[illegible]

jugūn tašarafi mederi de gocimbuhabi.
dosifi teki.
ubade ainu jihe.
mini tacikūi ahūn sinde boobai baisu seme unggifi jihe.
mini ubade boobai be aide bahambi.
tere uthai boobai inu.
sini beye genefi tuwaci antaka.
erebe sain boobai seci ojorakū.
si erebe sarkū mujangga.

---

錯走了路了，摔下海來了。
請裡面坐。
如何來到此處？
我師兄著我來問你取寶貝哩。
我這裡怎麼得個寶貝？
那就是寶貝了。
你親自來看看如何？
這算不得好寶貝。
你原來不知。

---

错走了路了，摔下海来了。
请里面坐。
如何来到此处？
我师兄着我来问你取宝贝哩。
我这里怎么得个宝贝？
那就是宝贝了。
你亲自来看看如何？
这算不得好宝贝。
你原来不知。

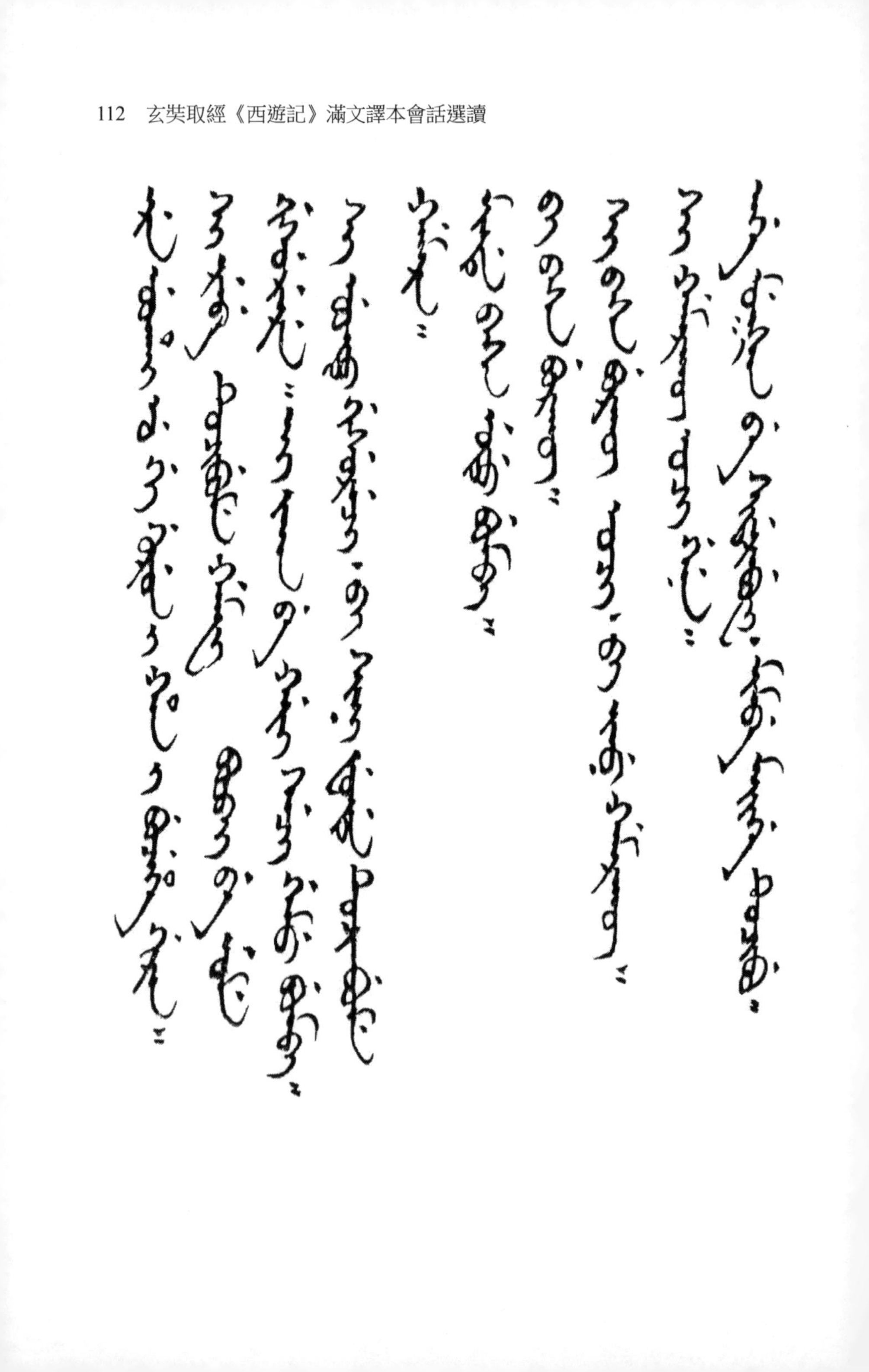

[illegible]

ere uthai u gi gurun i han i bucehe giran.
si erebe tucibume gamafi boobai be ume gisurere. ai jaka be gaji seci gemu bumbi.
si uttu gisureci, bi sini funde tucibume gamara.
minde basa udu bumbi.
bi basa burakū.
si basa burakū oci, bi inu gamarakū.
si gamarakū oci gene.
age mukšan be sidarabufi, mimbe majige tucibu.

---

這就是烏雞國王的屍首。
你若肯馱他出去，莫說寶貝，憑你要什麼東西都給你。
你既這等說，我與你馱出去。
給我多少錢？
我不給錢。
你若不給錢，我也不馱。
你不馱，請走。
師兄，伸下棒來救我一救。

---

这就是乌鸡国王的尸首。
你若肯驮他出去，莫说宝贝，凭你要什么东西都给你。
你既这等说，我与你驮出去。
给我多少钱？
我不给钱。
你若不给钱，我也不驮。
你不驮，请走。
师兄，伸下棒来救我一救。

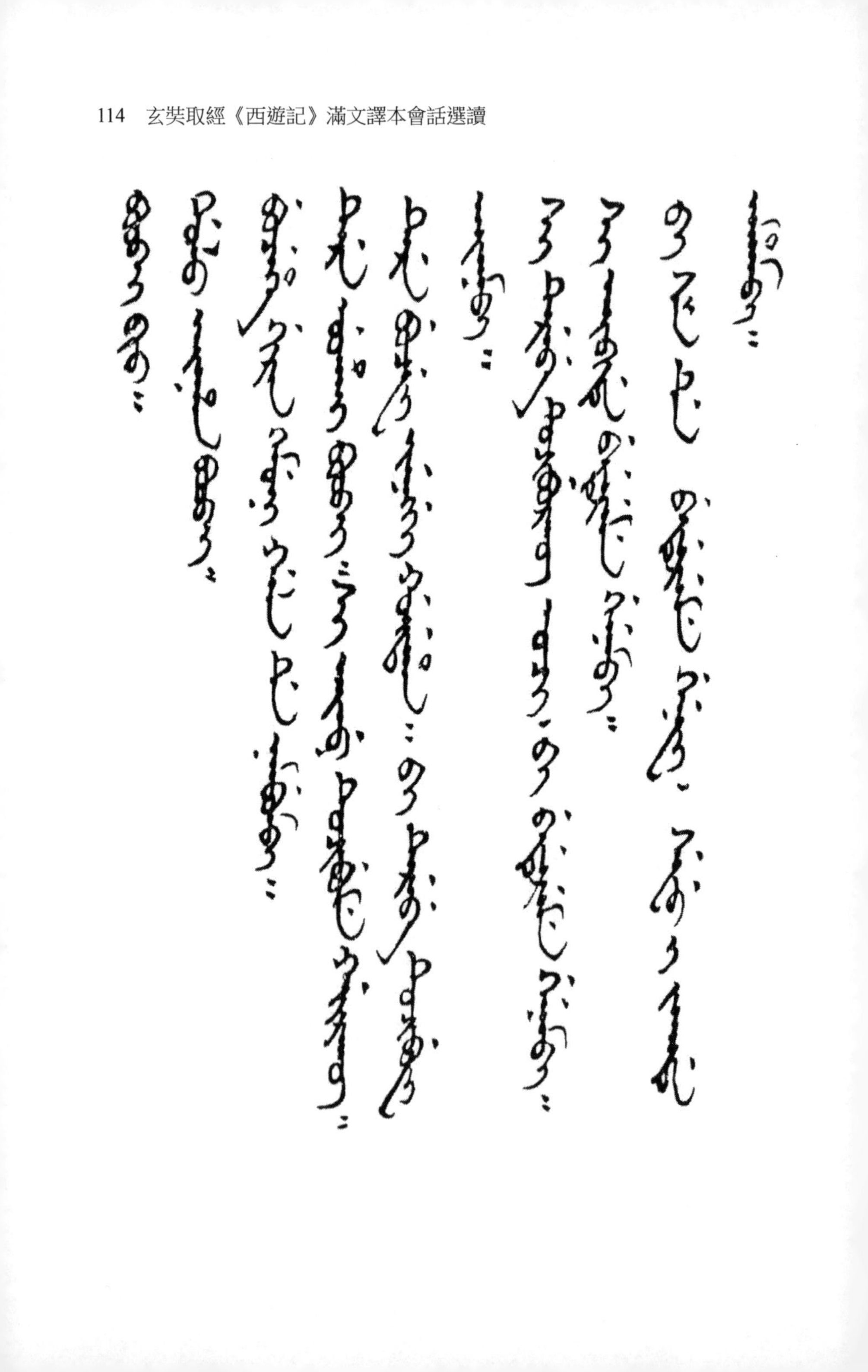

boobai bio.
dolo ainaha boobai.
bucehe giran kemuni gala de nambumbi.
tere uthai boobai. si ainu tucibume gajirakū.
tere bucefi inenggi goidaha. bi terebe tucibufi ainambi.
si terebe tuciburakū oci, bi bedereme genembi.
si aibide bedereme genembi.
bi sy de bedereme genefi, sefu i jakade amhambi.

---

可有寶貝麼？
那裡有寶貝？
只摸著那個屍首。
那個就是寶貝，你如何不馱上來？
他死了多日，我馱他怎的？
你不馱，我回去了。
你要回哪裡去？
我回寺中，同師父睡覺去。

---

可有宝贝么？
那里有宝贝？
只摸着那个尸首。
那个就是宝贝，你如何不驮上来？
他死了多日，我驮他怎的？
你不驮，我回去了。
你要回哪里去？
我回寺中，同师父睡觉去。

# 十三、七級浮圖

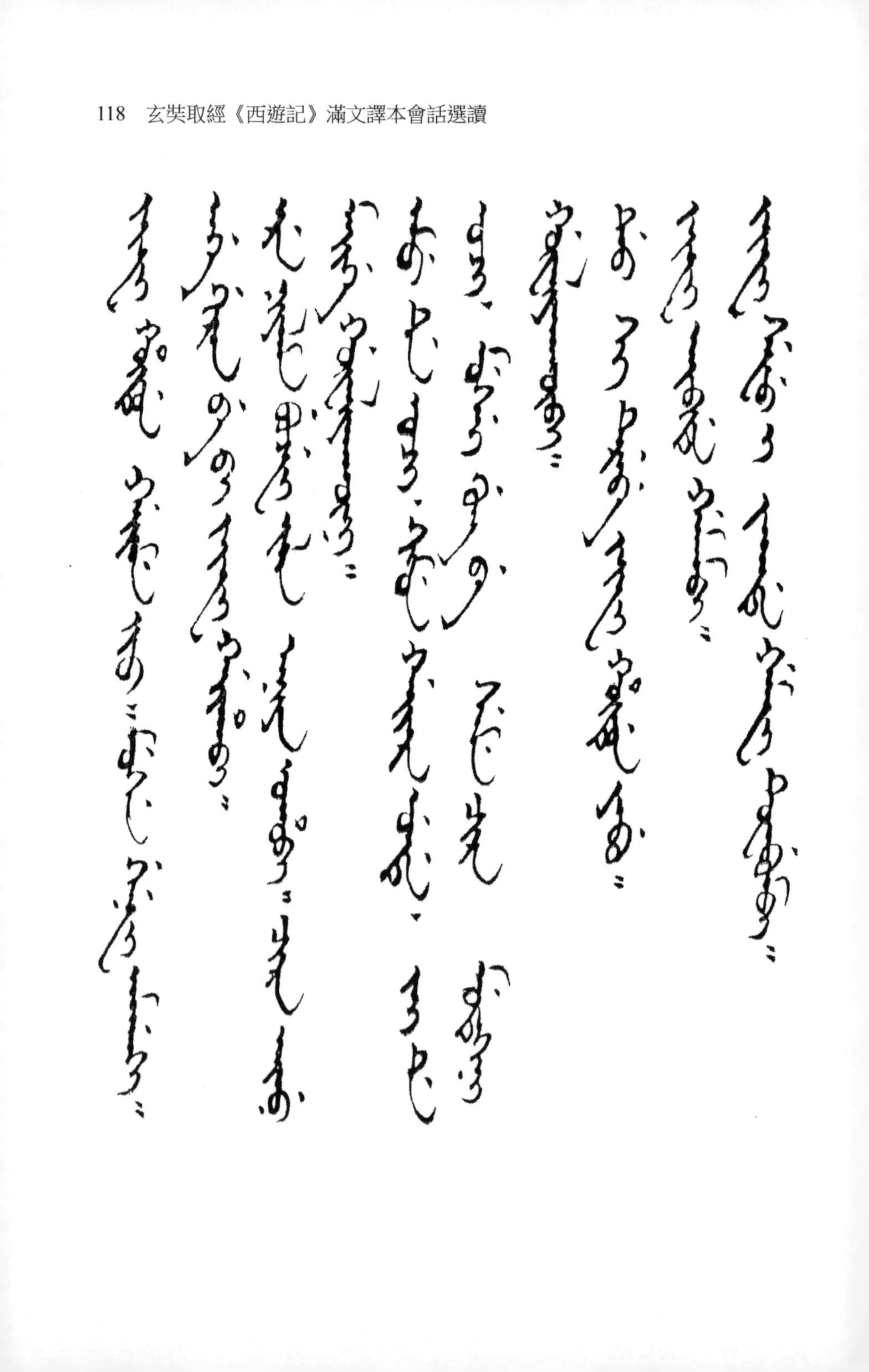

jajafi hūdun gajime jio. muse genefi amgaki.
age giran be bi jajafi gajihabi.
ere niyalma bucefi ilan aniya ohobi. cira ainu majige gūwaliyakūni.
emu de oci, kimun gajira unde, jai de oci, musei gung be seme cira mutekini gūwaliyakūbi.
deo si terebe jajafi hūdun yabu.
jajafi aibide gamambi.
jajafi sefu i jakade gamafi tuwabumbi.

---

快快馱上來，我同你回去睡覺。
哥哥，屍首馱上來了。
這人死了三年，怎麼還容顏不壞？
一則是他的冤仇未報，二來該我們成功。
兄弟快把他馱了去。
馱往哪裡去？
馱了去師父的跟前讓他看。

---

快快驮上来，我同你回去睡觉。
哥哥，尸首驮上来了。
这人死了三年，怎么还容颜不坏？
一则是他的冤仇未报，二来该我们成功。
兄弟快把他驮了去。
驮往哪里去？
驮了去师父的跟前让他看。

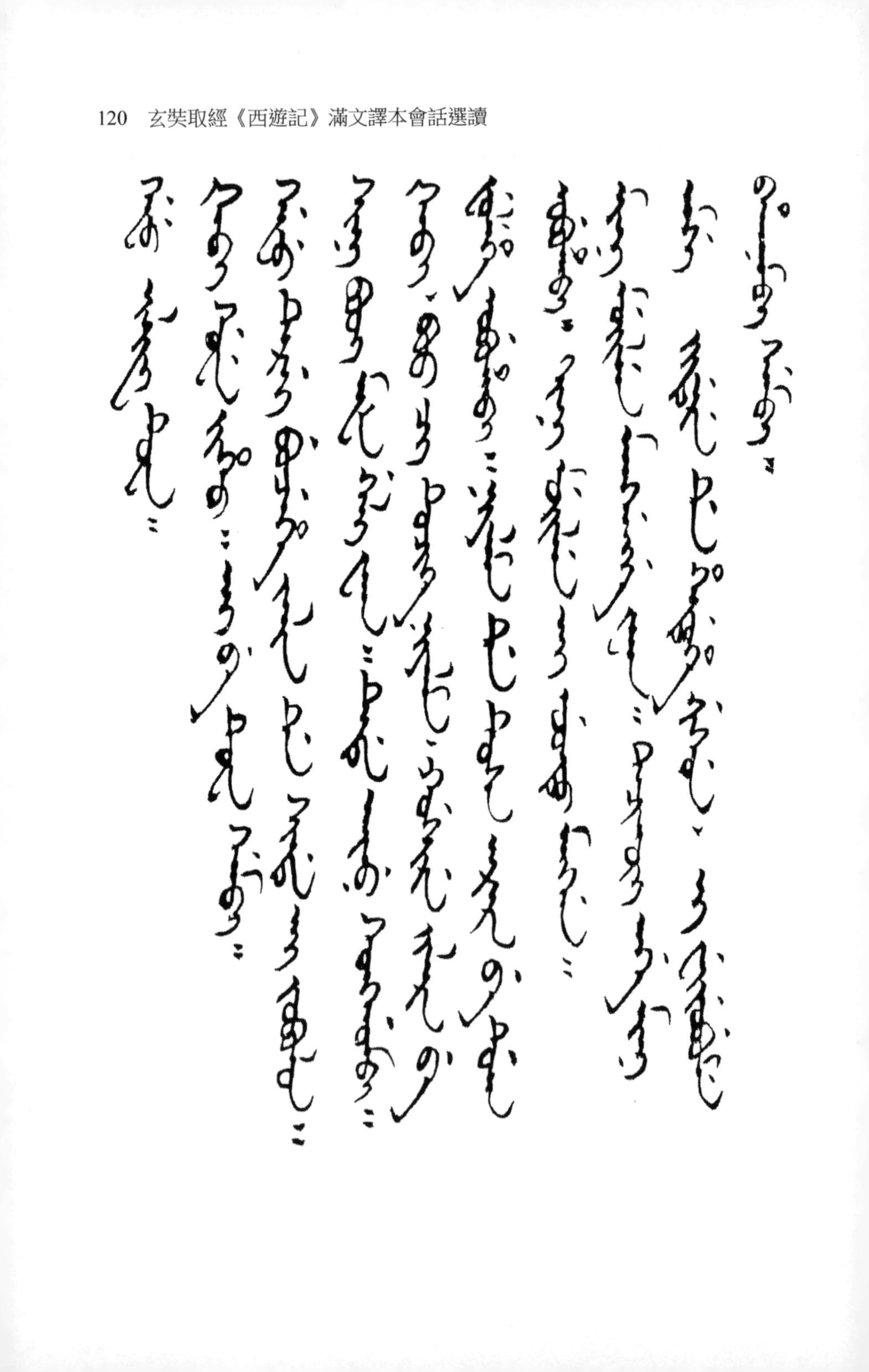

sefu ilifi tuwa.

šabi suwe jiheo. ai be tuwa sembi.

sefu terei bucehe jalin de sinde ai jobolon. sini booi mafa geli waka. tede ainu songgombi.

šabi, boo ci tucike niyalma, gosire jilara be fulehe obuhabi. niyalma de tusa arara be duka obuhabi. sini mujilen ai uttu mangga.

mini mujilen manggangge waka. tacikūi age mini emgi jidere de henduhe gisun, i weijubume bahanambi sembi.

---

師父，起來看啊！

徒弟，你們來了嗎？看什麼？

師父，他死了可干你事？又不是你家父祖，哭他怎的？

徒弟，出家人慈悲為本，方便為門。你怎的這等心硬？

不是我的心硬，師兄和我同來時說，他會醫得活。

---

师父，起来看啊！

徒弟，你们来了吗？看什么？

师父，他死了可干你事？又不是你家父祖，哭他怎的？

徒弟，出家人慈悲为本，方便为门。你怎的这等心硬？

不是我的心硬，师兄和我同来时说，他会医得活。

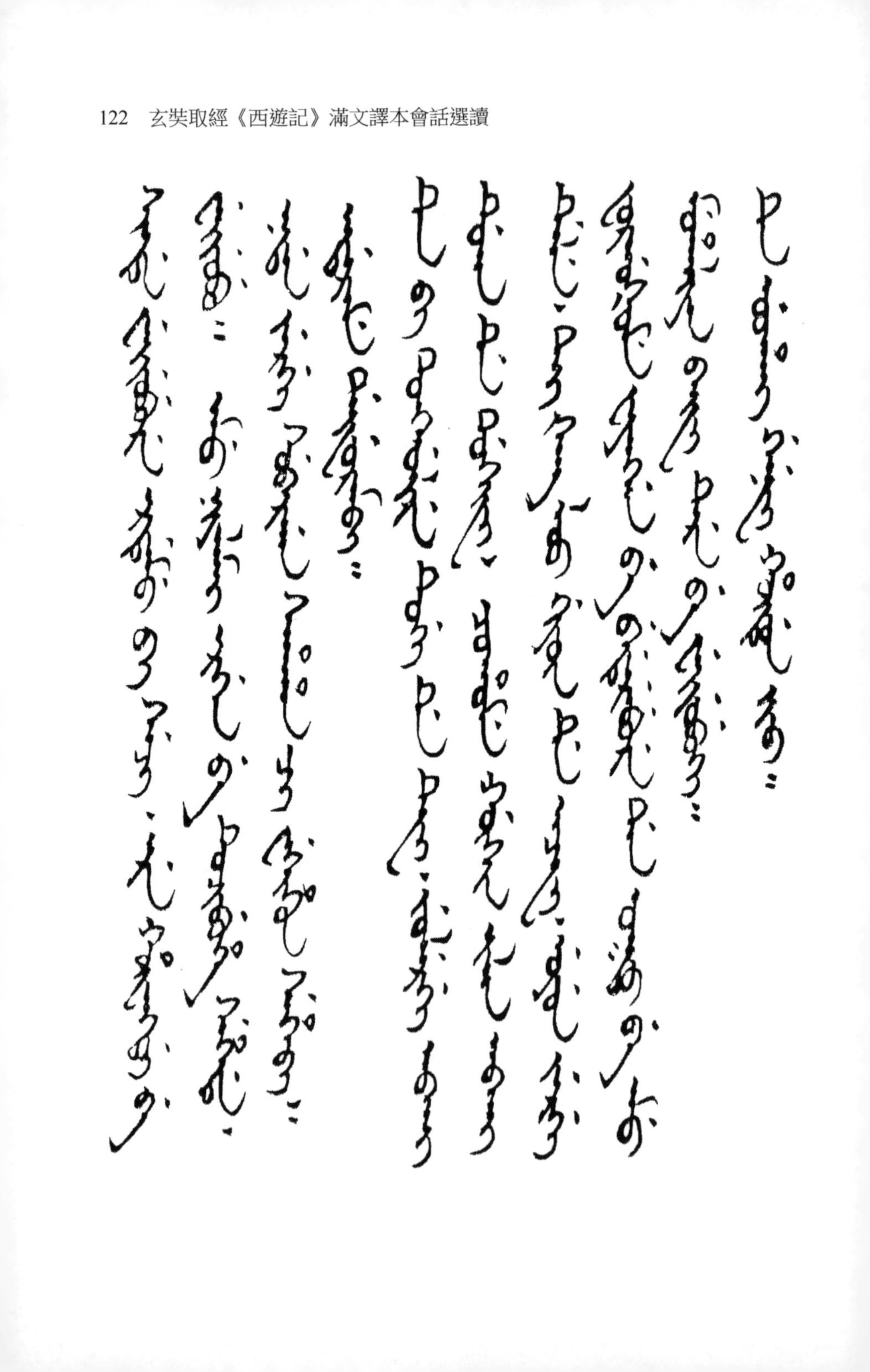

sinde weijubure erdemu bi seci, ere hūwangdi be weijubu. emu niyalmai ergen be tucibuhe sehede, nadan jergi subargan sahaha ci wesihun sehebi.

adarame daifurambi.

te bi tonggolire tugi de tefi, julergi abkai duka de dosifi, cohome gūsin ilan abkai dele, tai šang loo giyūn de acafi, uyun jergi forgošome fayangga be bederebure dan okto be emu muhaliyan baifi tere be weijubuki.

te uthai genefi hūdun jio.

---

若果有本事醫活這個皇帝，正是「救人一命，勝造七級浮圖」。

怎麼醫？

我如今坐在筋斗雲上，進入南天門，徑到那三十三天之上，見太上老君，求得一粒九轉還魂丹來，可以救活他吧！

如今就去快來。

---

若果有本事医活这个皇帝，正是「救人一命，胜造七级浮图」。

怎么医？

我如今坐在筋斗云上，进入南天门，径到那三十三天之上，见太上老君，求得一粒九转还魂丹来，可以救活他吧！

如今就去快来。

# 十四、九轉還魂

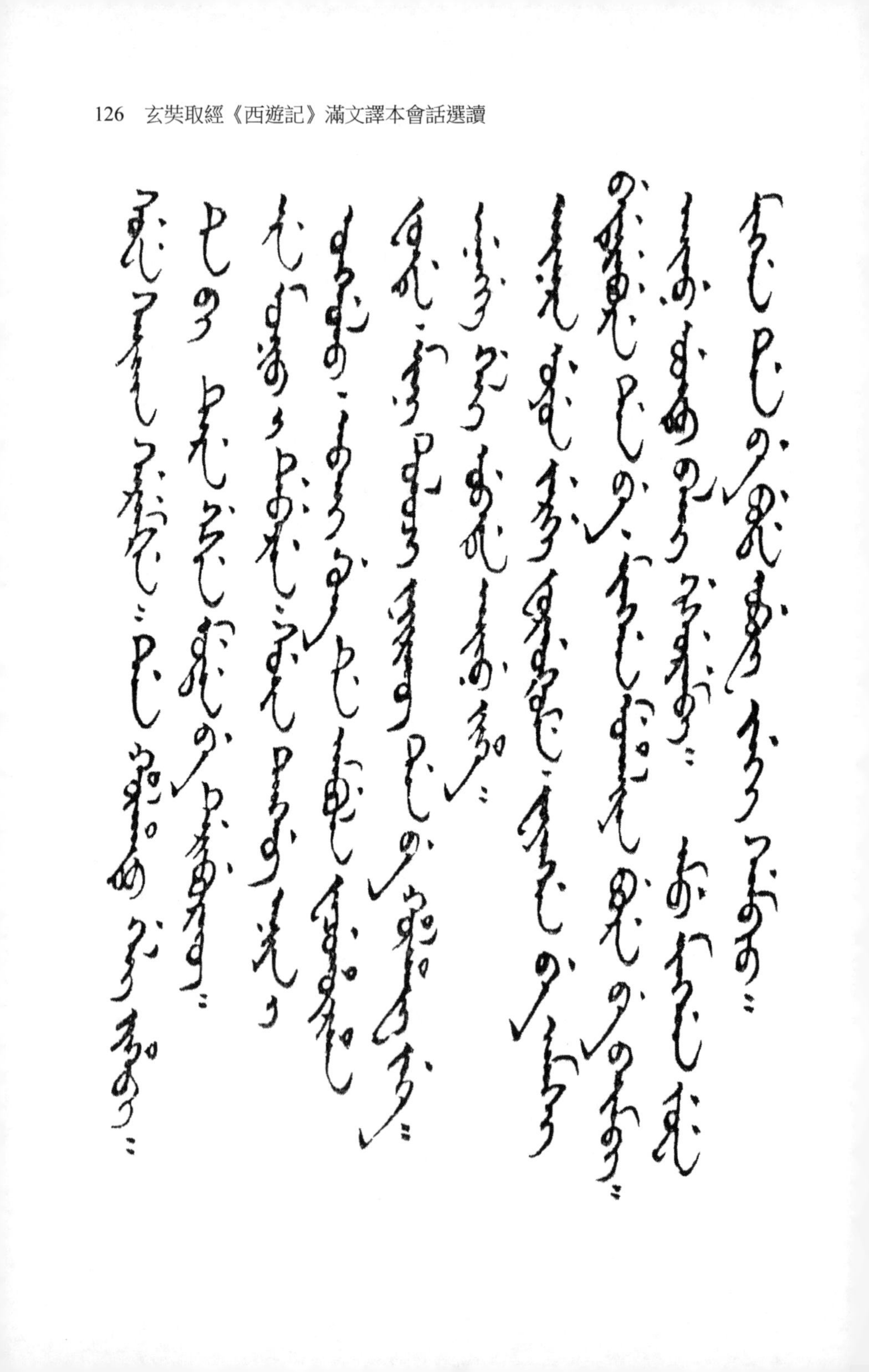

suwe saikan seremše, dan hūlhatu geli jihebi.

te bi tere gese mudan be deriburkū.

ere monio i deberen, sunja tanggū aniya i onggolo, abkai gung de ambula facuhūrha fonde, mini toloci wajirkū dan be hūlhafi jeke. enenggi geli ubade ainu jihe.

ainara uyun jergi forgošome, fayangga be amasi bederebure dan be, minggan muhaliyan bure be baimbi.

ainu uttu balai gisurembi. emu minggan juwe minggan dan be buda obufi jeki sembio.

---

你們要仔細，偷丹的賊又來了。

我如今不幹那樣事了。

你這猴子，五百年前大鬧天宮，把我靈丹偷吃無數，今日又來做什麼？

請給九轉還魂丹一千丸如何？

為何如此胡說？想把一千丸、二千丸丹當飯吃嗎？

---

你们要仔细，偷丹的贼又来了。

我如今不干那样事了。

你这猴子，五百年前大闹天宫，把我灵丹偷吃无数，今日又来做什么？

请给九转还魂丹一千丸如何？

为何如此胡说？想把一千丸、二千丸丹当饭吃吗？

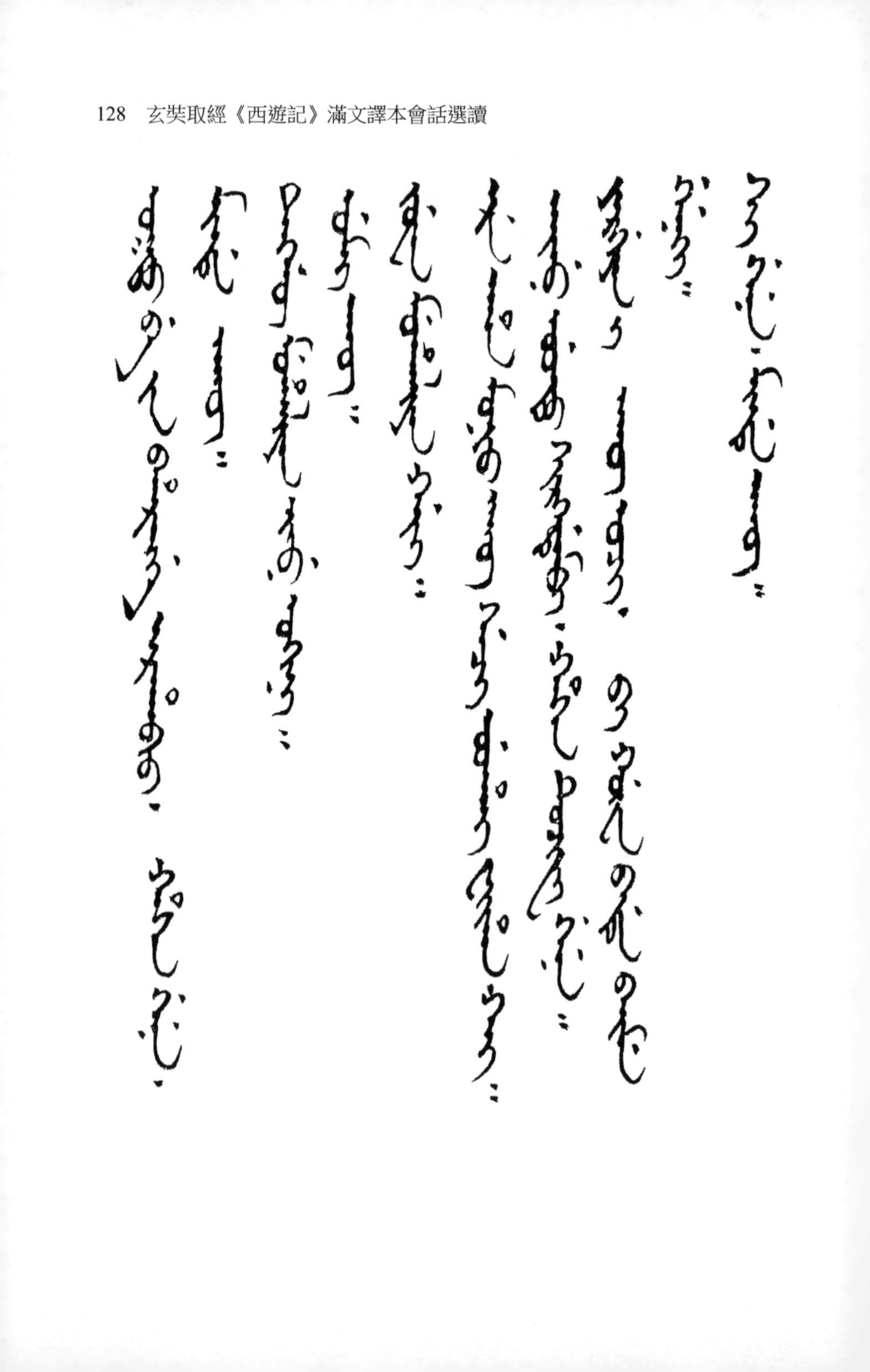

[illegible]

[illegible]

[illegible]

[illegible]

[illegible]

[illegible]

[illegible]

[illegible]

[illegible]

[illegible]

okto be ja baharangge arahabio. hasa gene, minde akū.
tanggū muhaliyan inu okini.
umai akū.
juwan muhaliyan gaji.
ere aha monio akū seci uthai wajiha kai.
ainu uttu sirkedembi, hasa tucifi gene.
yargiyan i akū oci, bi gūwa bade baime geneki.
si gene, minde akū.

---

丹藥這麼容易煉製嗎？快去，我沒有。
百來丸也罷。
也沒有。
十來丸也罷。
這潑猴，說沒有就是沒有。
為什麼如此，沒完沒了，快出去。
真個沒有，我到別處去找吧！
你去，我沒有。

---

丹药这么容易炼制吗？快去，我没有。
百来丸也罢。
也没有。
十来丸也罢。
这泼猴，说没有就是没有。
为什么如此，没完没了，快出去。
真个没有，我到别处去找吧！
你去，我没有。

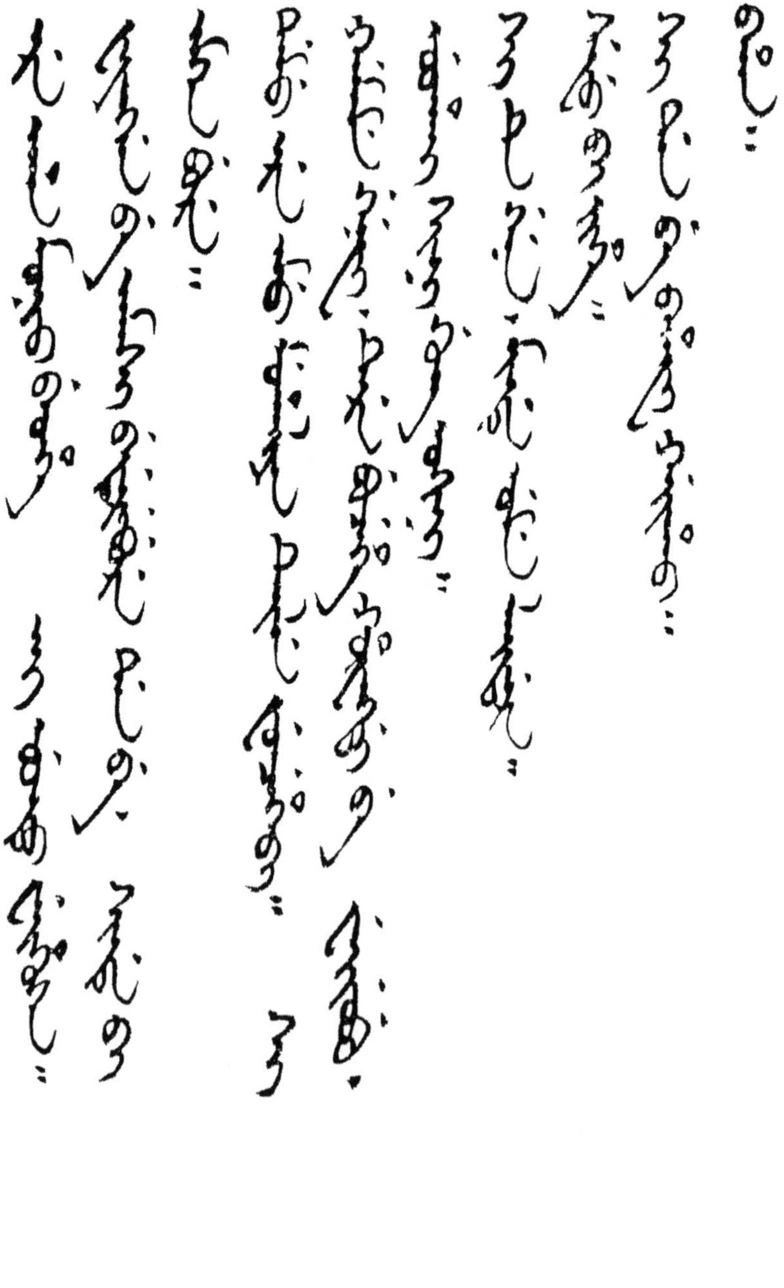

ere aha monio bethe ai uttu weihuken. fayangga be amasi bederebure dan be, sinde bi emken bure.
damu ere emu muhaliyan teile funcehebi. si gamame genefi, tere bucehe hūwangdi be weijubu, uthai sini gung okini.
si te gene, minde ume laidara.
sefu bi jihe.
si dan be bahafi gajihao.
baha.

---

你這猴子，手腳如此不穩，我把這還魂丹給你一粒吧！
只剩這一粒了，你拿去，醫治那死皇帝，就算是你的功果吧！
你現在就去吧！休來纏繞我。
師父，我來了。
你拿到丹藥了嗎？
拿到了。

---

你这猴子，手脚如此不稳，我把这还魂丹给你一粒吧！
只剩这一粒了，你拿去，医治那死皇帝，就算是你的功果吧！
你现在就去吧！休来缠绕我。
师父，我来了。
你拿到丹药了吗？
拿到了。

# 十五、真主復活

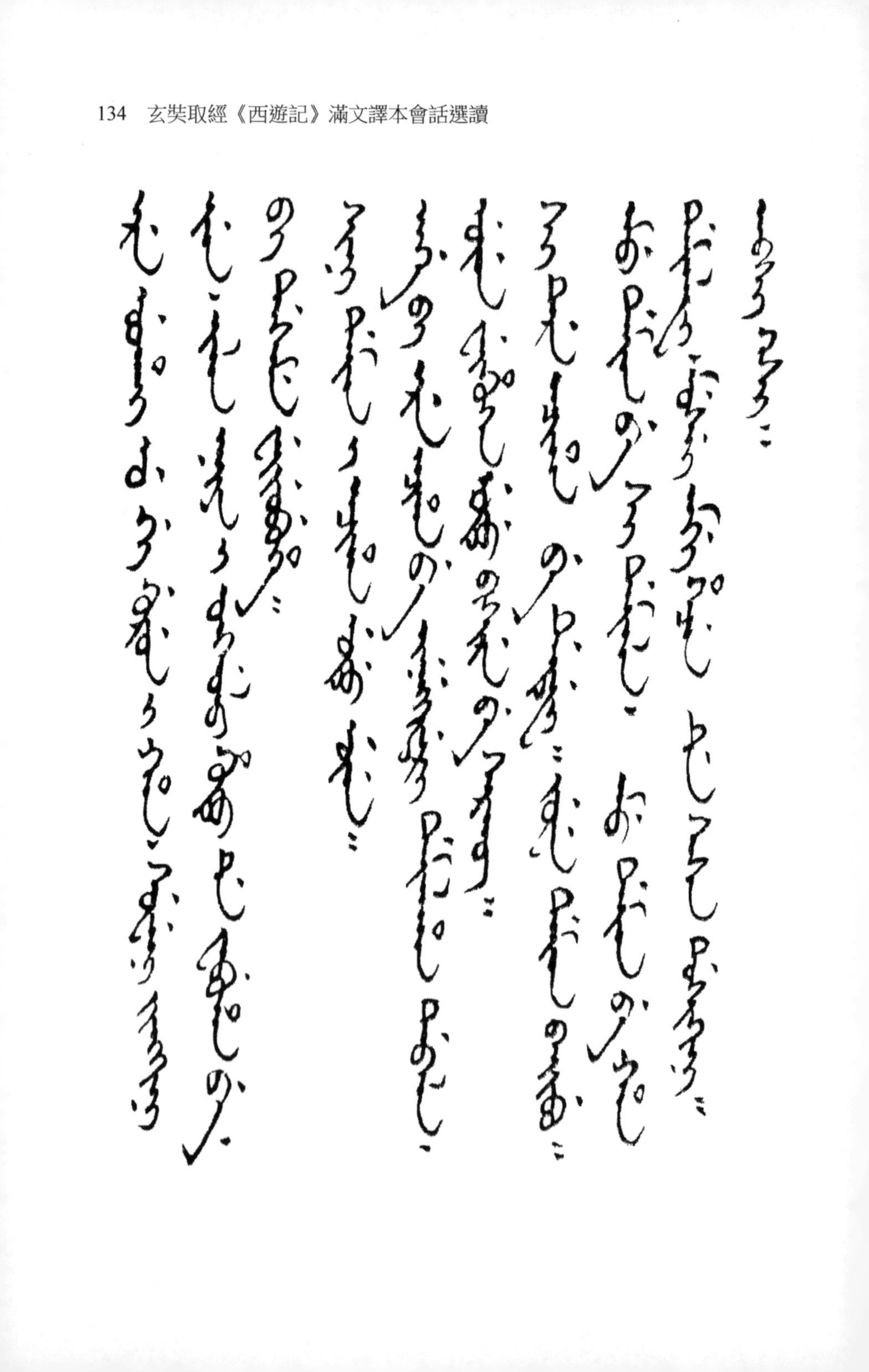

ere uthai u gi gurun i han, suweni jingkini ejen, ilan aniya i onggolo hutu de wabuha be, bi dasame weijubuhe.
sini damjan i aciha udu ujen.
age bi ere aciha be inenggidari damjalaha dabala, ujen weihuken udu bisire be sarkū.
si tere aciha be dendefi. juwe damjan banjibu. emu damjan be si damjala, emu damjan be han damjalafi, musei emgi hecen de sasa dosikini.
absi kesi.

---

這就是烏雞國王，是你們的真主，三年前被鬼怪害了性命，是我救活的。
你挑的行李有多重？
哥哥，我這行李每天挑著，倒也不知有多輕重？
你把那行李分為兩擔。一擔兒你挑，一擔兒給國王挑，我們一齊趕早進城去。
造化！

---

这就是乌鸡国王，是你们的真主，三年前被鬼怪害了性命，是我救活的。
你挑的行李有多重？
哥哥，我这行李每天挑着，倒也不知有多轻重？
你把那行李分为两担。一担儿你挑，一担儿给国王挑，我们一齐赶早进城去。
造化！

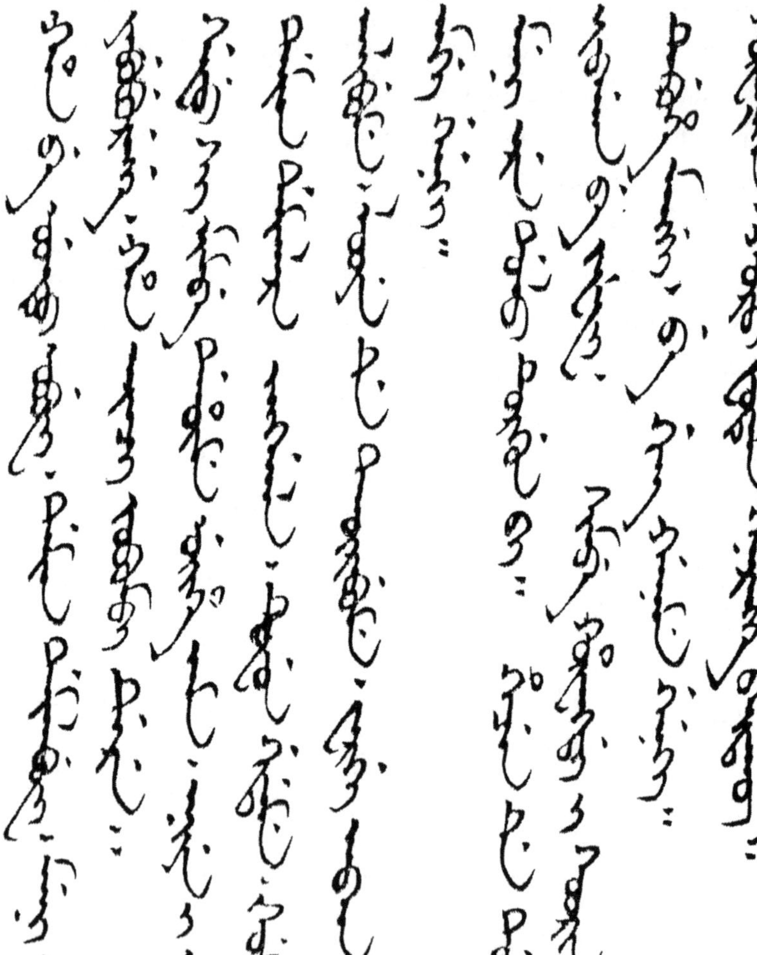

han be uttu obufi, damjan damjalabufi, meni emgi yabuburengge, han ainci jobombi dere.

sefu si mimbe dahūme ujihe ama, eniye i adali, damjan damjalara anggala, tufun gidame šusiha alibume, looye de takūrabume, wargi abka de emgi geneki.

meni ere dolo turgun bi. hecen de dosifi, ibagan be jafafi, simbe hūwangdi i soorin de tebuhe manggi, be ging ganame geneki.

hūwašasa, goro fudeme generengge baitakū.

---

看陛下那般打扮，挑著擔子，跟我們走走，可虧陛下嗎？

師父，你是我重生父母一般，莫說挑擔，情願執鞭隨鐙，服侍老爺，同行上西天去。

我內心中有個緣故，進城捉了妖精，你做你的皇帝後，我們還取我們的經。

和尚們，不消遠送。

---

看陛下那般打扮，挑着担子，跟我们走走，可亏陛下吗？

师父，你是我重生父母一般，莫说挑担，情愿执鞭随镫，服侍老爷，同行上西天去。

我内心中有个缘故，进城捉了妖精，你做你的皇帝后，我们还取我们的经。

和尚们，不消远送。

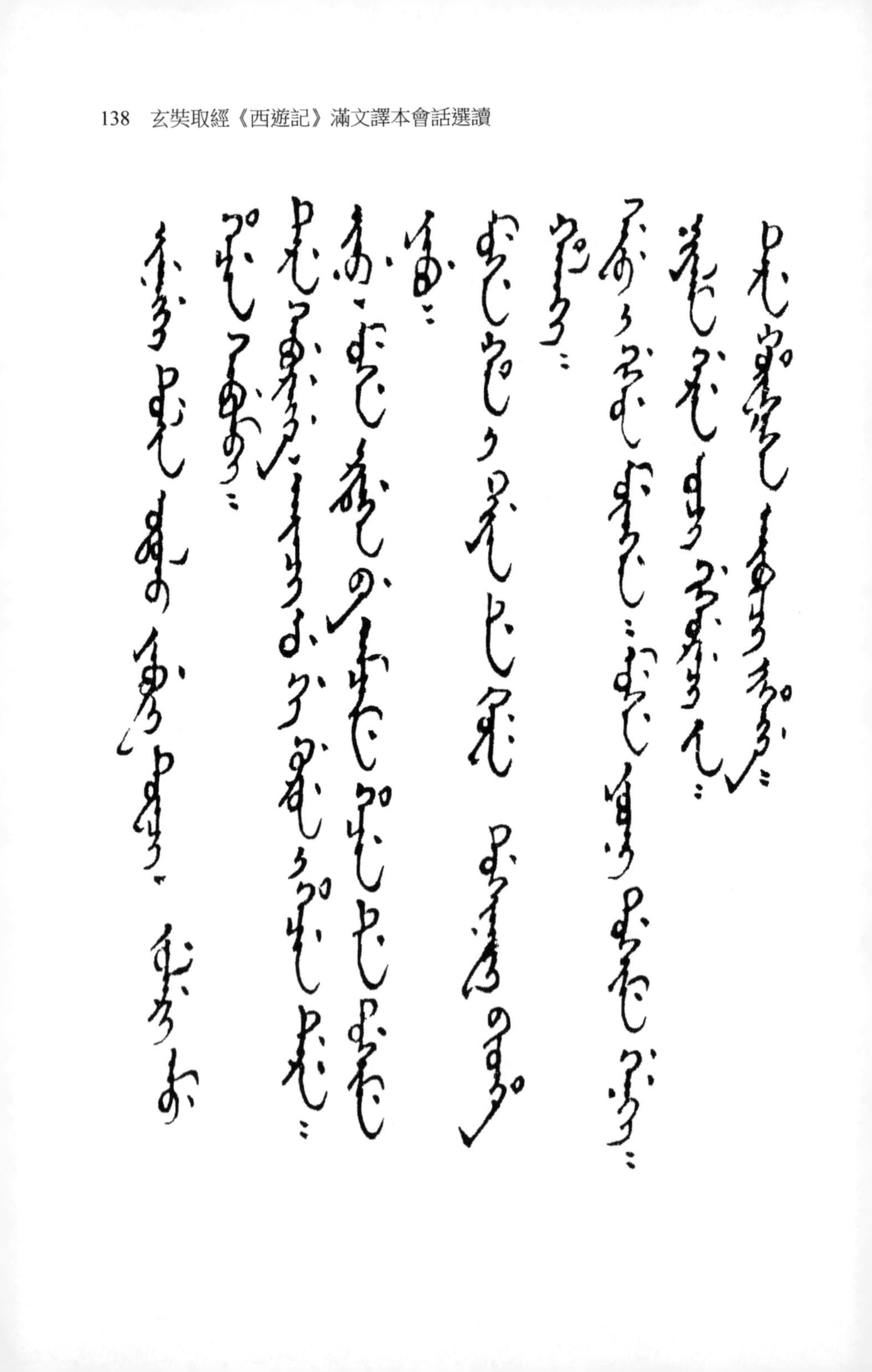

ineenggi dulin otolo yabufi tuwaci, juleri emu hecen sabumbi.
tere saburengge, ainci u gi gurun i hecen dere.
inu, muse erdeken be amcame hecen de dosime yabu.
muse han i diyan de šuwe dosinafi bithe halaki.
sefu i gisun mujangga. muse yooni dosime geneki. niyalma geren oci gisureci ja.
tere hūwašasa aibici jihengge.

---

大約在路上走了半日一看，望見前面有一座城池。
那望見的，想是烏雞國的城池了。
我們乾脆進去皇帝殿倒換關文吧！
師父的話對，我們都進去，人多好說話。
那和尚們是那方來的？

---

大约在路上走了半日一看，望见前面有一座城池。
那望见的，想是乌鸡国的城池了。
我们干脆进去皇帝殿倒换关文吧！
师父的话对，我们都进去，人多好说话。
那和尚们是那方来的？

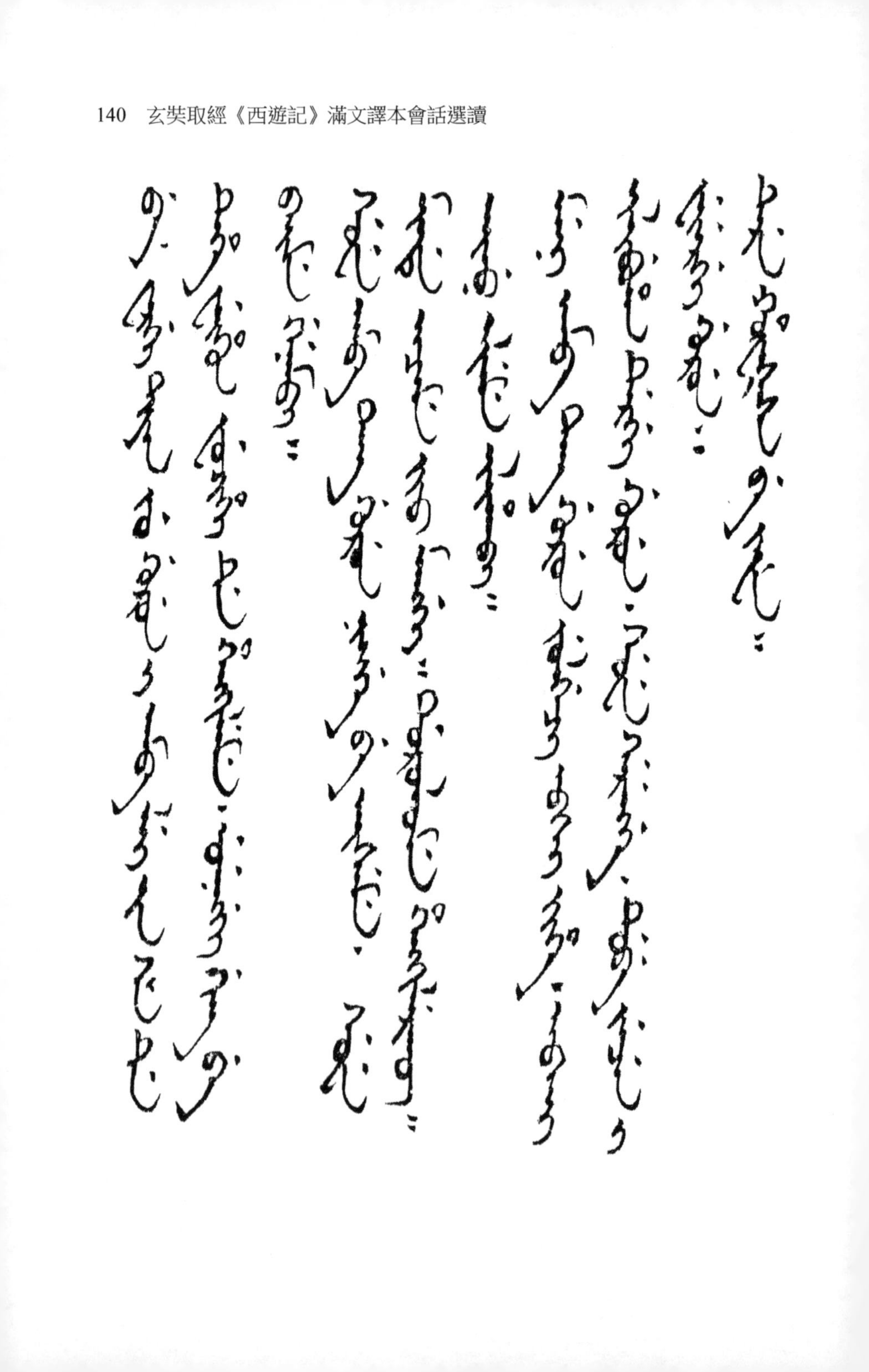

be wargi tiyan ju gurun i amba lei in sy de tehe weihun fucihi de hengkileme, unenggi ging be baime genembi.
suwe amba tang gurun ningge be aiseme, suwe minde acame jio manggi. dorolome hengkilerkū. ainu eljeme ilihabi.
meni amba tang gurun julgeci ebsi jihe, abkai ilibuha dergi gurun, suwe serengge, dube jecen i fejergi gurun.
tere hūwašasa be jafa.

---

我們要前往西域天竺國大雷音寺拜活佛求真經。
你們大唐便怎麼？你們怎麼見我抗禮不行參拜？
我們大唐自古以來，又稱天朝上國，你們乃下土邊邦。
拿下那和尚！

---

我们要前往西域天竺国大雷音寺拜活佛求真经。
你们大唐便怎么？你们怎么见我抗礼不行参拜？
我们大唐自古以来，又称天朝上国，你们乃下土边邦。
拿下那和尚！

# 十六、君臣父子

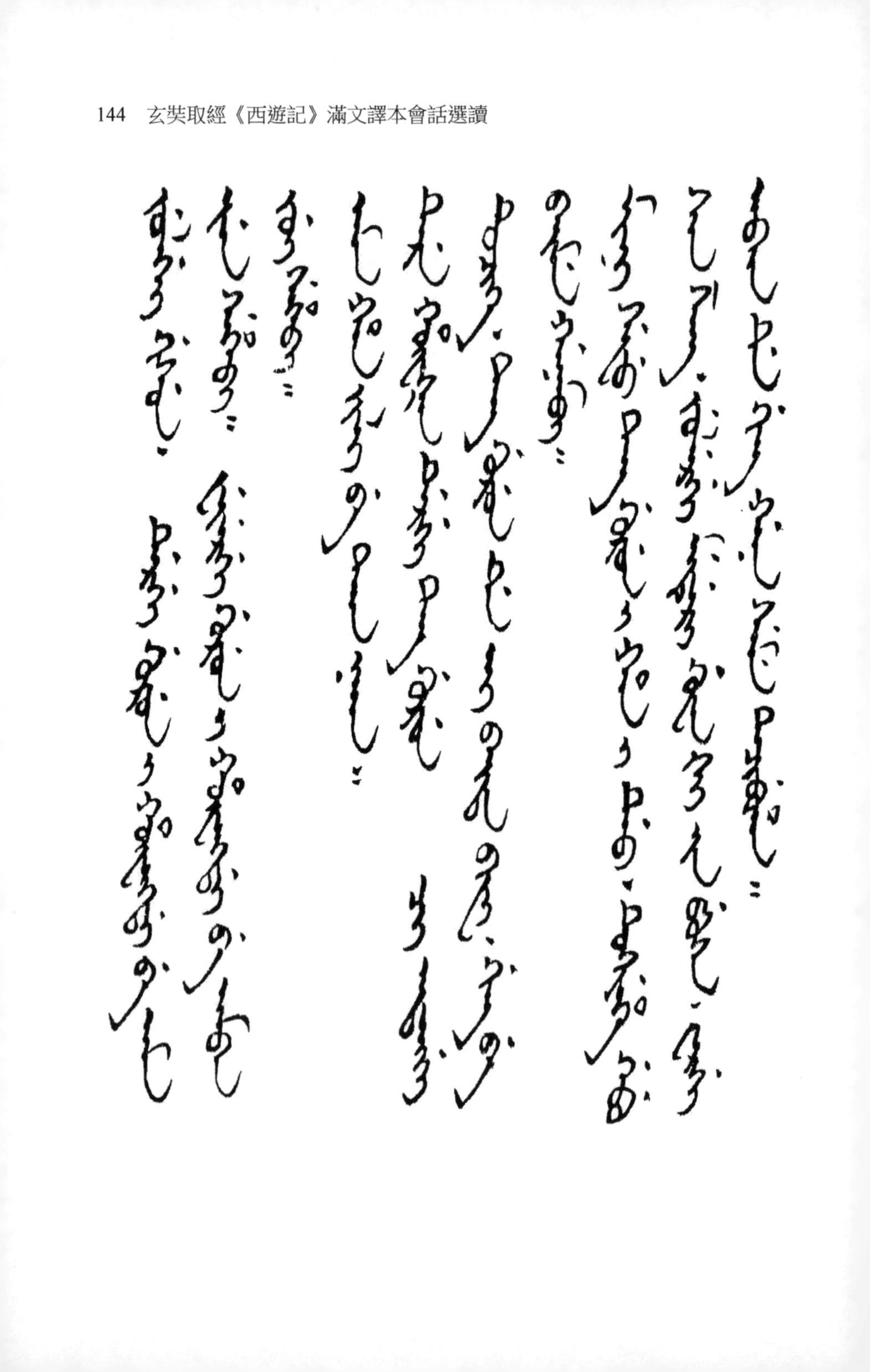

julgei gisun, dergi gurun i hūwangdi be ama ejen sehebi. fejergi gurun i hūwangdi be amban jui sehebi.

ama han jili be taka naka.

tere hūwašan dergi tang gurun ci atanggi tucike, tang gurun de ai baita bifi, ging be baime ganambi.

mini sefu tang gurun i han i deo, tukiyehe gebu san dzang, julergi mederi guwan ši in pusa, wargi abka de ging gana seme tacibuha.

---

古語道：「上邦皇帝，為父為君；下邦皇帝，為臣為子。」

父王息怒。

那和尚是幾時離了東土？唐朝因甚事着其求經？

我師父乃唐朝皇帝御弟，號曰三藏。奉南海觀世音菩薩指教去西天取經。

---

古语道：「上邦皇帝，为父为君；下邦皇帝，为臣为子。」

父王息怒。

那和尚是几时离了东土？唐朝因甚事着其求经？

我师父乃唐朝皇帝御弟，号曰三藏。奉南海观世音菩萨指教去西天取经。

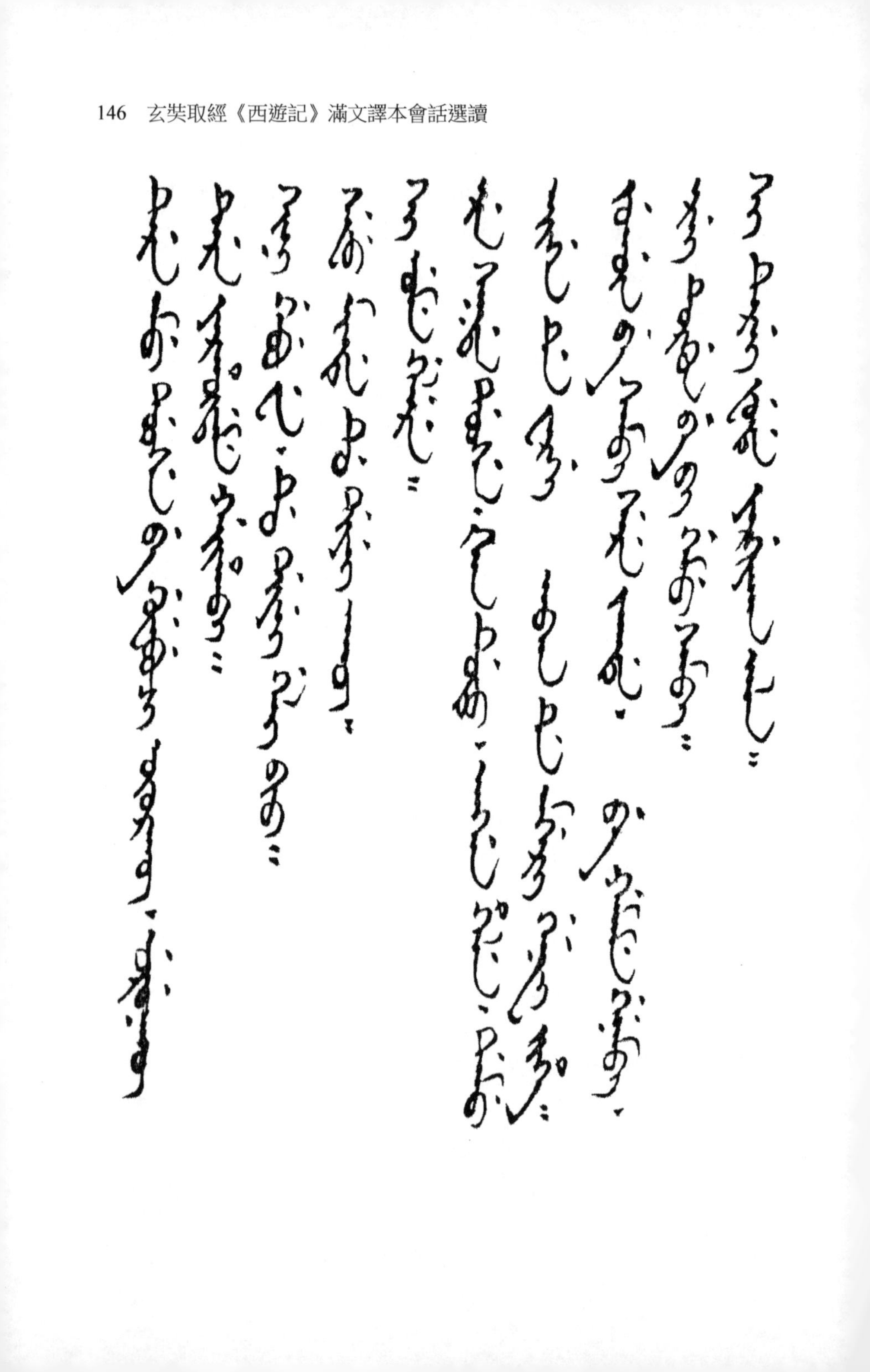

tere emu doose be guwebuci ojorakū, urunakū tere yarhūdame gajihabi.
sini gebu we, du diyei geli bio.
sefu minde du diyei akū.
si ume gelere.
ere sakda doose, šan dutu, angga hele, damu ajigen de wargi abka de emgeri genefi jihe. jugūn be sambi sere jakade, be gamame genembi, erei turgun be bi gemu sambi.
si terei funde yargiyakan ala.

---

那一道士難容，斷然是拐來的。
你叫做什麼名字？有度牒嗎？
師父，我沒有度牒。
你休怕。
這老道，耳聾，口啞，只因年幼時曾走過西天，認得道路，我們帶去，他的根由我盡知之。
你實實的替他供來。

---

那一道士难容，断然是拐来的。
你叫做什么名字？有度牒吗？
师父，我没有度牒。
你休怕。
这老道，耳聋，口哑，只因年幼时曾走过西天，认得道路，我们带去，他的根由我尽知之。
你实实的替他供来。

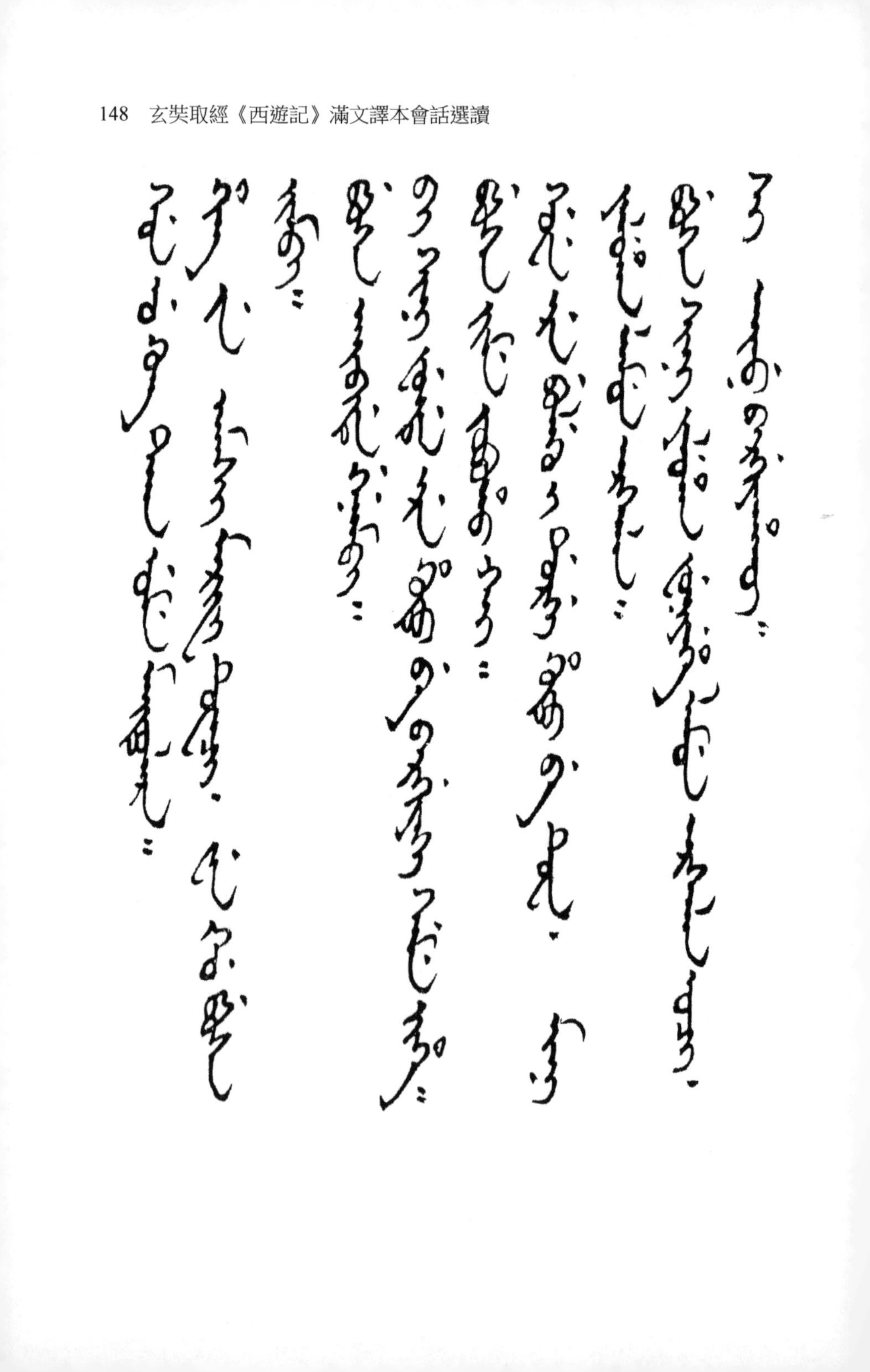

sun u kung taka ume maitulara.
hing je amasi marifi tuwaci, wen šu pusa jimbi.
pusa aibide genembi.
bi sini funde ere hutu be bargiyaki seme jihe.
pusa jime jobohao kai.
suwe ere buleku i dorgi hutu be tuwa, mini yaluha lamun arsalan.
pusa sini yaluha funiyehe lamun arsalan oci, si ainu bargiyahakū.

---

孫悟空且休下手。
行者回頭看處，原來文殊菩薩來了。
菩薩哪裡去？
我來替你收這個妖怪的。
累煩了菩薩。
你們看這鏡中的妖怪，是我坐下的青獅。
菩薩你坐下的青毛獅子，你為何不收服他？

---

孙悟空且休下手。
行者回头看处，原来文殊菩萨来了。
菩萨哪里去?
我来替你收这个妖怪的。
累烦了菩萨。
你们看这镜中的妖怪，是我坐下的青狮。
菩萨你坐下的青毛狮子，你为何不收服他?

# 十七、天地同生

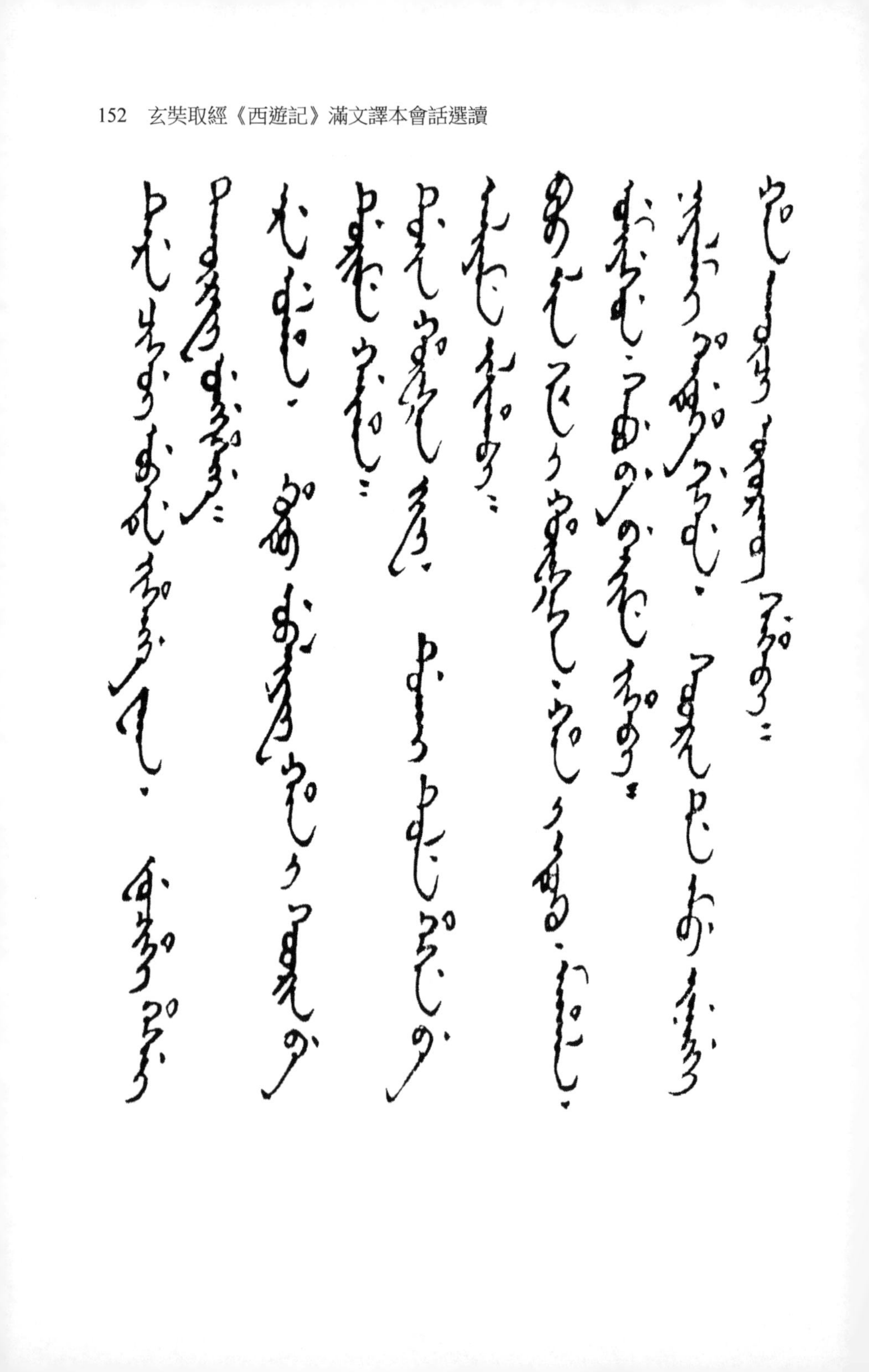

[illegible]

tere cisui ubade jihengge waka, fucihi hesei takūrafi unggihengge.

ere ulha, hutu ubaliyafi han i soorin be durime gaiha.

duin hūwašan jifi, dukai tule hese be aliyame ilihabi.

boo lin sy i hūwašasa, han i etuku, mahala, umiyesun, sabu be benjime jihebi.

niyalmai henduhe gisun, soorin de emu inenggi han akūci ojorakū sehebi.

---

他不是私自來這裡的，是奉佛旨差來的。

這畜類成精，侵奪帝位。

外面有四個和尚正在門外候旨。

是寶林寺僧人，捧著皇帝的衣、冠、帶、鞋而來。

常言道：「朝廷不可一日無君。」

---

他不是私自来这里的，是奉佛旨差来的。

这畜类成精，侵夺帝位。

外面有四个和尚正在门外候旨。

是宝林寺僧人，捧着皇帝的衣、冠、带、鞋而来。

常言道：「朝廷不可一日无君。」

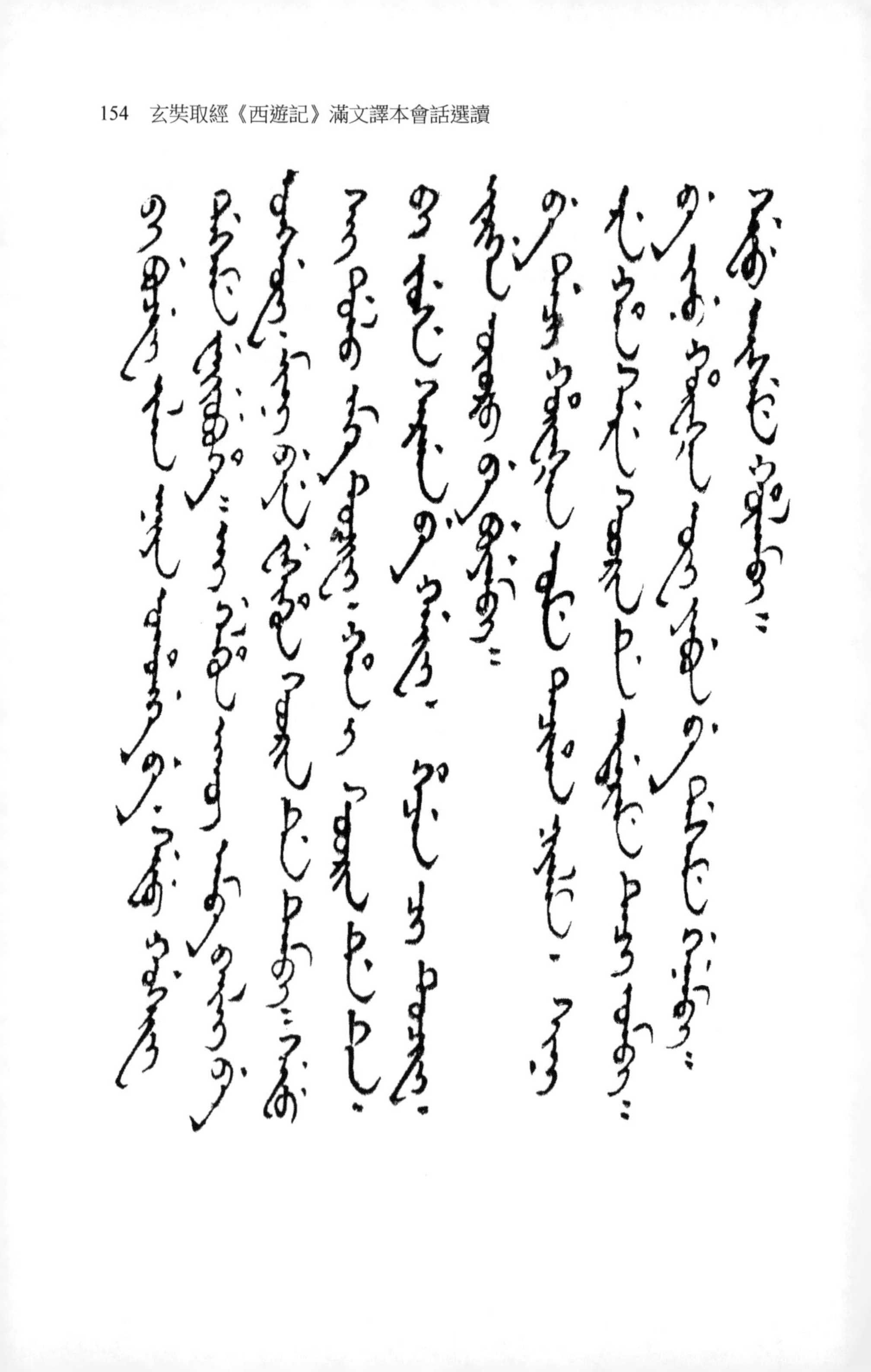

bi bucefi ilan aniya ohongge be, sefu gosifi dasame weijubuhe. ai gelhun akū amba baili be onggofi, mini beye wesihun soorin de tembi. sefu si dolo emke tucifi, han i soorin de te, bi juse sargan be gaifi, hecen ci tucifi, irgen ojoro be buyembi.

be daci hūwašan ome taciha niyalma, sini ere han sere soorin de adarame teci ombi. be inu hūwašan ofi yabun be dasame genembi.

sefu aiseme hūlambi.

---

我已死三年，蒙師父救我回生，怎麼敢忘大恩，妄自稱尊，師父您請哪一位出來為君，我情願領妻子出城為民。

我們原本做慣了和尚的人，你還做你的皇帝，我們還做我們的和尚修行去。

師父有何吩咐？

---

我已死三年，蒙师父救我回生，怎么敢忘大恩，妄自称尊，师父您请哪一位出来为君，我情愿领妻子出城为民。

我们原本做惯了和尚的人，你还做你的皇帝，我们还做我们的和尚修行去。

师父有何吩咐？

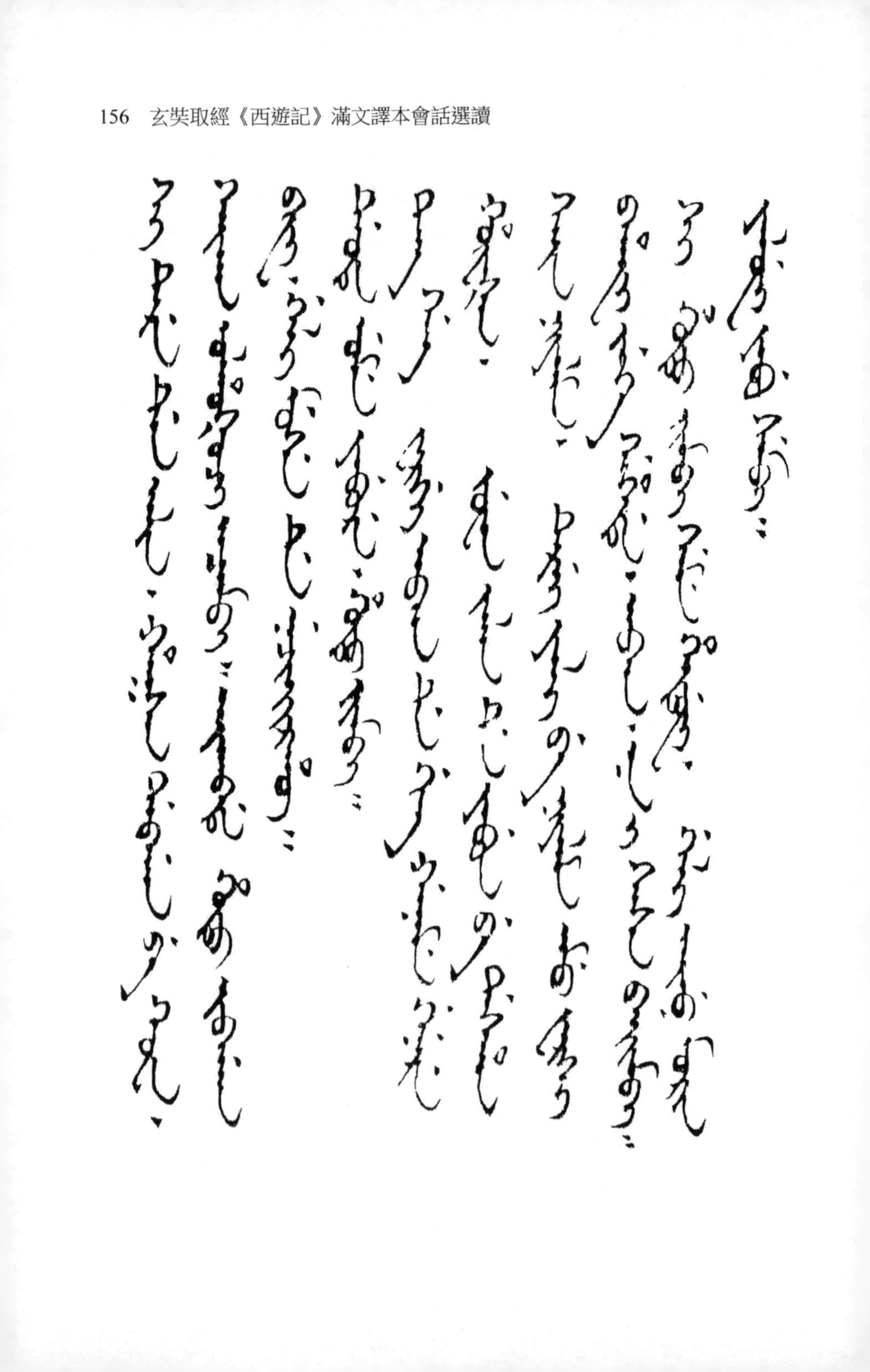

[illegible]

si tere den alin, haksan dabagan be tuwa, saikan olhošoci acambi. aikabade hutu ibagan bifi, geli muse de necinjirahū.

deote ume yabure, hutu jimbi.

tang seng wargi abka de ging ganame genere hūwašan, juwan jalan de yabun be dasaha sain niyalma, terei yali be niyalma emu farsi bahafi jeke sehede, abka, na i sasa banjimbi.

si hutu jimbi seme hendufi, geli ainu morin yalufi yabu sembi.

---

你看那高山峻嶺，須要仔細提防，倘若妖怪來了，恐怕又來侵犯我們。

兄弟們，不要走了，妖怪要來了。

唐僧是前往西天取經的和尚，十世修行的好人，有人吃他一塊肉，與天地同生。

你說妖怪來了，怎麼又騎馬走路？

---

你看那高山峻岭，须要仔细提防，倘若妖怪来了，恐怕又来侵犯我们。

兄弟们，不要走了，妖怪要来了。

唐僧是前往西天取经的和尚，十世修行的好人，有人吃他一块肉，与天地同生。

你说妖怪来了，怎么又骑马走路？

# 十八、缺乳骨輕

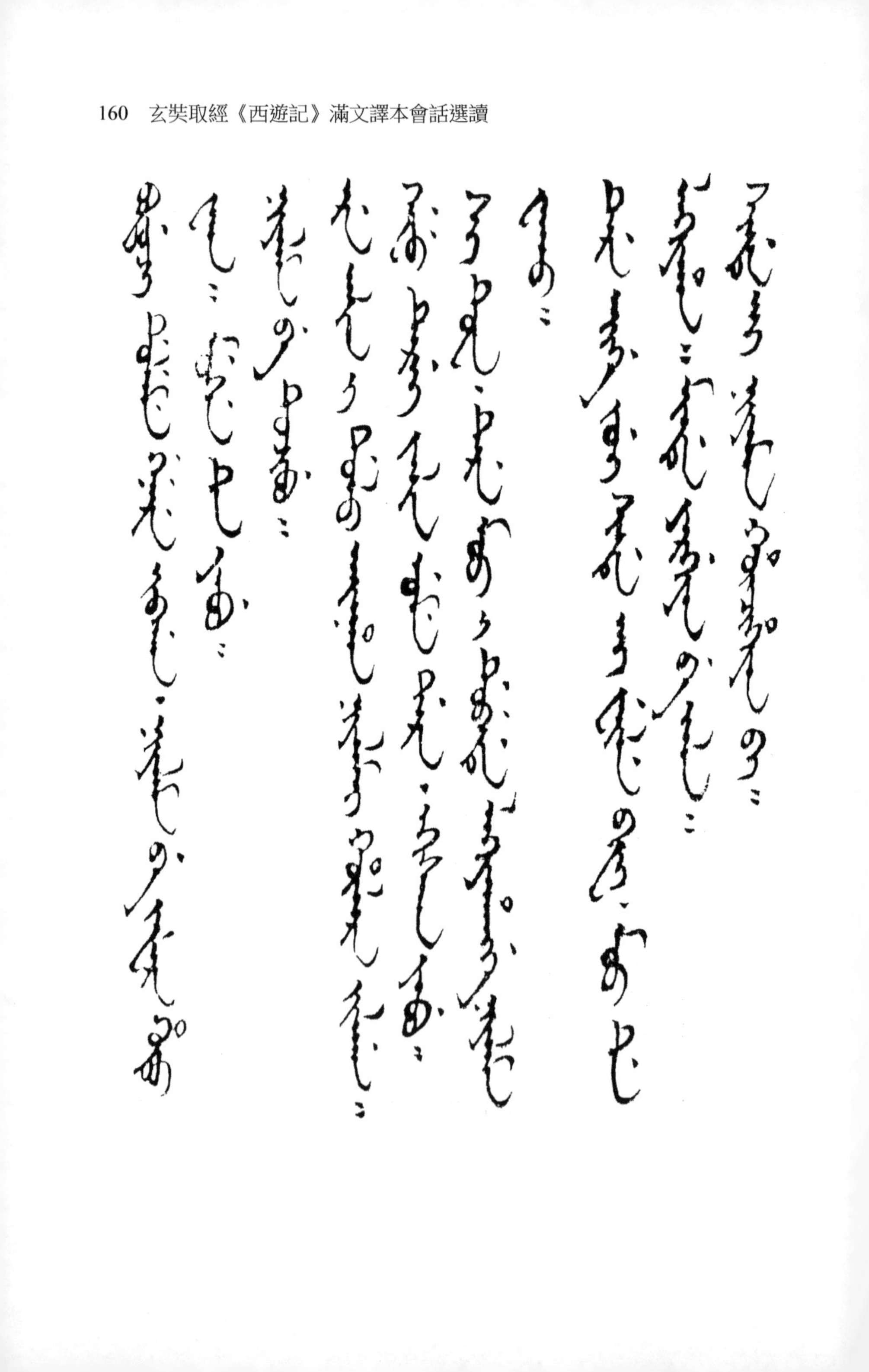

bodoci duleme genere ibagan, niyalma be jafara hutu waka. muse te yabu.
niyalma be tucibu.
ere alin i dolo ainaha niyalmai hūlara jilgan.
sefu terei jalin ume dara, ekisaka yabu.
si tuwa, tere moo i dubede lakiyahangge niyalma wakao.
tere ajige jui sinde ai weile bifi, moo de lakiyaha. minde yargiyan be ala.
sinde ai niyaman hūncihiyan bi.

---

想是個過路的妖精，不是傷人的妖怪，我們現在走吧！
救人！
這山中是什麼人叫的聲音？
師父，莫管閒事，且靜靜地走路。
你看，那樹上吊的不是個人嗎？
那小孩兒，你有什麼事，吊在樹上？真實地告訴我？
你有什麼親戚？

---

想是个过路的妖精，不是伤人的妖怪，我们现在走吧！
救人！
这山中是什么人叫的声音？
师父，莫管闲事，且静静地走路。
你看，那树上吊的不是个人吗？
那小孩儿，你有什么事，吊在树上？真实地告诉我？
你有什么亲戚？

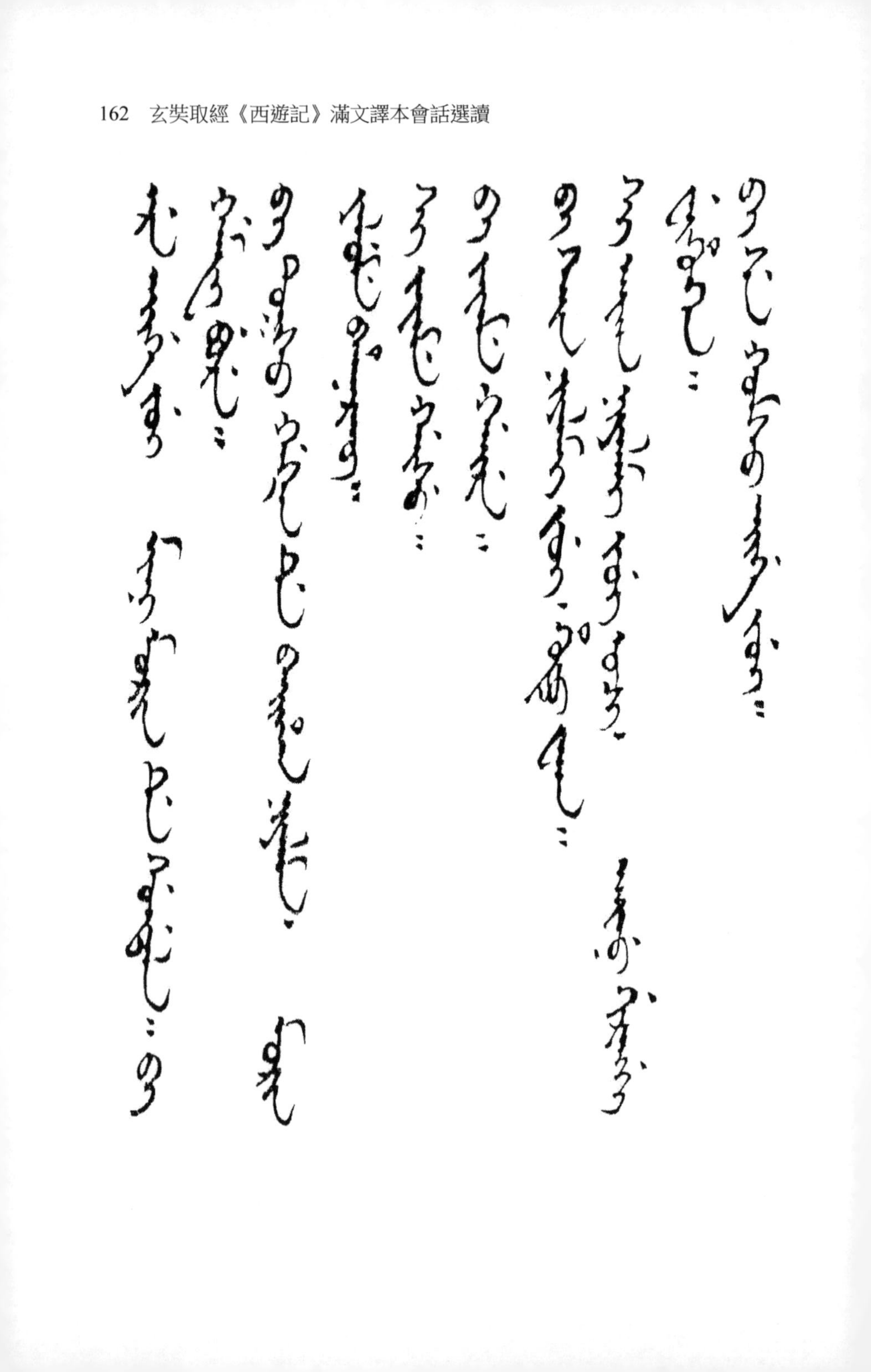

ere ajige jui mini morin de sundala. bi gamafi bure.
bi tokso gašan de banjiha niyalma, morin yalume bahanarakū.
si jajame gaisu.
bi jajame gaire.
bi sain niyalmai jui, hutu waka.
si aika niyalmai jui oci, ainu giranggi weihuken.
bi se komso ajige jui.

---

孩兒，你上我的馬來，我帶你去。
我是鄉下人家，不會騎馬。
你馱。
我馱。
我是好人家兒女，不是妖怪。
你既是好人家兒女，怎麼這等骨頭輕？
我是年歲少的小孩。

---

孩儿，你上我的马来，我带你去。
我是乡下人家，不会骑马。
你驮。
我驮。
我是好人家儿女，不是妖怪。
你既是好人家儿女，怎么这等骨头轻？
我是年岁少的小孩。

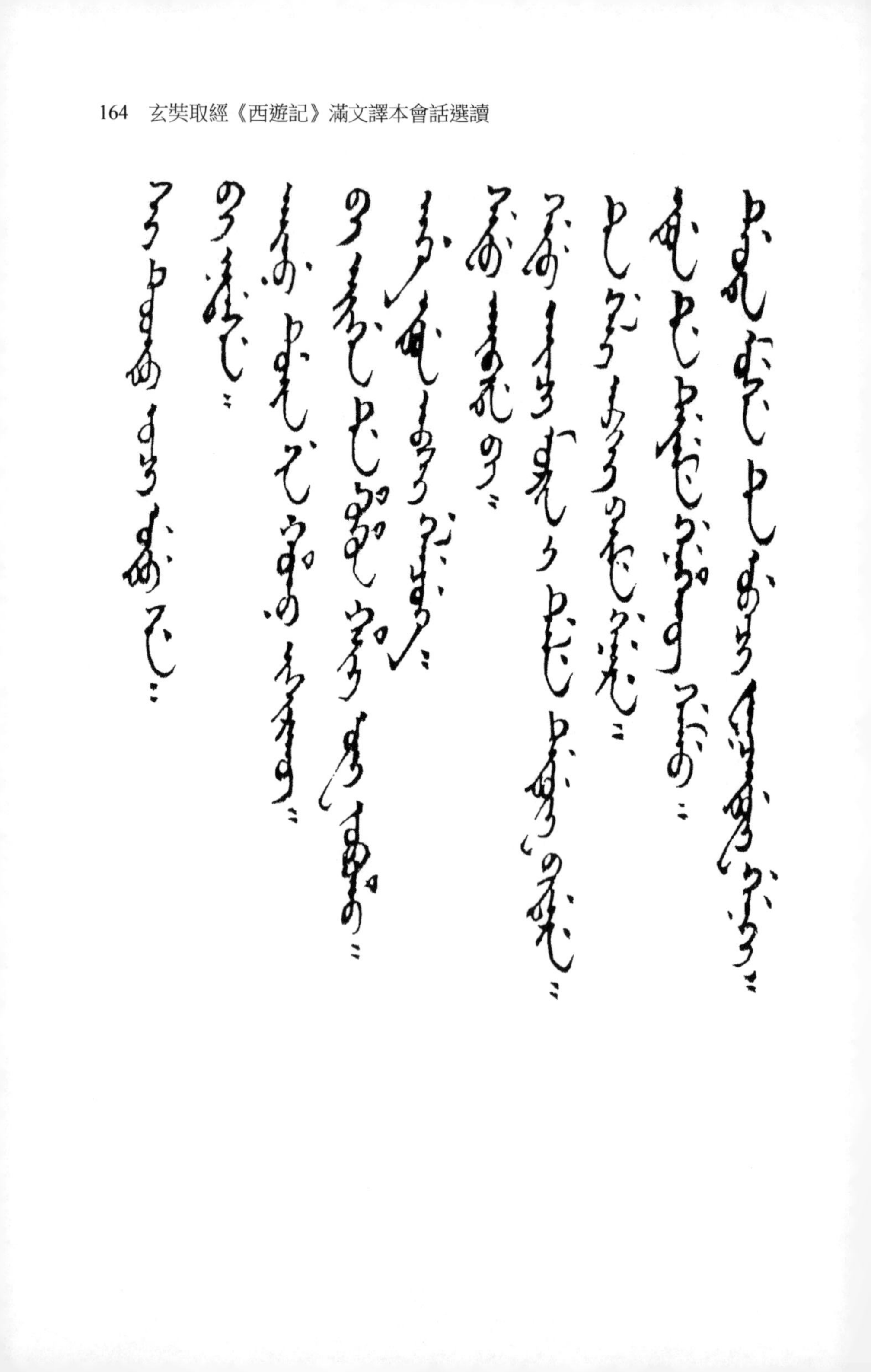

si tuttu oci udu se.
bi nadase.
ainu duin gin hono isirakū.
bi ajigen de huhun haji ofi joboho.
age edun absi gelecuke.
sefu abide bi.
sefu ainci morin i dele dedufi bidere.
te geli absi baime genere.
edun de deyeme genehekū semeo.
deote muse te ubaci fakcandufi geneki.

---

那你幾歲？
我七歲了。
怎麼還不滿四斤重嗎？
我小時苦於缺乳。
哥哥，風好可怕。
師父在哪裡？
師父想必伏在馬上吧！
如今卻往哪裡去？
想是被風捲去了。
兄弟們，我等如今從這裡散了去吧！

---

那你几岁？
我七岁了。
怎么还不满四斤重吗？
我小时苦于缺乳。
哥哥，风好可怕。
师父在哪里？
师父想必伏在马上吧！
如今却往哪里去？
想是被风卷去了。
兄弟们，我等如今从这里散了去吧！

# 十九、識得時務

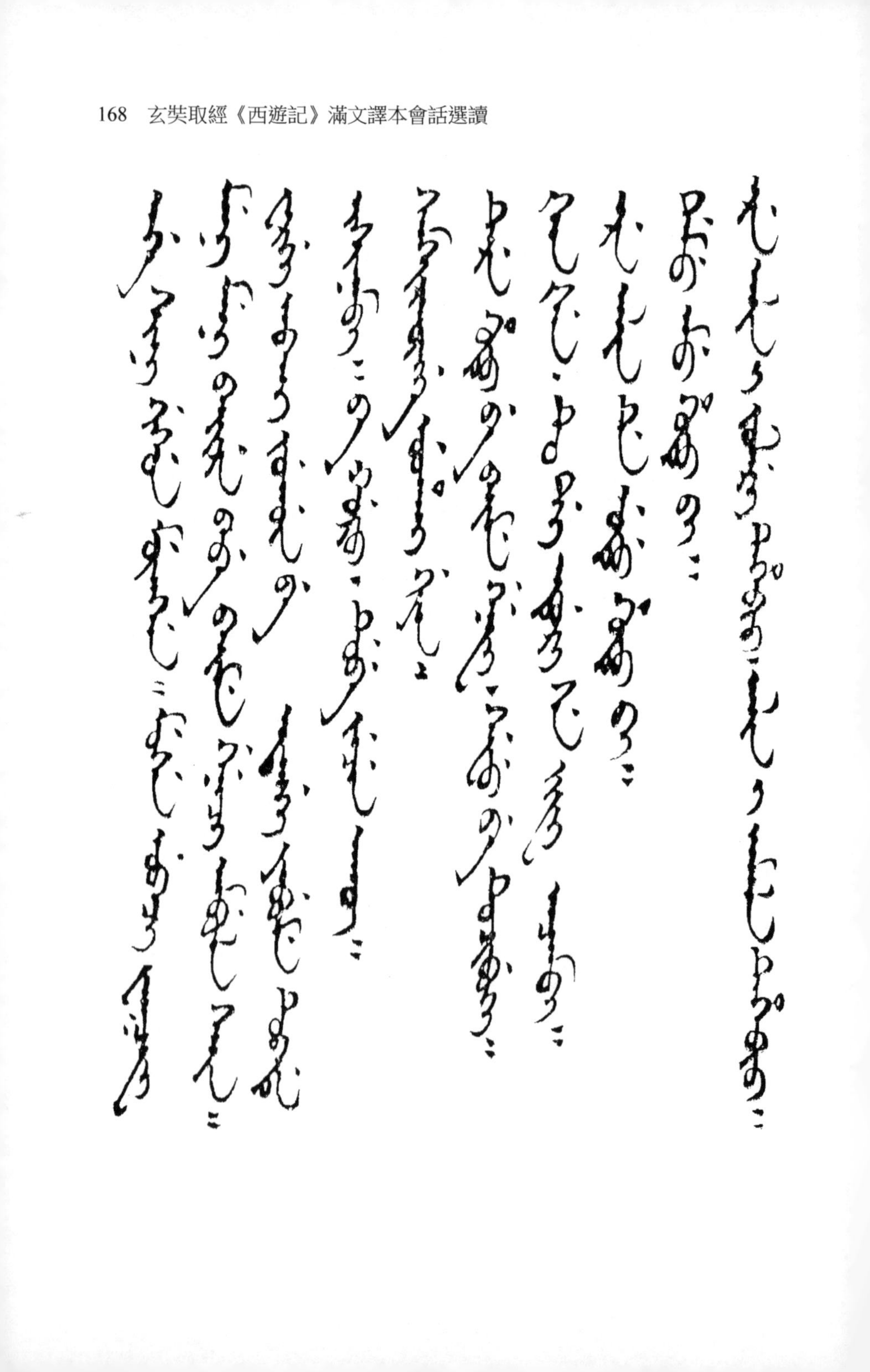

age sini gisun mujangga. muse ubaci fakcafi meni meni banjire babe baime geneci ambula sain.
wargi abkai jugūn be atanggi yabume tubade isinambi. ba goro, dube jecen akū.
samsirakūngge uthai giyan.
tere hutu be baime genefi, sefu be tucibuki.
šan šen, tu di enduri se jifi acambi.
ere alin de udu hutu bi.
damu emu hutu bi.
ere alin i juleri tehebio. alin i amala tehebio.

---

哥哥，你的話正是。我等從這裡散了，各尋頭路，多少是好。
西天無窮無盡，幾時能到得？
其實不該散。
去尋那妖怪，救出師父吧！
山神、土地神來見。
這山上有多少妖精？
只有一個妖精。
在這山前住？是山後住？

---

哥哥，你的话正是。我等从这里散了，各寻头路，多少是好。
西天无穷无尽，几时能到得？
其实不该散。
去寻那妖怪，救出师父吧！
山神、土地神来见。
这山上有多少妖精？
只有一个妖精。
在这山前住？是山后住？

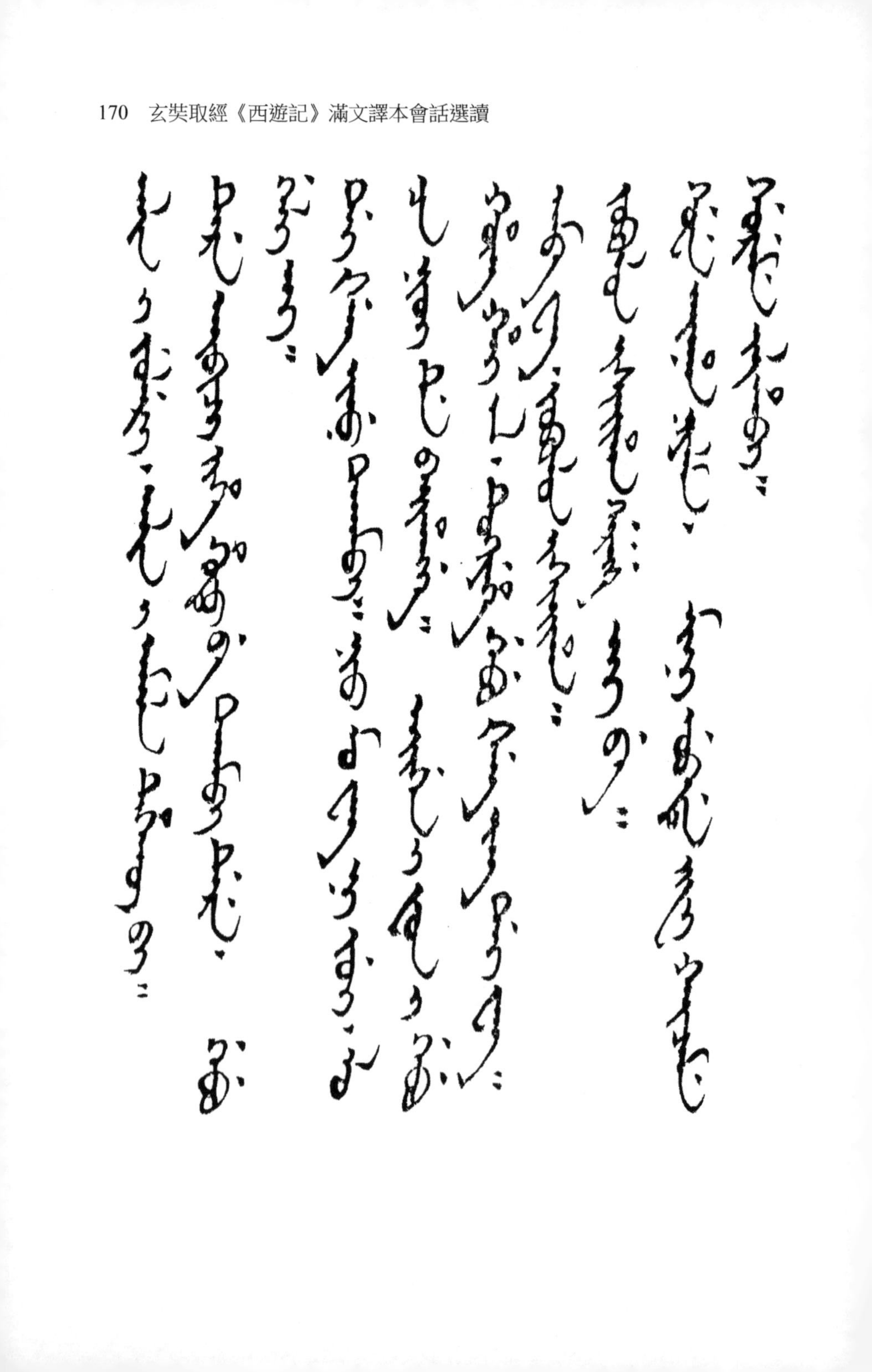

alin i juleri, alin i amala tehekū bi.

tere aibici jihe hutu be takambi dere, gebu geli ai.

dai šeng inu takambi. nio mo wang ni jui, lo ca nioi de banjihangge. ajigen i fon i gebu hūng hai el, tukiyehe gebu šeng ing dai wang.

amba wang, jobolon isinjiha.

jobolon isinjiha serengge ai be.

suwe ainaha niyalma, mini ubade jifi kaicame sureme ilihabi.

---

不住山前，也不住山後。

可知他是從哪裡來的妖精？叫做什麼名字？

大聖也知道，他是牛魔王的兒子，羅剎女養的。乳名叫做紅孩兒，號叫做聖嬰大王。

大王，禍事到來了。

有何禍事？

你們是什麼人？在我這裡吆喝。

---

不住山前，也不住山后。

可知他是从哪里来的妖精？叫做什么名字？

大圣也知道，他是牛魔王的儿子，罗刹女养的。乳名叫做红孩儿，号叫做圣婴大王。

大王，祸事到来了。

有何祸事？

你们是什么人？在我这里吆喝。

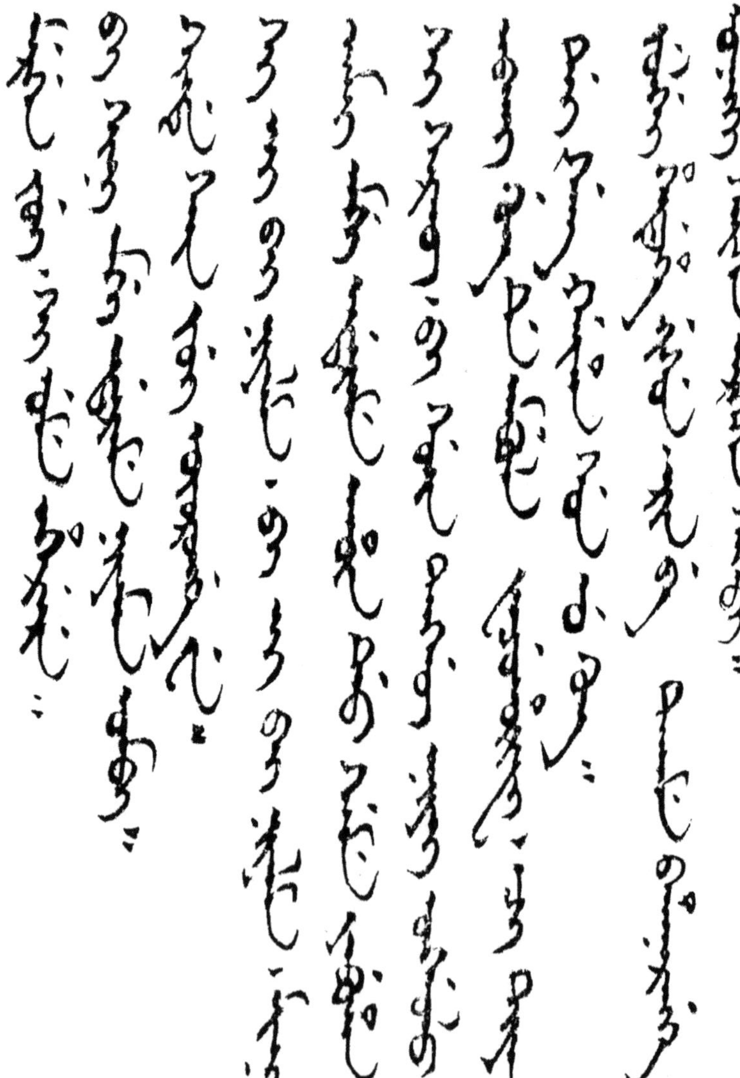

mergen jui, si ume eherere.
bi sini emgi adarame niyaman ombi.
sinde sain jui ojorongge we.
si ai bai niyalma, bi ai bai niyalma, mini amai emgi adarame ahūn deo seme yabuha.
si sarkū, bi sunja tanggū aniyai onggolo abkai gung de ambula facuhūrafi, ci tiyan dai šeng gaiha sun u kung.
julgei (niyalmai) henduhe gisun, erin be takame bahanarangge unenggi saisa mergese sehebi.

---

賢姪，莫弄虛頭。
我與你是什麼親戚？
誰是你賢姪？
你是哪裡人？我是哪裡人？怎麼得與我父親做弟兄？
你是不知，我乃五百年前大鬧天宮的齊天大聖孫悟空。
古人云：「識得時務者，呼為俊傑。」

---

贤侄，莫弄虚头。
我与你是什么亲戚？
谁是你贤侄？
你是哪里人？我是哪里人？怎么得与我父亲做弟兄？
你是不知，我乃五百年前大闹天宫的齐天大圣孙悟空。
古人云：「识得时务者，呼为俊杰。」

# 二十、相生相尅

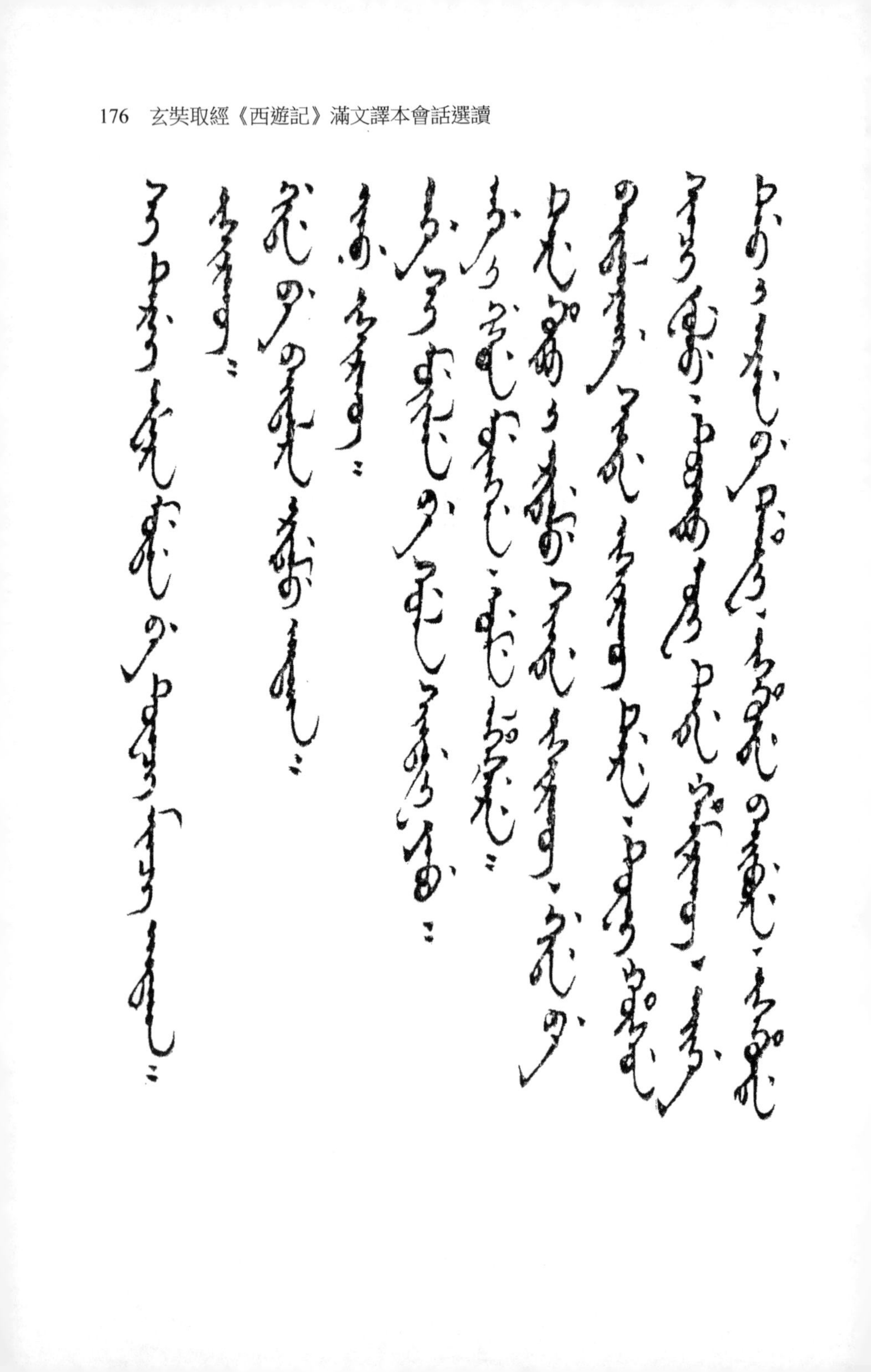

si terei afara mudan be tuwaci minci antaka.

isirakū.

gida be baitalara erdemu antaka.

inu isirakū.

age si mujilen be sula sindafi yabu.

age i gisun mujangga, ume elhešere.

tere hutu i erdemu sinde isirakū, gida be baitalarangge sinde isirakū dere, tuwai hūsun sinci fulu, tuttu ofi tede hamirakū, ajige deo i arga be dahafi, ishunde banjibure, ishunde

---

你看他的手段比我何如？

不如。

槍法何如？

也不如。

哥哥你放心前去。

哥哥的話正是，不必遲疑。

那妖精手段不如你，槍法不如你，只是比你多些火勢，故不能取勝。若依小弟之計，以相生

---

你看他的手段比我何如?

不如。

枪法何如?

也不如。

哥哥你放心前去。

哥哥的话正是，不必迟疑。

那妖精手段不如你，枪法不如你，只是比你多些火勢，故不能取胜。若依小弟之计，以相生

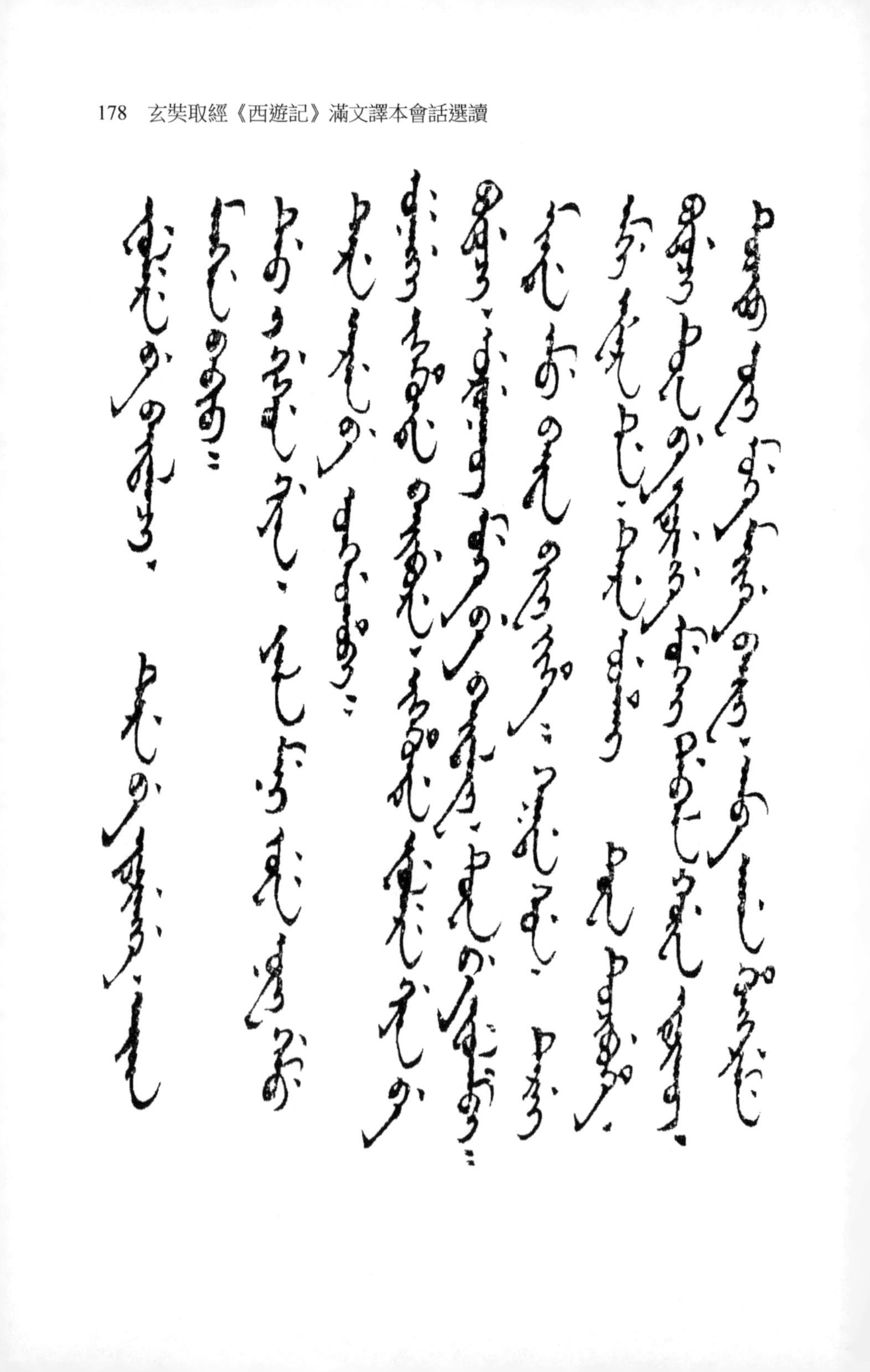

efulere be baitalaci, tere be eterengge, aika mangga babio.

deo i gisun giyan, yala meni juwe nofi gemu tere arga be onggohobi.

unenggi ishunde banjibure, ishunde efulere giyan be bodoci, urunakū muke be baitalafi, tuwa be efulembi.

minde emu baita bifi jihe. sakda sun, terei emgi afara de, tere uthai tuwa tucibuhe, bodoci tuwa be eterengge mukei dabala gūwa eterakū, tuttu ofi muke majige baifi, amba aga hungkereme

---

相尅拿他，有甚難處？

兄弟說得有理，果然我們倆都忘了那計。

若以相生相尅之理論知，須是以水尅火。

我有一事而來，老孫與他交戰，他就放出火來，想着水能尅火，特來求些水去，與我下場大雨，

---

相克拿他，有甚难处？

兄弟说得有理，果然我们俩都忘了那计。

若以相生相克之理论知，须是以水克火。

我有一事而来，老孙与他交战，他就放出火来，想着水能克火，特来求些水去，与我下场大雨，

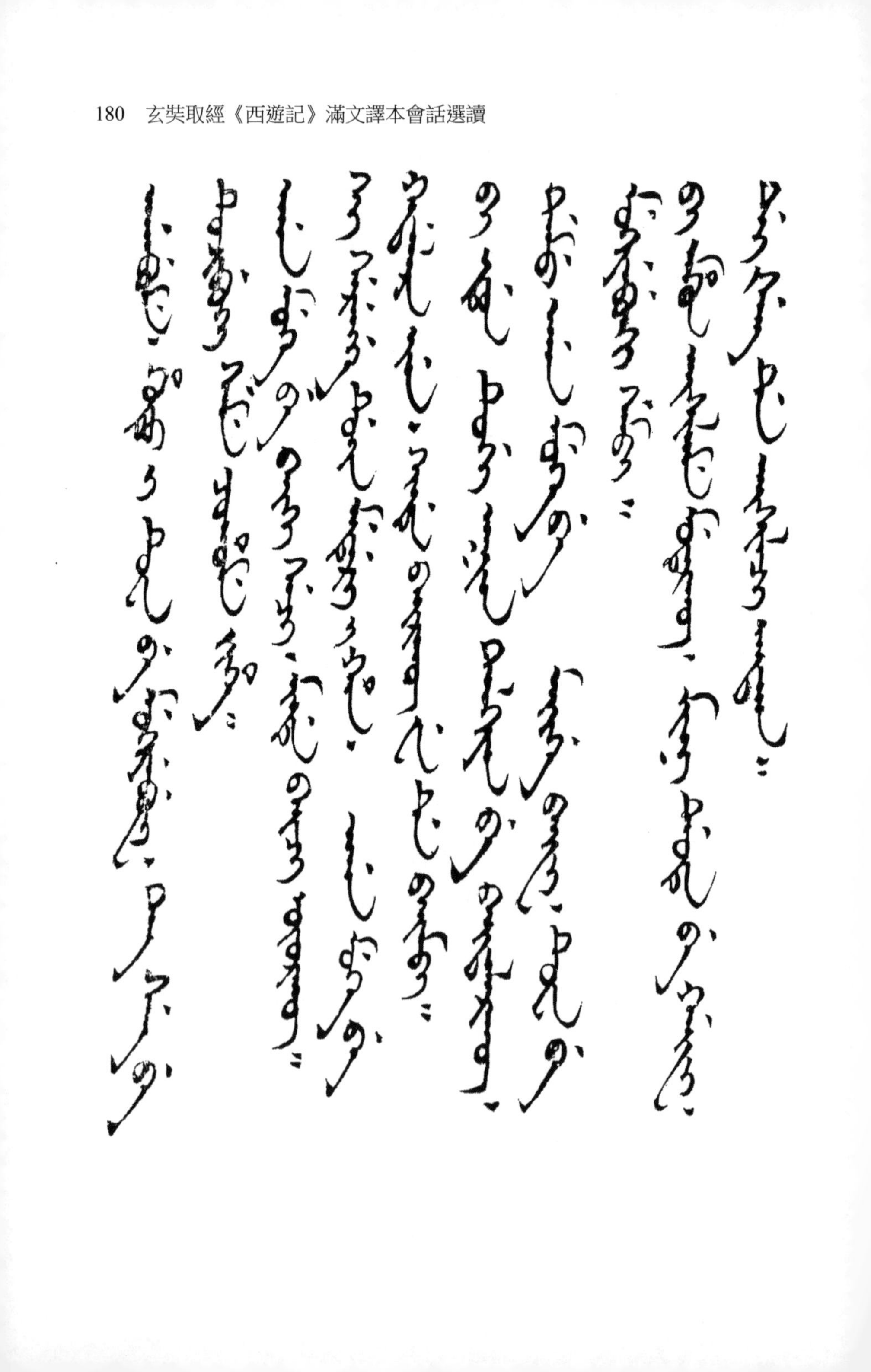

agabume, hutu i tuwa be mukiyebufi, tang seng be tucibuki seme cohome jihe.

aga muke be baiki seci, minde baici ojorakū.

si serengge duin mederi i han, aga muke be kadalara ejen, sinde bairakū we de baimbi.

bi edun tugi akjan talkiyan be baitalarakū, damu aga muke be majige baifi, tuwa be mukiyebuki sembi.

bi emhun aisilame muterakū, mini deote be gaifi, dai šeng de aisilaci antaka.

---

潑滅了妖精的火，救出唐僧。

若要求取雨水，不該來求我。

你是四海龍王，主司雨水，不來求你，卻去求誰？

我不用風雲雷電，只是想求些雨水滅火。

我一人不能相助，着我弟兄們相助大聖如何？

---

泼灭了妖精的火，救出唐僧。

若要求取雨水，不该来求我。

你是四海龙王，主司雨水，不来求你，却去求谁？

我不用风云雷电，只是想求些雨水灭火。

我一人不能相助，着我弟兄们相助大圣如何？

# 二十一、求雨捉妖

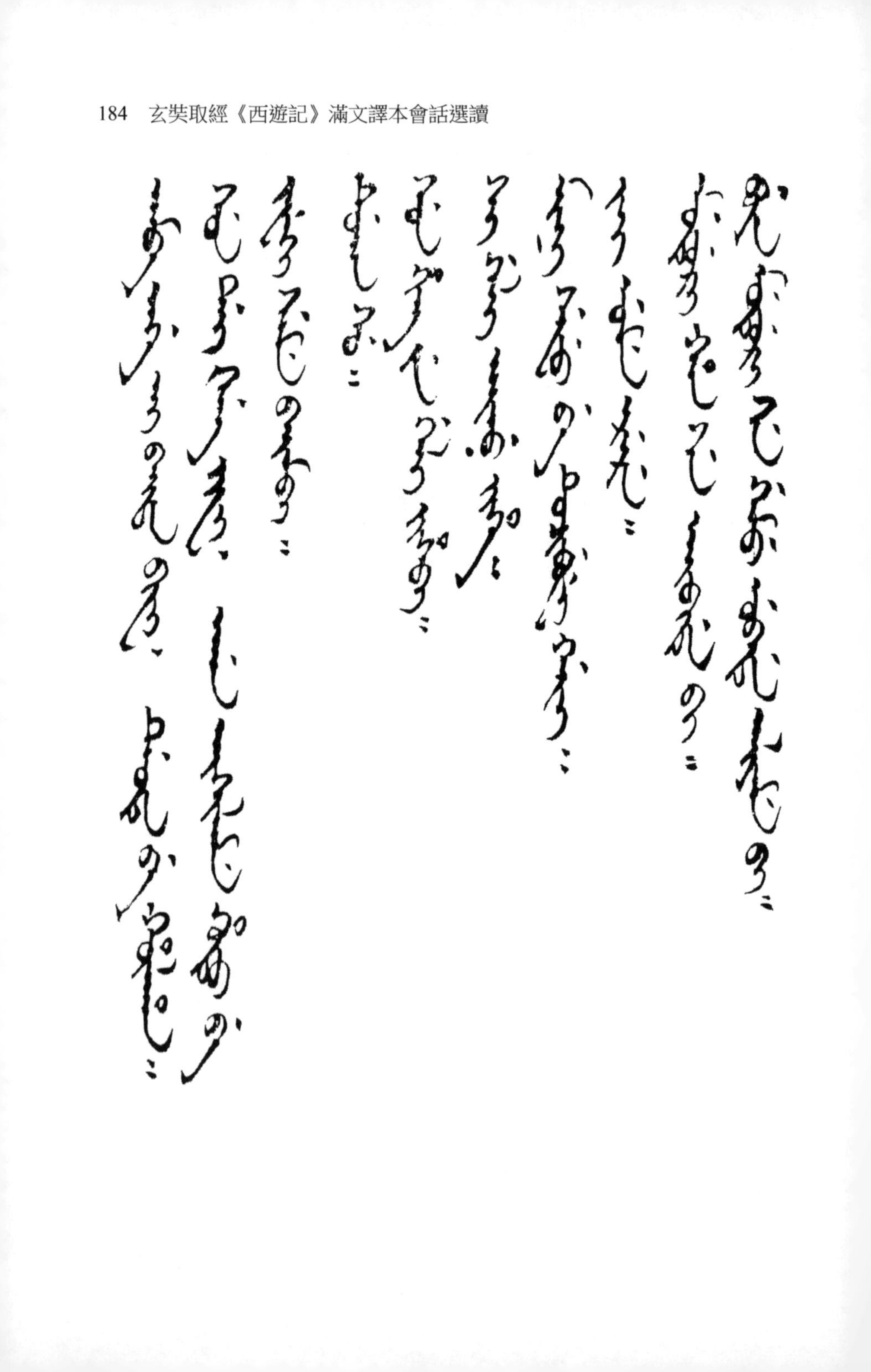

amba age ai baita bifi, deote be hūlaha.
sun dai šeng jifi, aga aisilame hutu be jafaki seme baimbi.
duka su.
sun hing je geli jihebi.
si geli ainu jihe.
mini sefu be tucibufi gaji.
jai ume erere.
muduri han se aibide bi.
buya muduri se gemu ubade aliyame bi.

---

大哥，有何是呼喚弟等？
孫大聖來想求雨捉妖。
開門！
孫行者又來了。
你又來怎的？
還我師父來。
再莫想。
龍王們何在？
小龍們都在此伺候。

---

大哥，有何是呼唤弟等？
孙大圣来想求雨捉妖。
开门！
孙行者又来了。
你又来怎的？
还我师父来。
再莫想。
龙王们何在？
小龙们都在此伺候。

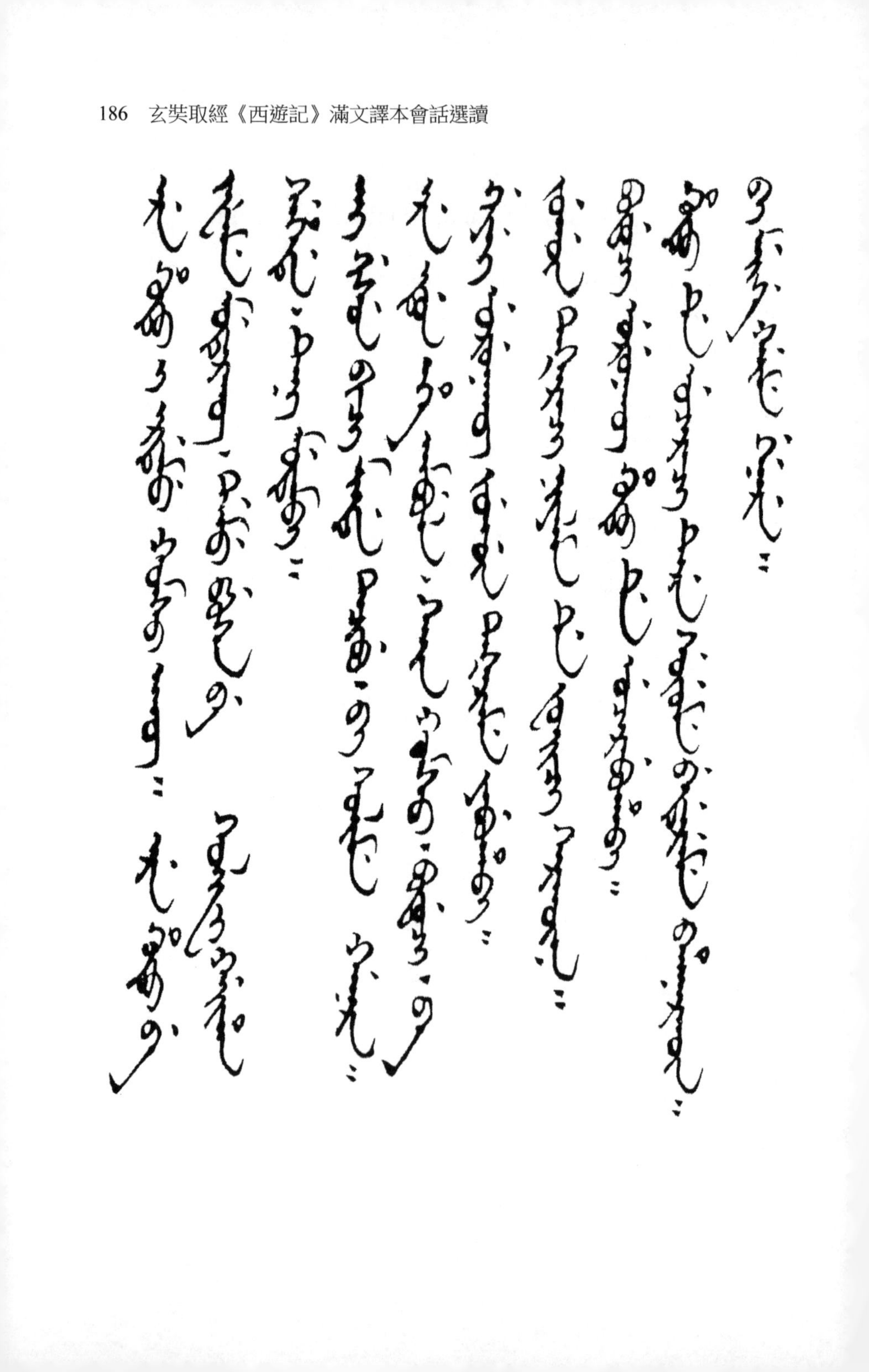

ere hutu i erdemu komso akū. ere hutu be jafame muterakū, damu pusa be solifi gajiha sehede, teni mutembi.
ai gisun bici minde tacibu, bi solime ganara〔genere〕.
ere edun ehe ambula, sain komso, bodoci, ba giyei urunakū jugūn tašarame yabuhabi.
jugūn tašaraci niyalma de fonjici sarkūna.
bodoci urunakū hutu de ucarabuhabi.
hutu de ucaraci tere sujume bedereme bahanarakūn.
bi mejige gaime genere.

---

這妖精神通不小，不能拿此妖魔，只好去請菩薩來纔能。
有甚話吩咐，我去請。
這陣風，凶多吉少，想是豬八戒走錯路了。
錯了路，不知道問人嗎？
想必是撞見了妖精。
撞見妖精，他不會跑回？
我去打聽消息。

---

这妖精神通不小，不能拿此妖魔，只好去请菩萨来纔能。
有甚话吩咐，我去请。
这阵风，凶多吉少，想是猪八戒走错路了。
错了路，不知道问人吗？
想必是撞见了妖精。
撞见妖精，他不会跑回？
我去打听消息。

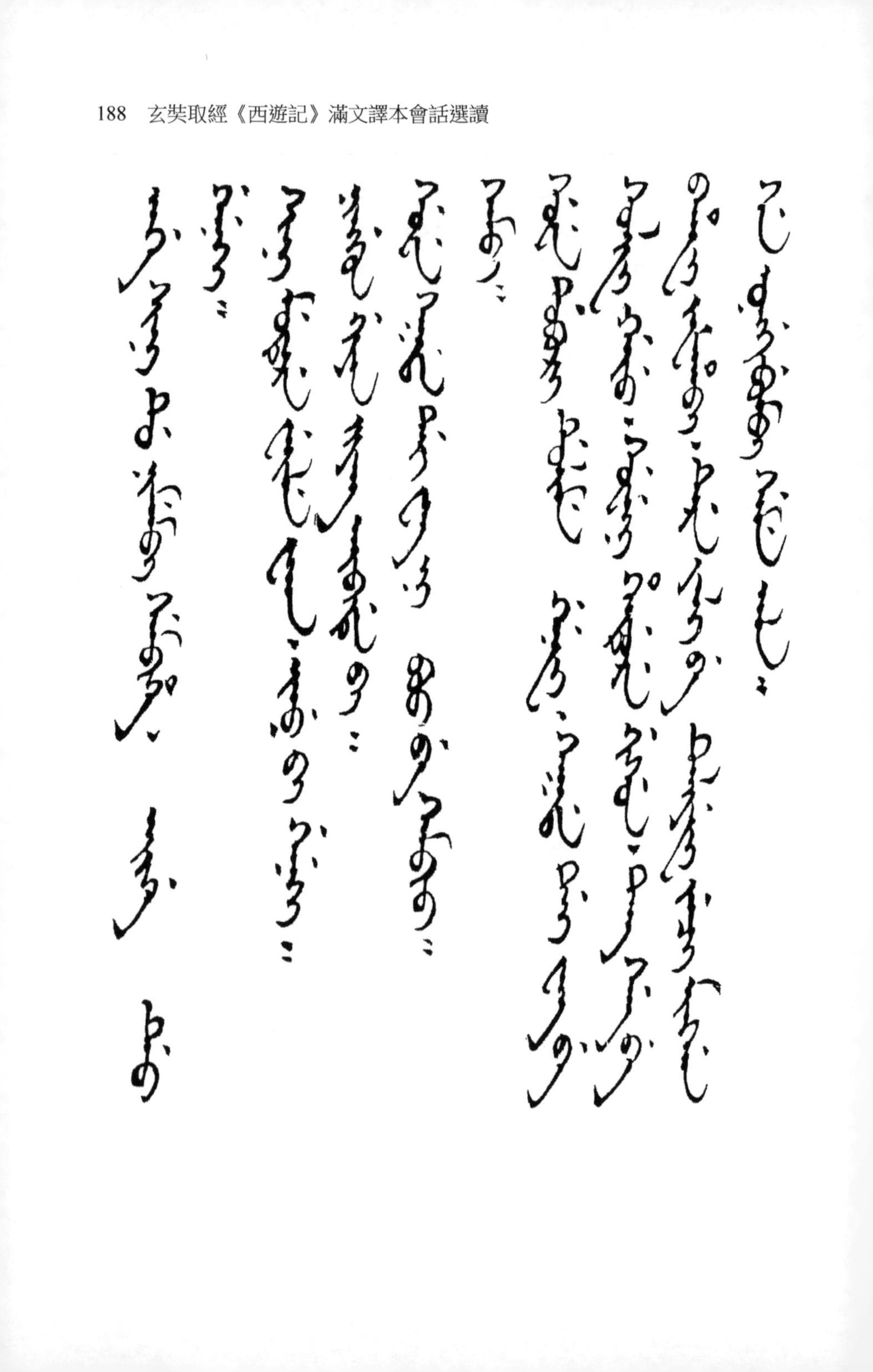

age sini du nimembi sembihe, ajige deo geneki.
sini mutere weile waka, inu bi geneki.
ninggun giyan jiyang aibide bi.
suwe sakda dai wang ni boo be sambio.
sambi.
suwe dobori dulime genefi, sakda dai wang be solifi gaju, suweni hendure gisun, tang seng be bahafi jafahabi, tere yali be teliyefi jeci minggan se nonggibumbi seme ala.

---

哥哥，你腰疼，小弟去吧！
你不濟事，還是我去吧！
六健將何在？
你們知道老大王家嗎？
知道。
你們星夜去請老大王來，你們告訴他說捉到唐僧，蒸了肉給他吃，壽增千歲。

---

哥哥，你腰疼，小弟去吧！
你不济事，还是我去吧！
六健将何在？
你们知道老大王家吗？
知道。
你们星夜去请老大王来，你们告诉他说捉到唐僧，蒸了肉给他吃，寿增千岁。

# 二十二、壽增千歲

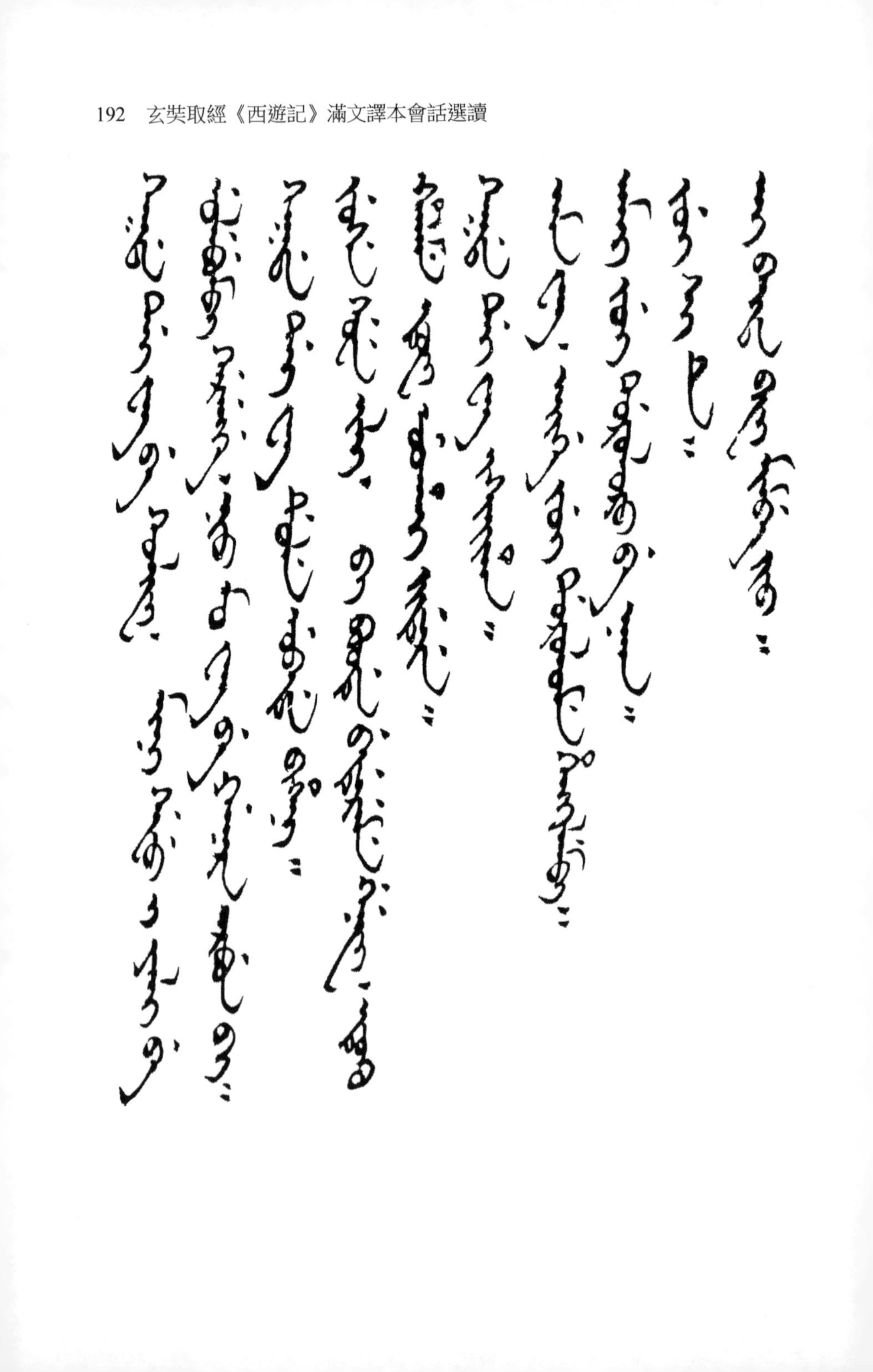

sakda dai wang be solifi, mini sefu i yali be ulebumbi serengge, nio mo wang be ganara arbun bi.
sakda dai wang dule ubade biheni.
juse suwe ili, bi boode bedereme genefi, etuku halame etufi uthai jidere.
sakda dai wang isinjiha.
ama wang, ajige jui dorolome hengkilembi.
amai jui doroloro be naka.
jui si te.
ai baita bifi mimbe jio.

---

請老大王吃我師父的肉，斷是去請牛魔王。
老大王原來在這裡呢！
孩兒你們起來，我回家去換了衣服就來。
老大王來了。
父王，小孩兒拜揖。
孩兒免禮。
孩兒你坐。
請我來有何事？

---

请老大王吃我师父的肉，断是去请牛魔王。
老大王原来在这里呢！
孩儿你们起来，我回家去换了衣服就来。
老大王来了。
父王，小孩儿拜揖。
孩儿免礼。
孩儿你坐。
请我来有何事？

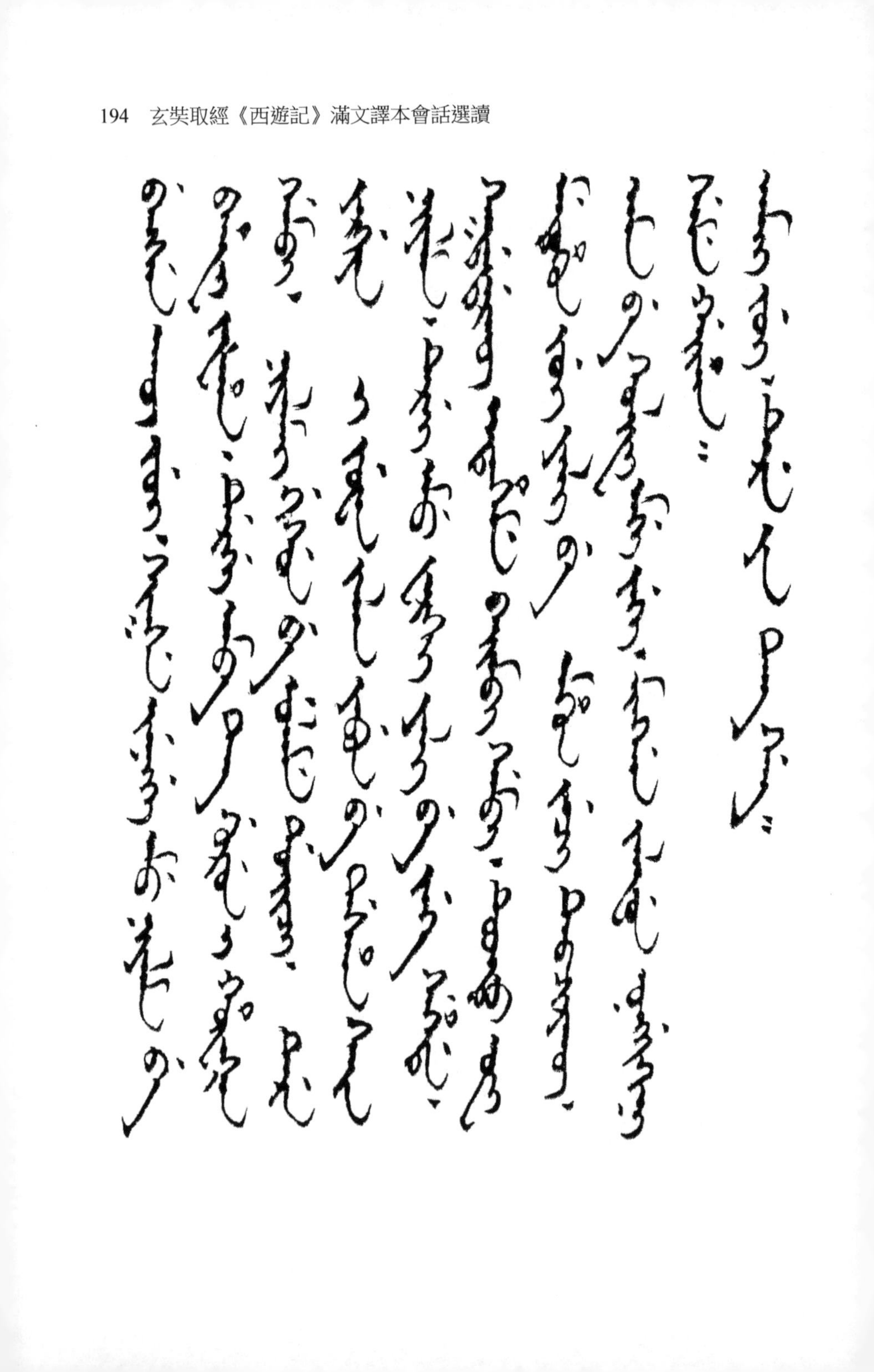

bengsen akū jui, sikse inenggi emu niyalma be bahafi jafaha, dergi amba tang gurun i hūwašan sembi, niyalmai gisun be ulame donjici, tere yargiyan i juwan jalan yabun be dasaha sain niyalma, terei emu farsi yali be jeke sehede, sakdadarakū enteheme banjimbi sembi, tuttu ofi mentuhun jui yali be emhun jeci tebcirakū, ama be solifi emgi jeki, minggan jalafun nonggikini seme gajiha.

amai jui, tere ya tang seng.

---

孩兒不才，昨日獲得一人，乃東土大唐和尚。聽得人講，他真是個十世修行的善人，有人吃他一塊肉，可求永遠不老，因此愚男不敢獨自吃肉[1]，特請父親同吃，壽增千歲。

孩兒，他是那個唐僧？

---

孩儿不才，昨日获得一人，乃东土大唐和尚。听得人讲，他真是个十世修行的善人，有人吃他一块肉，可求永远不老，因此愚男不敢独自吃肉，特请父亲同吃，寿增千岁。

孩儿，他是那个唐僧？

---

[1] 不敢獨自吃肉，句中「不敢」，規範滿文讀作"gelhun akū"，此作"tebcirakū"，意即「不忍心」，滿漢文義不合。

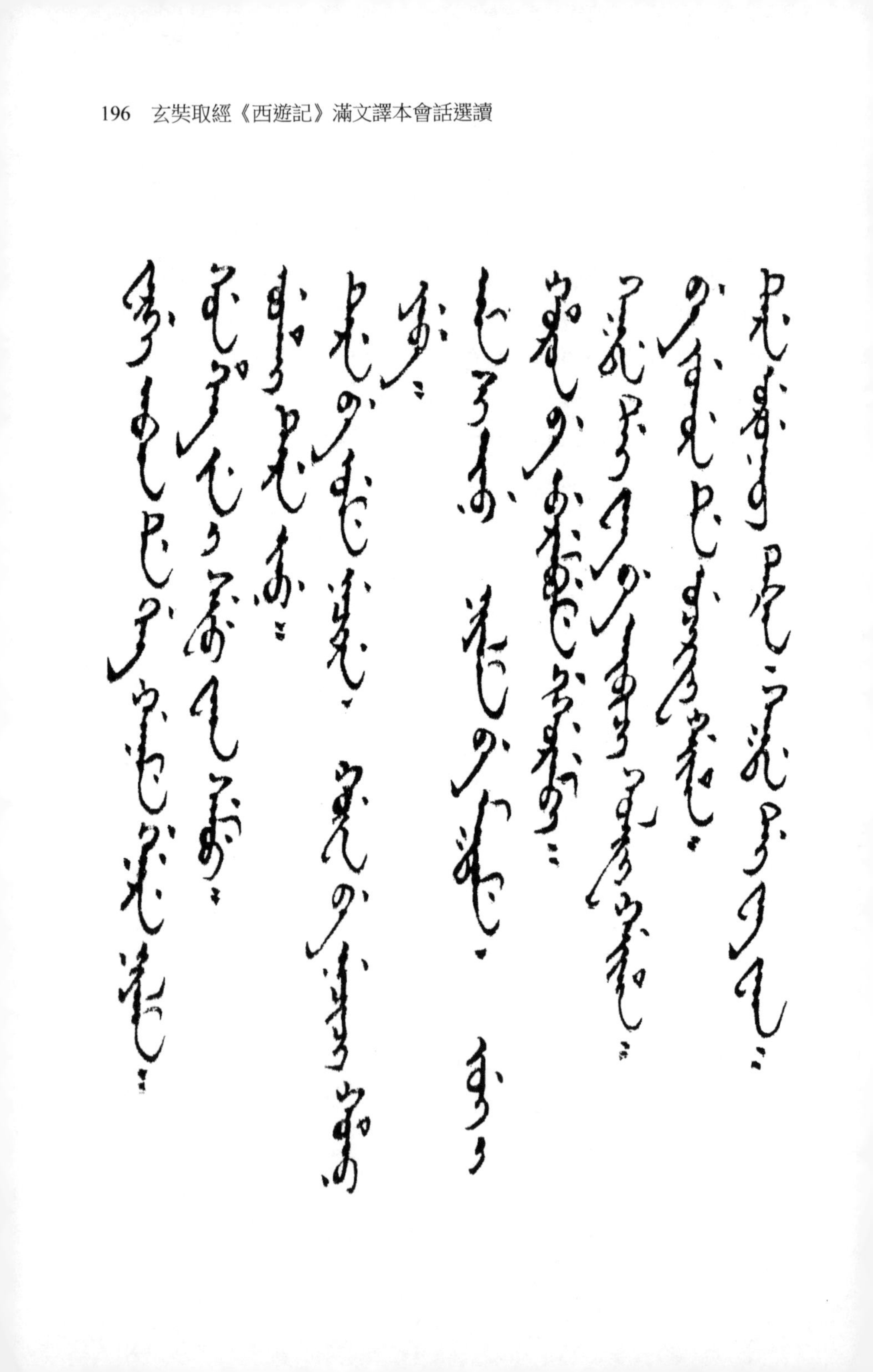

wargi abka de ging ganame genere niyalma.
sun hing je i sefu waka semuo.
uthai tere inu.
tere be ume necire, gūwa be necici hono yebe.
ama si ainu niyalma be maktame, jui i horon be eberembume gisurembi.
sakda dai wang be aibici solifi gajiha.
be jugūn de ucarafi gajiha.
tere urunakū tašan, sakda dai wang waka.

---

是往西天取經的人。
可是孫行者的師父嗎？
正是。
莫惹他，別的還好惹。
父親您為何長他人志氣，滅孩兒的威風？
老大王是哪裡請來的？
我們在路上遇到請來的。
他必定是假的，不是老大王。

---

是往西天取经的人。
可是孙行者的师父吗？
正是。
莫惹他，别的还好惹。
父亲您为何长他人志气，灭孩儿的威风？
老大王是哪里请来的？
我们在路上遇到请来的。
他必定是假的，不是老大王。

# 二十三、人逢喜事

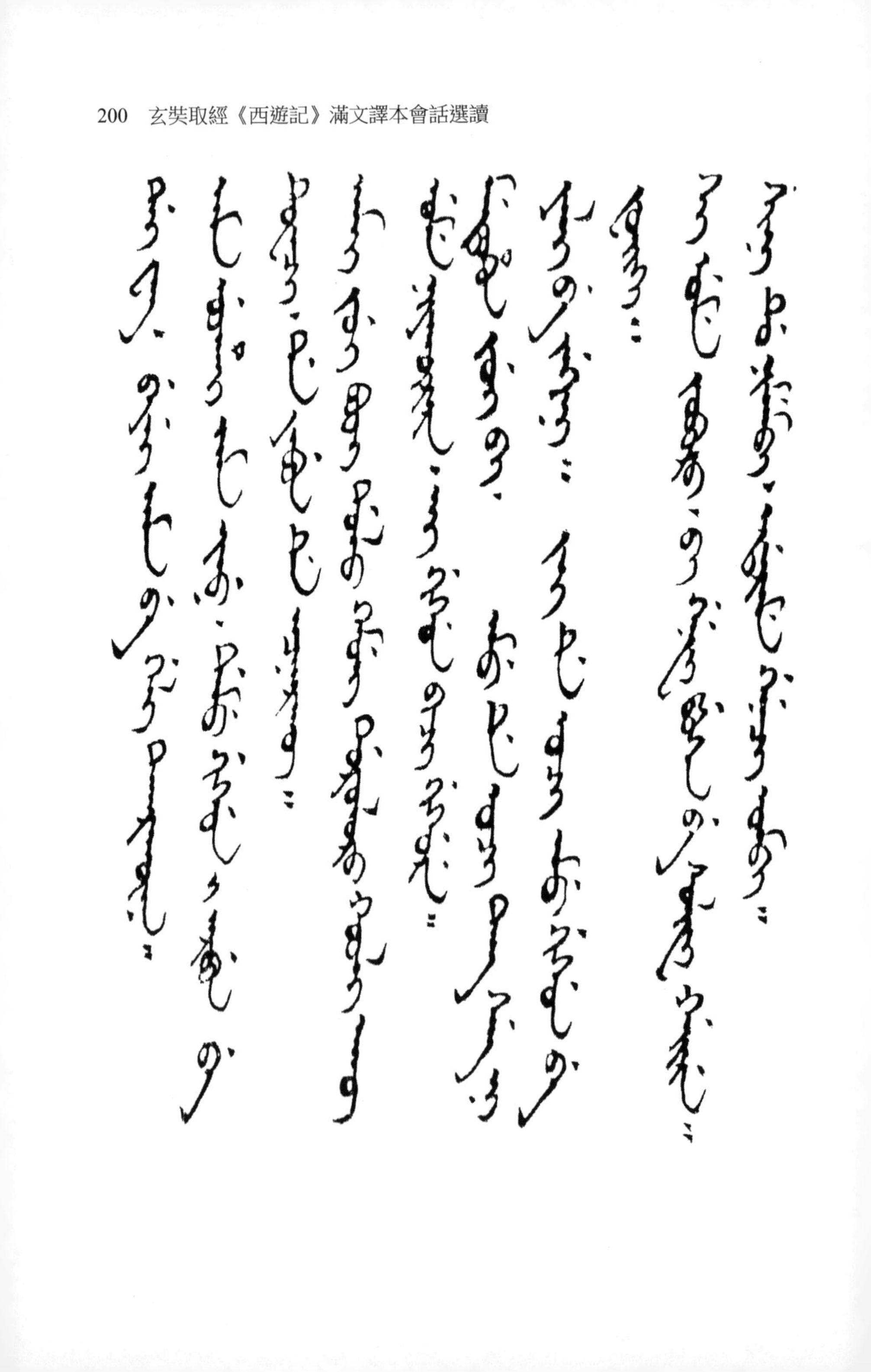

[illegible]

[illegible]

[illegible]

[illegible]

[illegible]

[illegible]

[illegible]

[illegible]

[illegible]

[illegible]

dai wang, beyei ama be geli takarakūna.

ama uthai ama inu, damu gisun i arbun be tuwaci, da yabun de acanarakū.

amai jui booi dolo kemuni doroloro kooli akū ume niyakūrara, ai gisun bici gisure.

mentuhun jui bi, emu de oci tang seng ni yali be jekini, jai de oci emu gisun be fonjiki.

si ume joboro, bi genefi pusa be solifi gajire.

sini du nimembi, adarame geneci ombi.

---

大王，自己父親也認不得嗎？

父親，像父親，只是觀其言語形容，與素行不像。

孩兒家無常禮，不須拜。但有甚話，只管說來。

愚男一則請來吃唐僧之肉，二來有句話想問。

你不須顧慮，等我去請菩薩來。

你腰疼，怎麼可去？

---

大王，自己父亲也认不得吗？

父亲，像父亲，只是观其言语形容，与素行不像。

孩儿家无常礼，不须拜。但有甚话，只管说来。

愚男一则请来吃唐僧之肉，二来有句话想问。

你不须顾虑，等我去请菩萨来。

你腰疼，怎么可去？

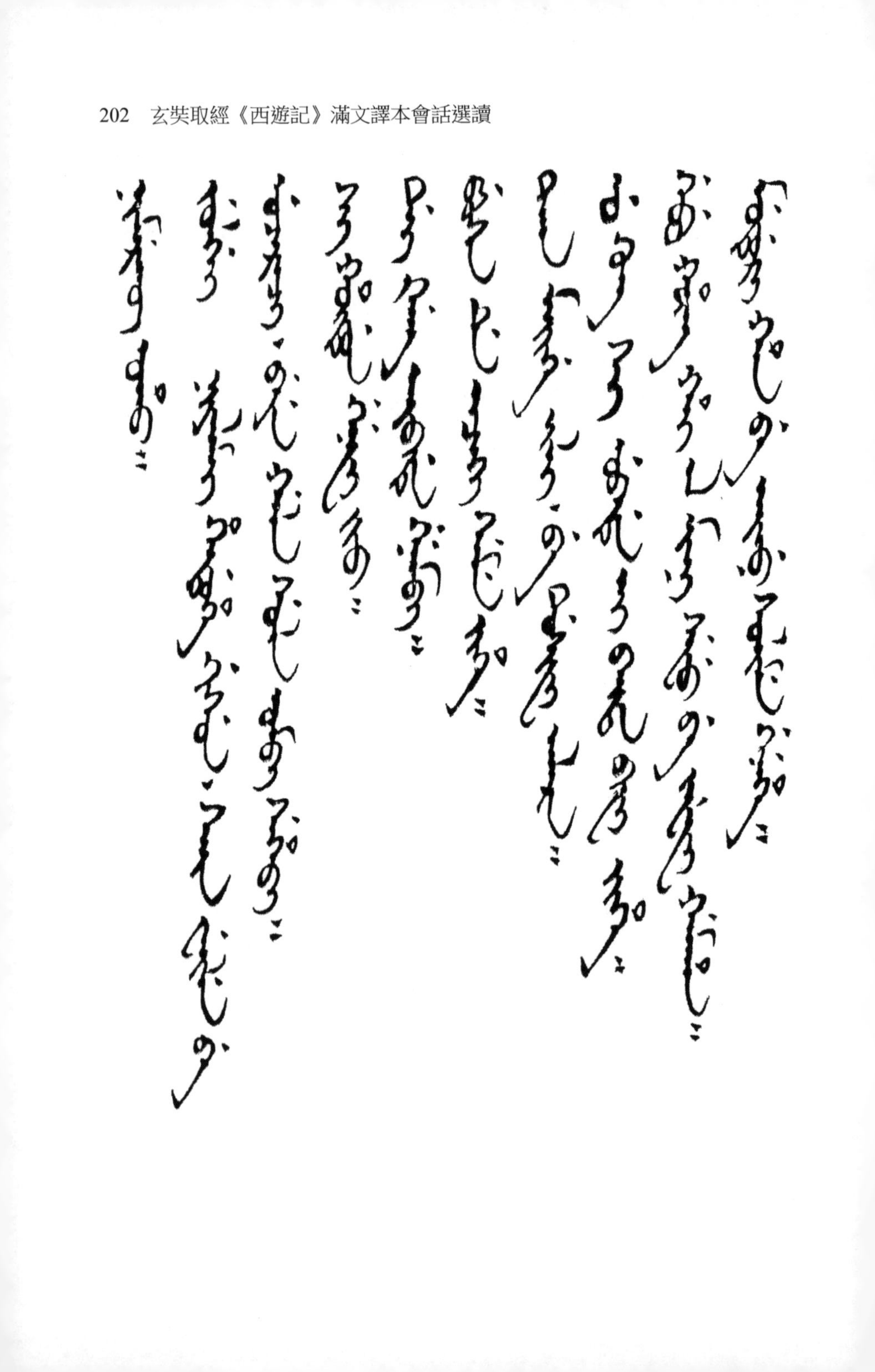

nimerakū oho.
julgei niyalmai henduhe gisun, sain weile be ucaraci, beye gala sula ombi sehebi.
si hūdun genefi jio.
dai šeng aibide genembi.
pusa de acaki seme jihe.
taka majige ili, be dosifi alara.
u kung si ubade ai baita bifi jihe.
gebu hūng hai el mini sefu be jafafi gamaha.
muduri han be ainu solime genehe.

---

不疼了。
古人云：「人逢喜事精神爽[2]。」
你快去快來。
大聖，哪裡去？
要來見菩薩。
且少停，我們進去通報。
悟空，你來此何幹？
有名紅孩兒把我師父攝去。
怎麼去請龍王？

---

不疼了。
古人云:「人逢喜事精神爽。」
你快去快来。
大圣，哪里去?
要来见菩萨。
且少停，我们进去通报。
悟空，你来此何干?
有名红孩儿把我师父摄去。
怎么去请龙王?

---

2　精神爽，滿文讀作“beye gala sula ombi”，意即「身逸手閑」。

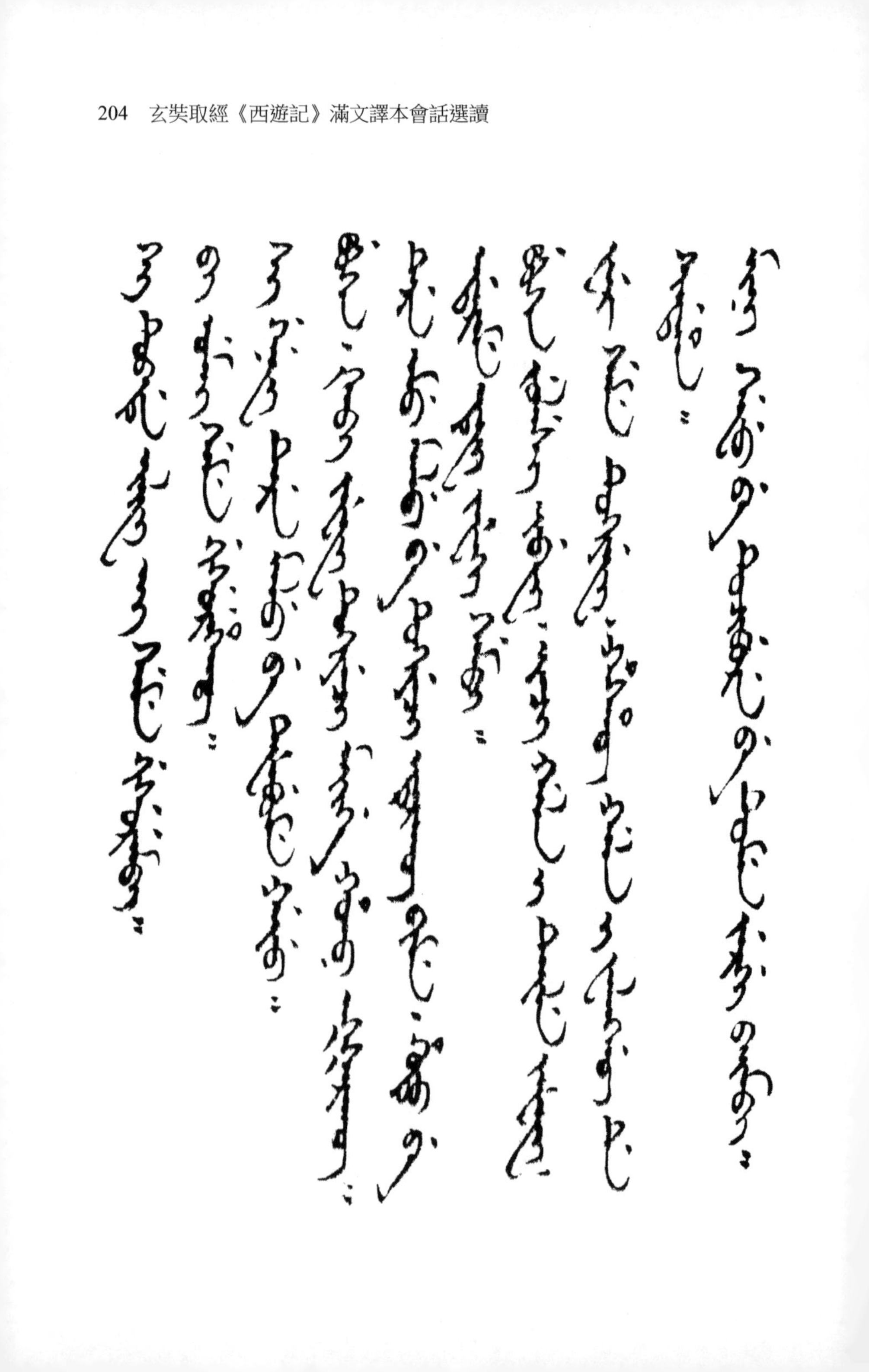

si tubade ilifi ai seme gisurembi.

bi umai seme gisurehekū.

si genefi tere malu be tafabume gaju.

pusa, šabi jafafi tukiyeci majige hono aššarakū. tere emu malu be tukiyeci eterakū bime, hutu be adarame etefi jafaki sembi.

pusa julesi ibefi, ici gala i teile jafafi, fer seme tukiyefi, hashū gala i falanggū de sindaha.

mini sefu be tucibure be tumen jergi baimbi.

---

你在那裡說什麼？

我沒說什麼。

你去拿上瓶來。

菩薩，弟子一點兒也拿不動。一個瓶兒也拿不動，怎麼去降妖縛怪？

菩薩走上前，只用右手輕輕的提起，托在左手掌上。

千萬救我師父。

---

你在那里说什么？

我没说什么。

你去拿上瓶来。

菩萨，弟子一点儿也拿不动。一个瓶儿也拿不动，怎么去降妖缚怪？

菩萨走上前，只用右手轻轻的提起，托在左手掌上。

千万救我师父。

# 二十四、坐上蓮花

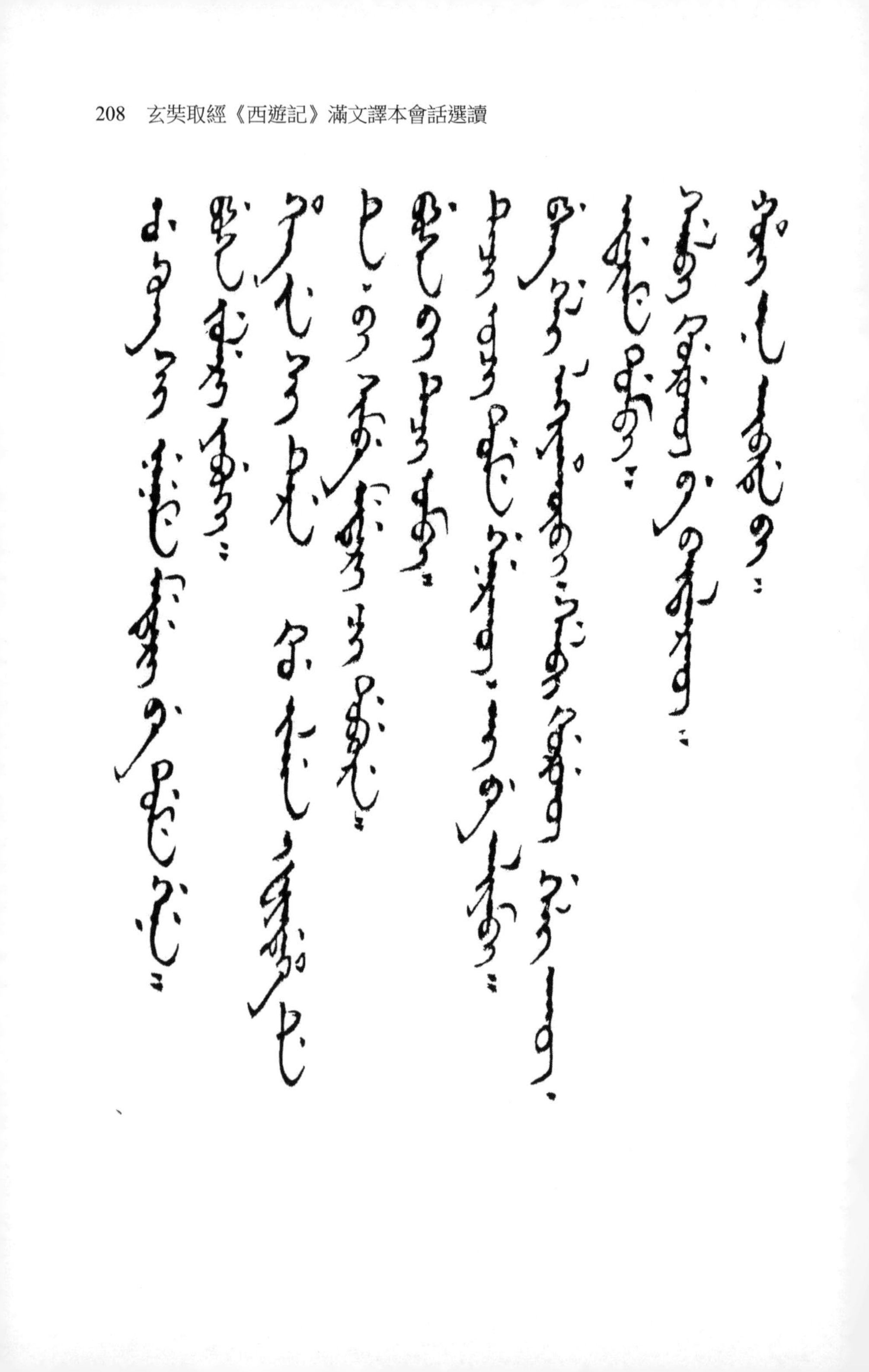

u kung si neneme mederi be dome gene.

pusa juleri yabuki.

hing je si tere šu ilga i fiyendehe de te, bi simbe mederi ci dobure.

pusa bi teci ombi.

teci oci dome generakū, ai be aliyambi.

peng geli lakiyahakūbi, selbi šurukū geli akū, adarame dombi.

selbi šurukū be baitalarakū.

hūi aṉ aibide bi.

---

悟空，你先過海去。
請菩薩先行。
行者，你坐上那蓮花瓣兒，我渡你過海。
菩薩，載得我了。
既載得，如何不過去？還等什麼？
又沒掛蓬，又沒槳、篙，怎生得過？
不用槳篙。
惠岸何在？

---

悟空，你先过海去。
请菩萨先行。
行者，你坐上那莲花瓣儿，我渡你过海。
菩萨，载得我了。
既载得，如何不过去？还等什么？
又没挂蓬，又没桨、篙，怎生得过？
不用桨篙。
惠岸何在？

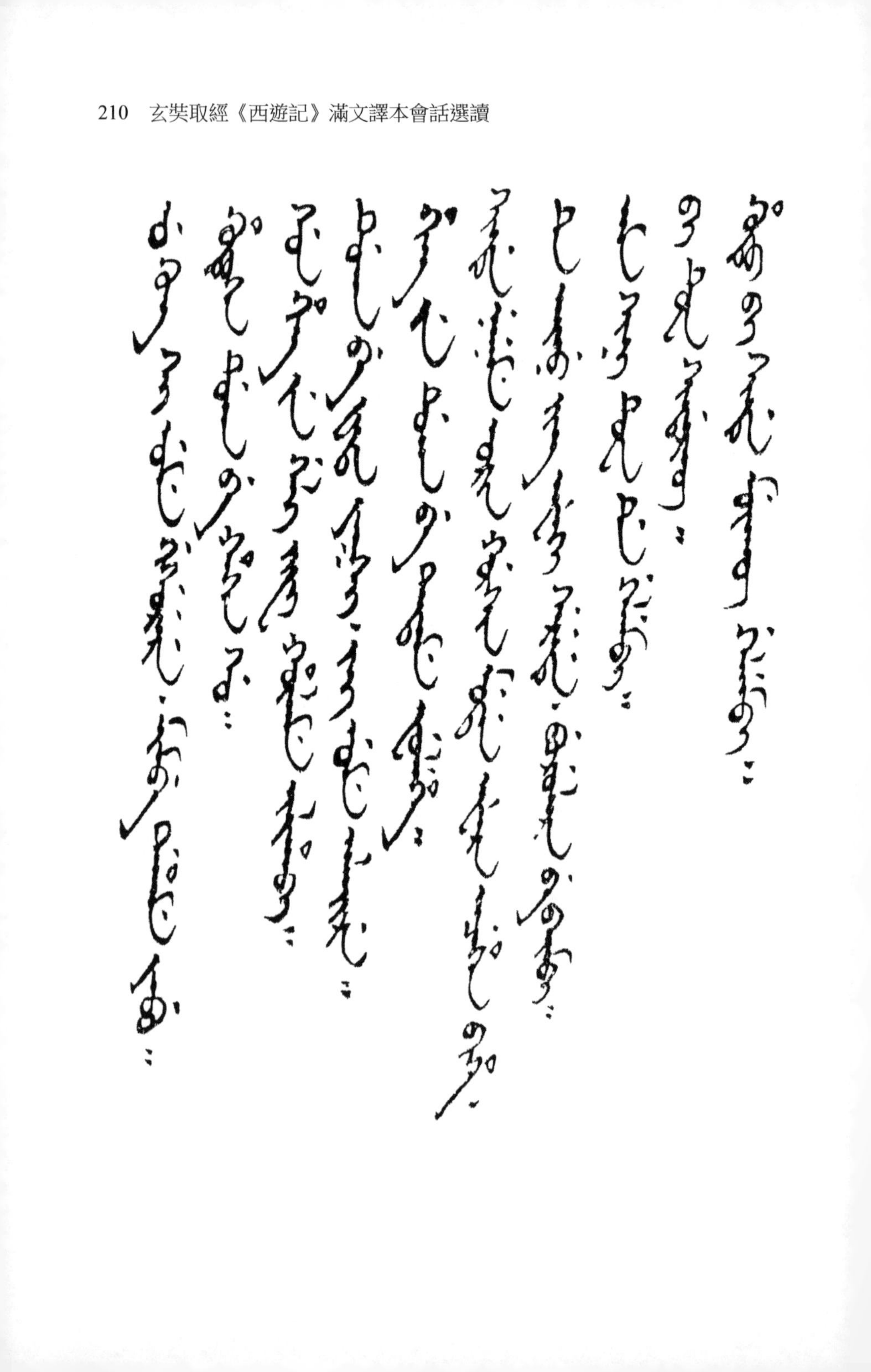

u kung si ume gisurere, mimbe dahame yabu.
hutusa duka be hasa su.
sun hing je geli jifi hūlame ilihabi.
duka be fita yaksi, jai ume alanjire.
hing je duka be tantame efulehe.
sinde neneme orin gūsin mudan afara encehen bihe, te ainu jing afaki serede, burulara be baimbi.
ama sini tuwa de gelembi.
bi tuwa sindarakū.
hutu bi sinde mujakū gelembi.

---

悟空，休言語，跟我來吧！
妖怪們快開門！
孫行者又來了！
緊關了門，莫再來通報。
行者打破門了。
你先前有二、三十回的本事，怎麼如今正鬥時就要逃走了。
老子怕你的火。
我不放火了。
妖精，我很怕你了。

---

悟空，休言语，跟我来吧！
妖怪们快开门！
孙行者又来了！
紧关了门，莫再来通报。
行者打破门了。
你先前有二、三十回的本事，怎么如今正斗时就要逃走了。
老子怕你的火。
我不放火了。
妖精，我很怕你了。

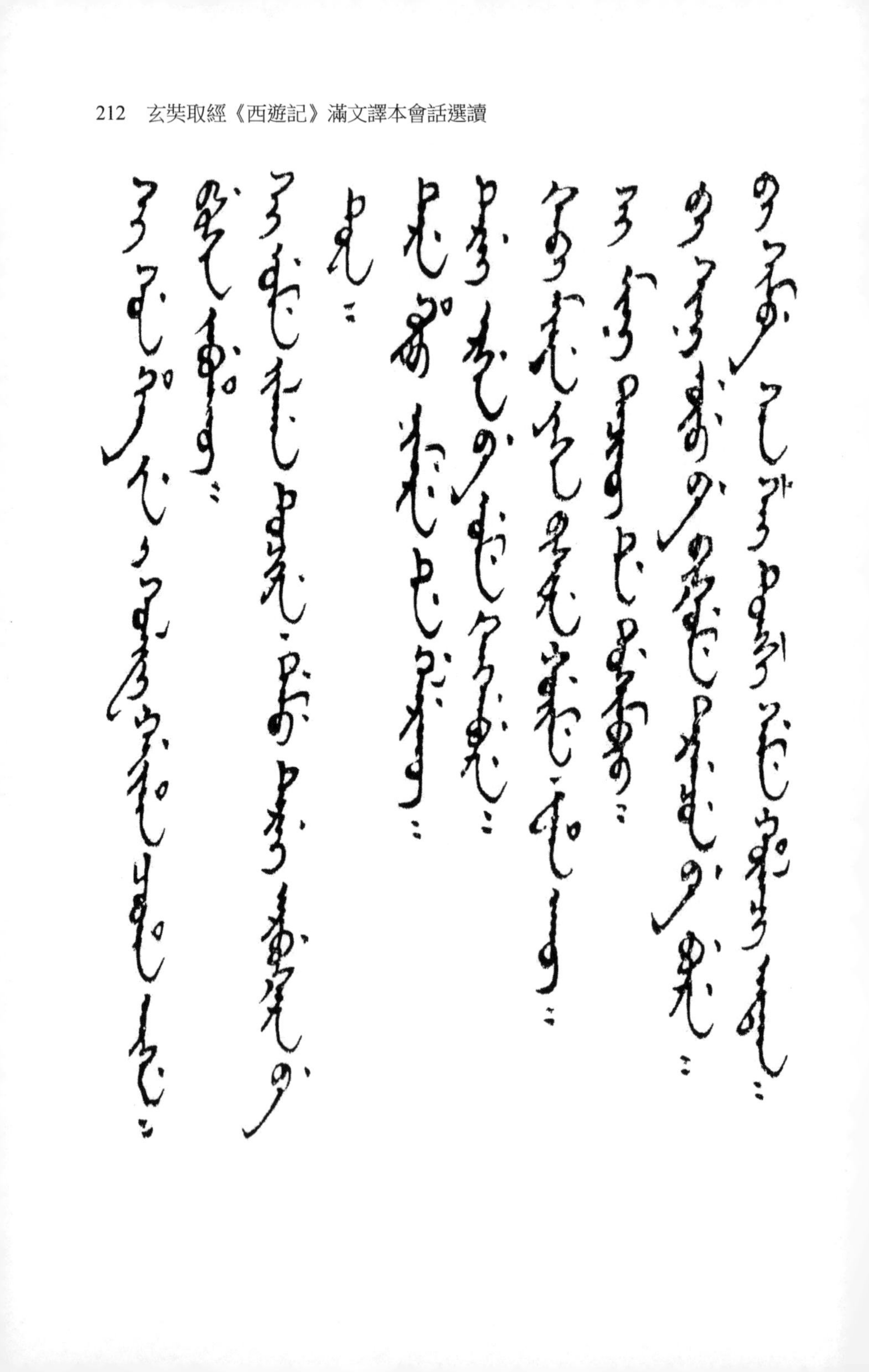

si sun hing je i solifi gajiha cooha aise.
pusa jabuhakū.
si ume jilgan tucire, damu terei arbušara be tuwa.
tere hutu nimere de gelerakū.
terei ergen be ume šanggabure.
šabi minde yasa bisire gojime, faha akū.
si mini tacikū de dosimbio.
bi sini uju be bišume targacun be bure.
bi simbe san ts'ai tungdz seme hūlaci antanka.

---

你是孫行者請來的救兵嗎？
菩薩不答應。
你莫言語，但看他再要怎的？
那怪物不怕痛。
莫傷他生命。
弟子有眼無珠。
你可入我門嗎？
我與你摩頂受戒。
我稱你做善財童子，如何？

---

你是孙行者请来的救兵吗？
菩萨不答应。
你莫言语，但看他再要怎的？
那怪物不怕痛。
莫伤他生命。
弟子有眼无珠。
你可入我门吗？
我与你摩顶受戒。
我称你做善财童子，如何？

# 二十五、眼耳鼻舌

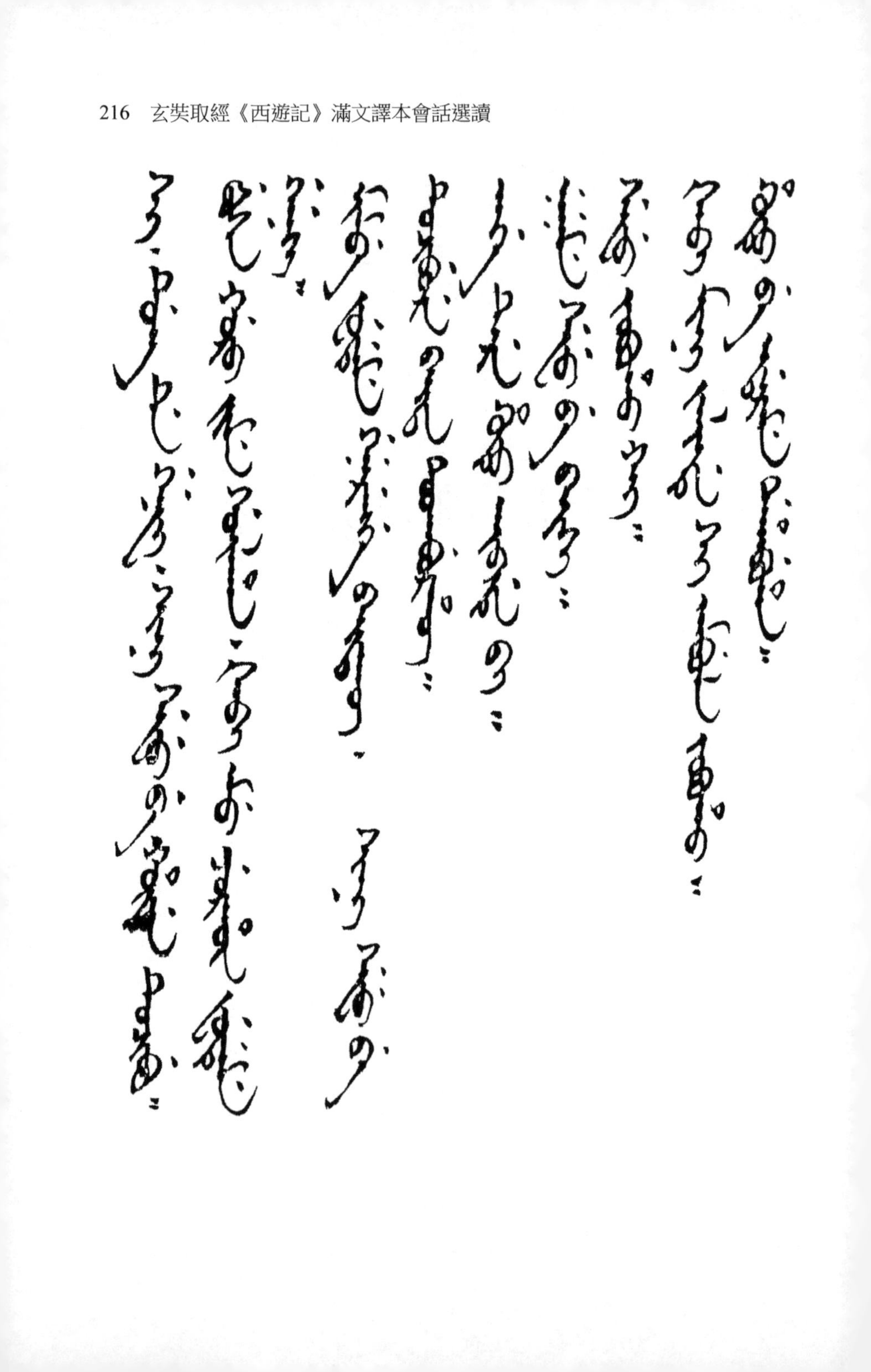

si, dung de genefi, sini sefu be hūdun tucibu.
pusa goro jime suilaha, šabi emu curhūn fudeme geneki.
mimbe fudeme generengge baitakū, sini sefu be tucibure baita tookaburahū.
age tere hutu aibide bi.
neneme sefu be baiki.
sefu joboho kai.
šabi mini jalinde si ambula joboho.
hutu be adarame dahabuha.

---

你去洞中，快救出你師父。
有勞菩薩遠涉，弟子當送一程。
不消送我，恐怕誤了救出你師父的事。
哥哥，那妖精在哪裡？
且先尋師父去。
師父吃苦了。
徒弟，為了我多累你了。
怎生降了妖魔？

---

你去洞中，快救出你师父。
有劳菩萨远涉，弟子当送一程。
不消送我，恐怕误了救出你师父的事。
哥哥，那妖精在哪里？
且先寻师父去。
师父吃苦了。
徒弟，为了我多累你了。
怎生降了妖魔？

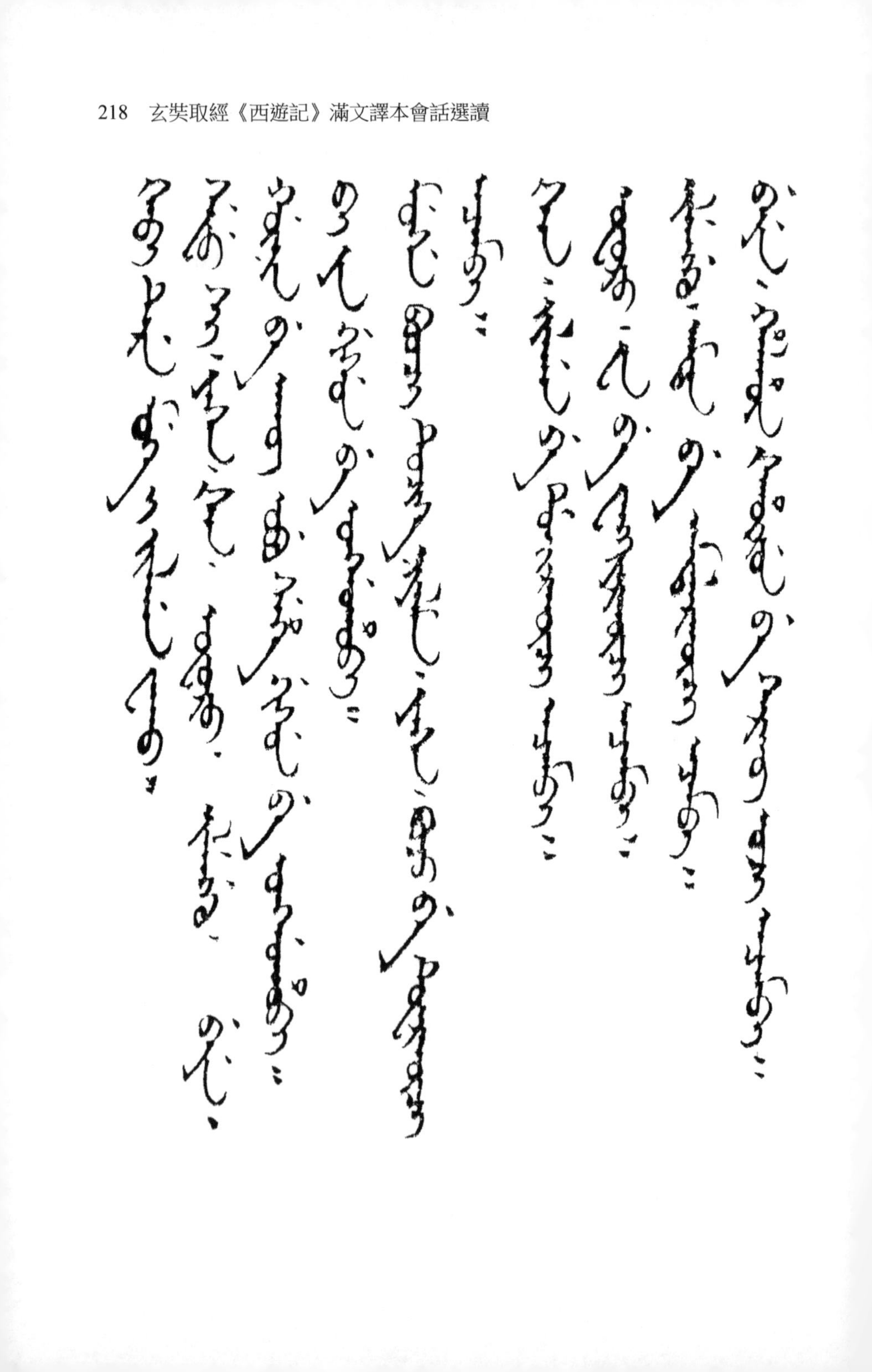

šabi tere muke i jilgan wakao.
sefu si, yasa, šan, oforo, ilenggu, beye, gūnin be akū obu sehe gisun be onggohobi.
bi ya gisun be onggohobi.
muse booci tucike niyalma, yasa, boco be tuwarakūci acambi.
šan, jilgan be donjirakūci acambi.
oforo, wa be wangkiyarakūci acambi.
ilenggu, amtan be amtalarakūci acambi.
beye, halhūn šahūrun be sarkū oci acambi.

---

徒弟，那不是水聲嗎？
師父，你忘了無眼、耳、鼻、舌、身、意。
我忘了哪句？
我等出家之人，眼不視色。
耳不聽聲。
鼻不嗅香。
舌不嘗味。
身不知寒暑。

---

徒弟，那不是水声吗？
师父，你忘了无眼、耳、鼻、舌、身、意。
我忘了哪句？
我等出家之人，眼不视色。
耳不听声。
鼻不嗅香。
舌不尝味。
身不知寒暑。

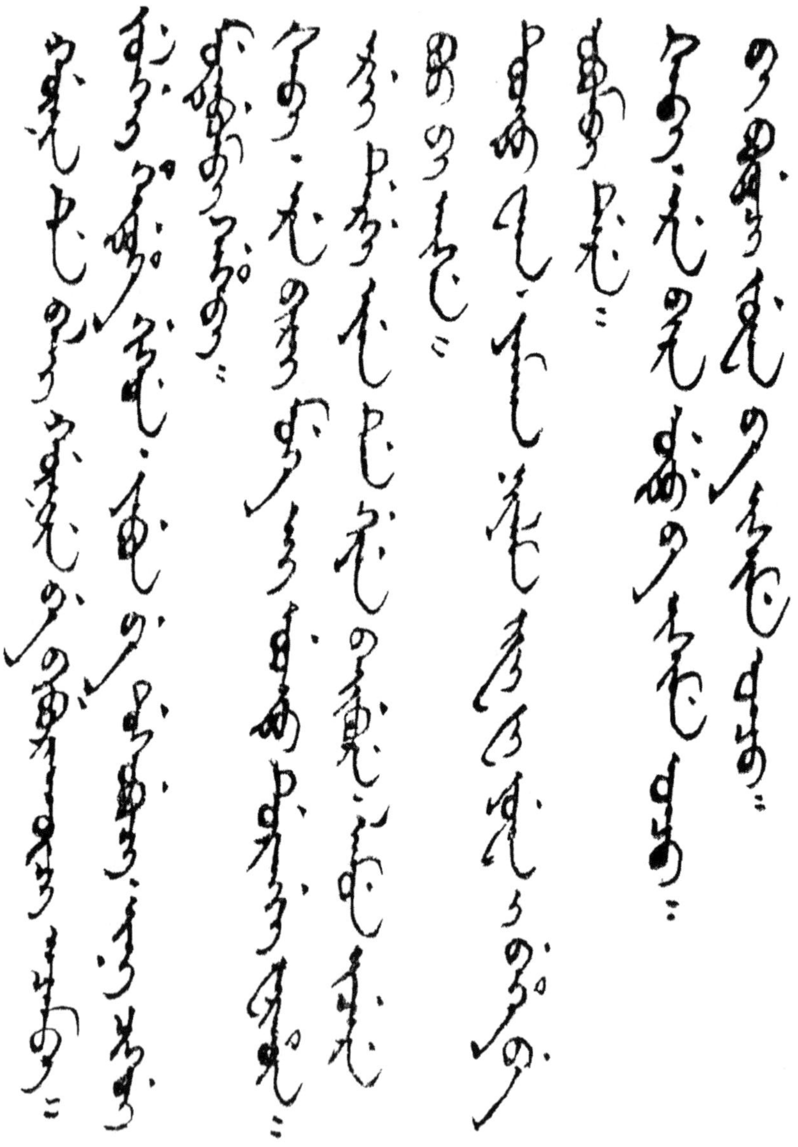

gūnin de balai gūnire be biburakūci acambi.

julgei（niyalmai）henduhe gisun, yabun be dosobuci, ini cisui mutebumbi sehebi.

šabi, ere birai muke ai uttu duranggi farhūn.

erei dergi eyen de giyen banjibure, lamun icere boo bi aise.

tuttu waka, yamaka niyalma jifi fi yuwan i behe be obombi dere.

šabi, ere bira udu ba isime onco.

bi bodoci juwan ba isime onco.

---

意不存妄想。

常言道：「功到自然成。」

徒弟，這河水怎麼如此渾黑？

想必其上游製作靛花青，有藍染坊吧！

不然，是誰家洗筆硯墨哩！

徒弟，這河有多少寬呢？

我算起來約有十里寬。

---

意不存妄想。

常言道：「功到自然成。」

徒弟，这河水怎么如此浑黑？

想必其上游制作靛花青，有蓝染坊吧！

不然，是谁家洗笔砚墨哩！

徒弟，这河有多少宽呢？

我算起来约有十里宽。

# 二十六、天上人間

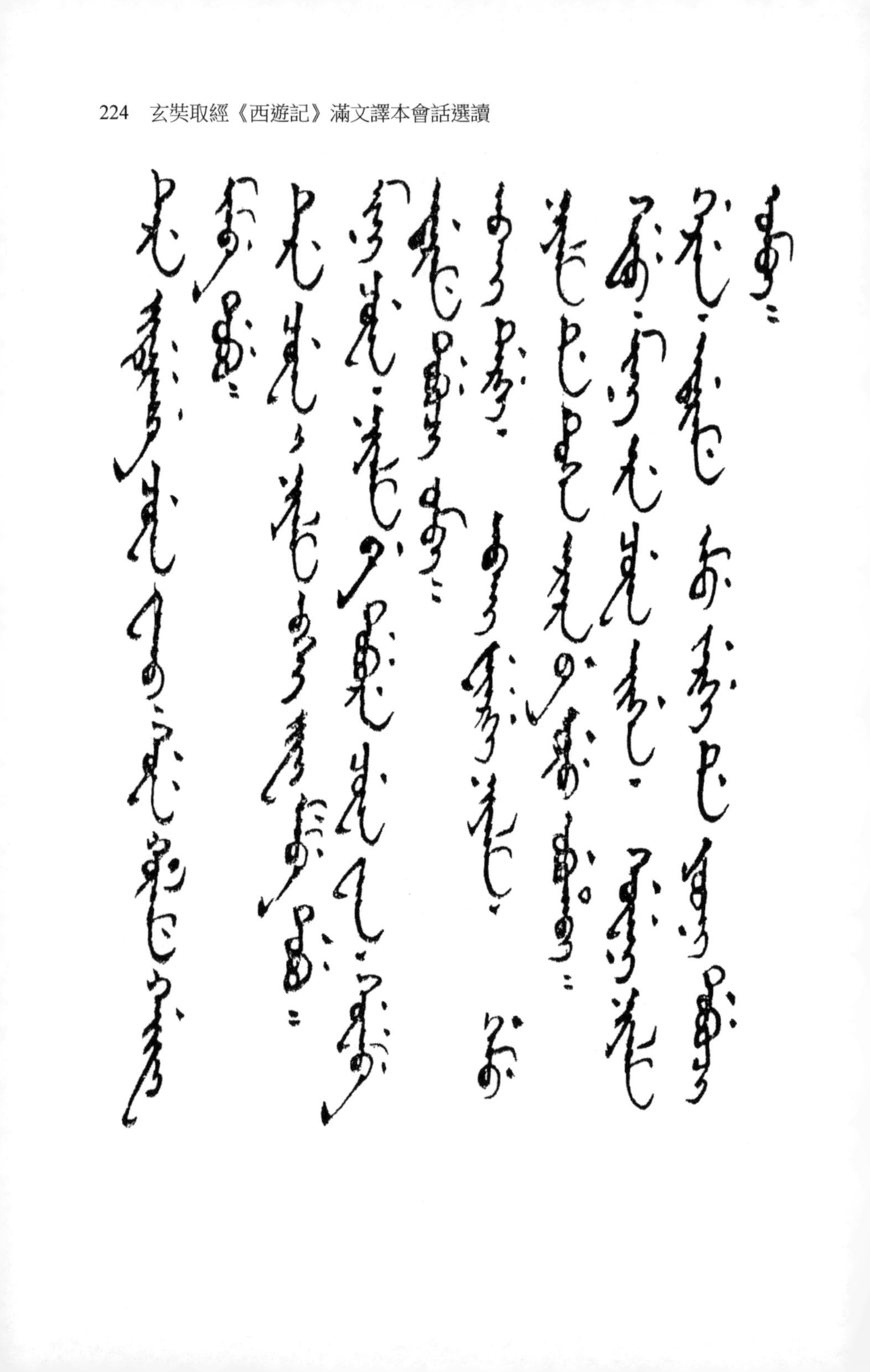

tere jiderengge cuwan wakao, suwe hūlame gajifi mimbe dobu.
tere cuwan i niyalma ebsi jifi membe dobu.
mini cuwan, niyalma be doubure cuwan waka, suwembe adarame dobuci ombi.
abkai dergi, abkai fejergi niyalma, gemu niyalma de tusa arara be uru obuhabi.
sefu, mini ere cuwan ajigen, suweni niyalma geren, adarame emu jergi de yooni dobuci ombi.

---

那來的不是船嗎？你們叫他渡我過去。
那掉船的人來渡我們吧！
我的船，不是渡人的船，如何渡你們？
天上人間，方便第一。
師父，我這船小，你們人多，怎能一遭全渡？

---

那来的不是船吗？你们叫他渡我过去。
那掉船的人来渡我们吧！
我的船，不是渡人的船，如何渡你们？
天上人间，方便第一。
师父，我这船小，你们人多，怎能一遭全渡？

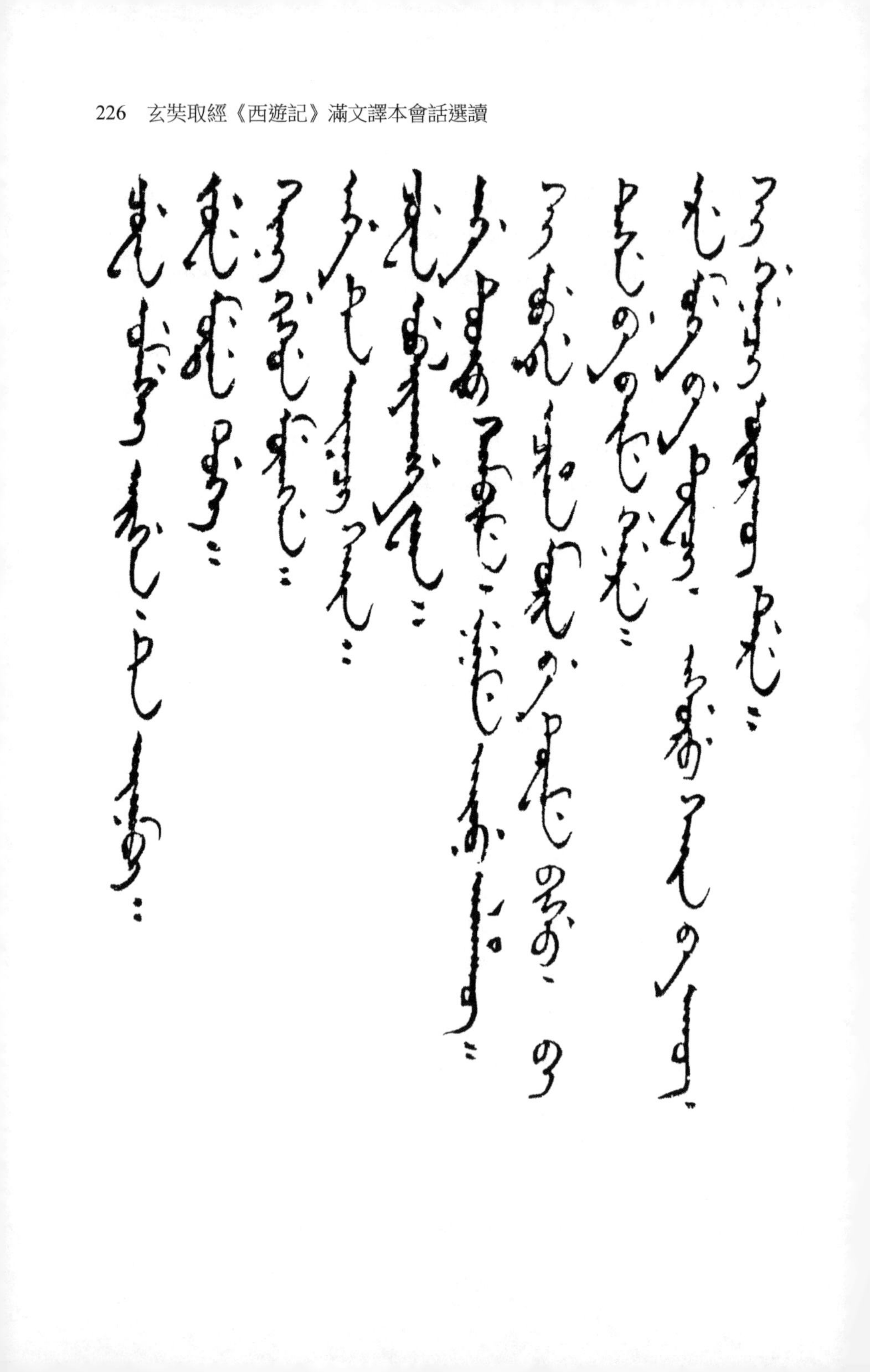

[illegible]

[illegible]

[illegible]

[illegible]

[illegible]

[illegible]

[illegible]

[illegible]

[illegible]

[illegible]

cuwan umesi ajigen, te ainambi.
juwe mudan doki.
sini gisun mujangga.
age te ainaci sain.
cuwan ubaliyakangge waka.
age tuttu sambime, neneme ainu alahakū.
si ubade aciha morin be tuwame bisu, bi tese be baime genere.
ere muke be tuwaci, asuru sain ba akū, si geneci ojorakū dere.

---

船很小，如今怎生是好？
兩遭兒渡吧！
你說得是。
哥哥，如今如何是好？
不是翻船。
哥哥，為何知而不早說？
你在這裡看着馬與行李，我下去找尋他們。
這水看來不甚好，你不可去吧！

---

船很小，如今怎生是好？
两遭儿渡吧！
你说得是。
哥哥，如今如何是好？
不是翻船。
哥哥，为何知而不早说？
你在这里看着马与行李，我下去找寻他们。
这水看来不甚好，你不可去吧！

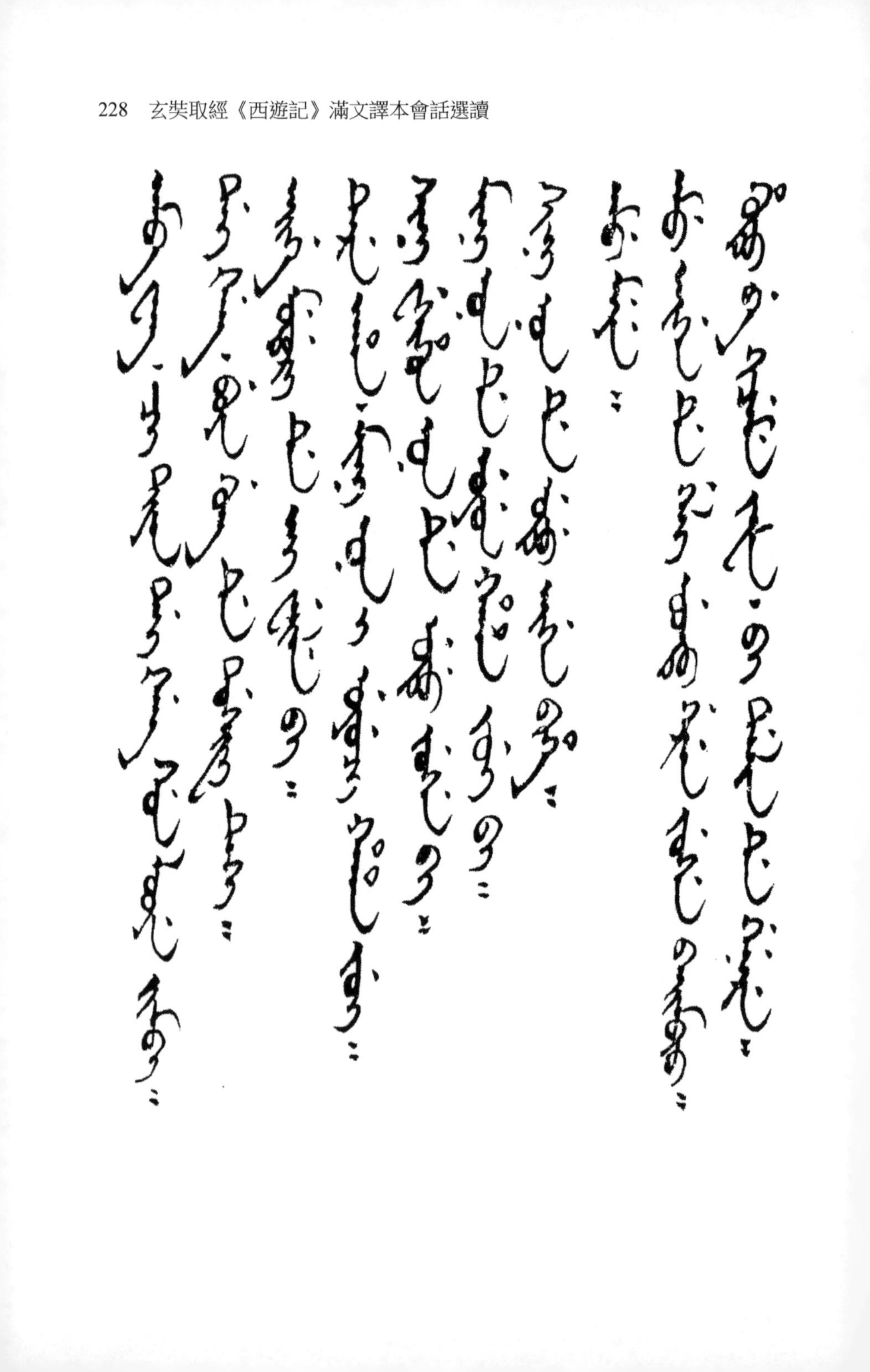

amba wang, ci tiyan dai šeng sun looye jimbi.
dai šeng, buya gung de dosifi teki.
ajige muduri de ai weile bi.
tere aha, mini non i uyuci haha jui.
sini wesihun non de udu juse bi.
mini non de uyun haha jui bi.
sini non de udu eigen bihe.
emu meye.
emu eigen de geli uttu geren juse banjimbio.
hutu be kiceme jafa, bi dalin de genere.

---

大王，齊天大聖孫老爺來了。
大聖，請入小宮少坐。
小龍有何罪？
那廝是舍妹第九個兒子。
你令妹共有幾個兒子？
令妹有九個兒子
你妹妹有幾個妹丈？
一個妹丈。
一夫又如何生出這麼多的兒子？
好生捉怪，我上岸去。

---

大王，齐天大圣孙老爷来了。
大圣，请入小宫少坐。
小龙有何罪？
那厮是舍妹第九个儿子。
你令妹共有几个儿子？
令妹有九个儿子
你妹妹有几个妹丈？
一个妹丈。
一夫又如何生出这么多的儿子？
好生捉怪，我上岸去。

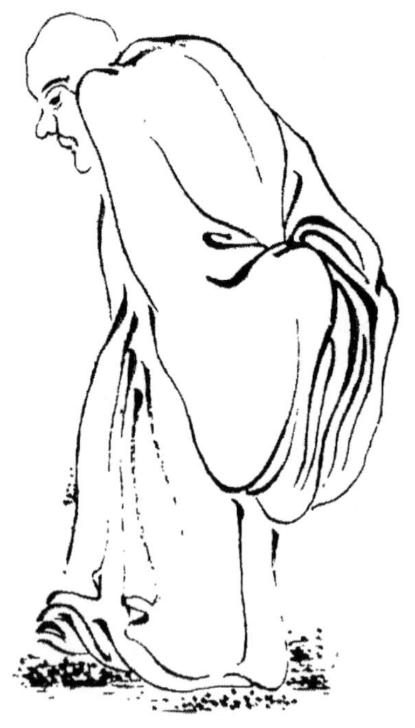

# 二十七、車遲國王

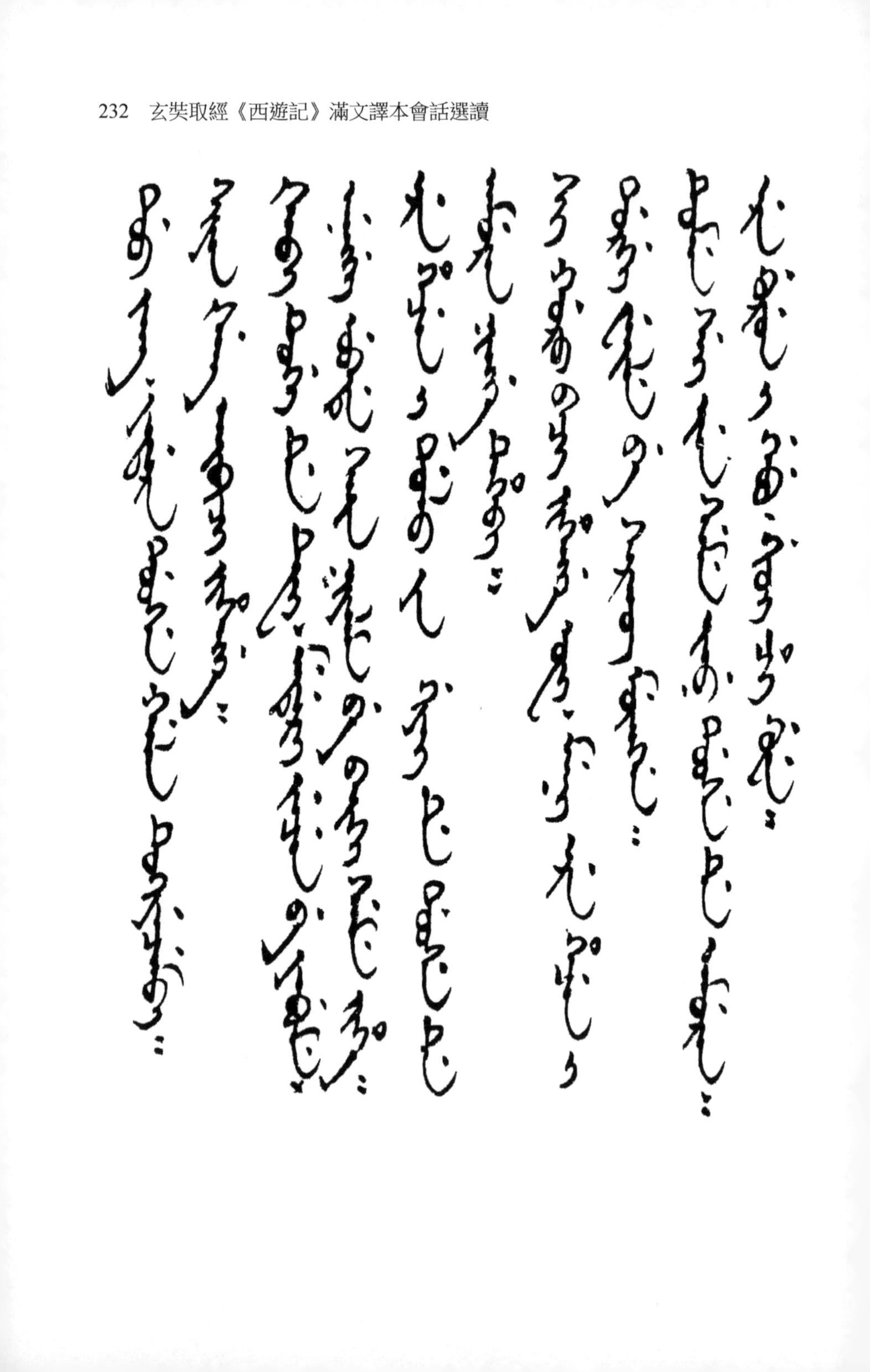

doo jang, yadara doose gala tukiyecembi.
siyan šeng aibici jihengge.
šabi tugi de tefi, mederi jecen be yabume, enenggi ubade sain niyalma be baiki seme jihe.
ere hecen i dolo ya giyai de doose de amuran ningge tehebi.
si goro baci jihengge ofi, meni ere hecen i dorgi weile be sarkū mujangga.
tumen sei ejen seme inu doose de amuran.
ere gurun i gebu, gioi c'y guwe.

---

道長，貧道起手。
先生哪裡來的？
弟子雲遊於海角，今朝來此處，欲尋善人家。
這城中哪條街上住了好道者？
因你是遠方來的，所以不知我們這城中之事。
就是萬歲君王也好道。
此國名喚車遲國。

---

道长，贫道起手。
先生哪里来的？
弟子云游于海角，今朝来此处，欲寻善人家。
这城中哪条街上住了好道者？
因你是远方来的，所以不知我们这城中之事。
就是万岁君王也好道。
此国名唤车迟国。

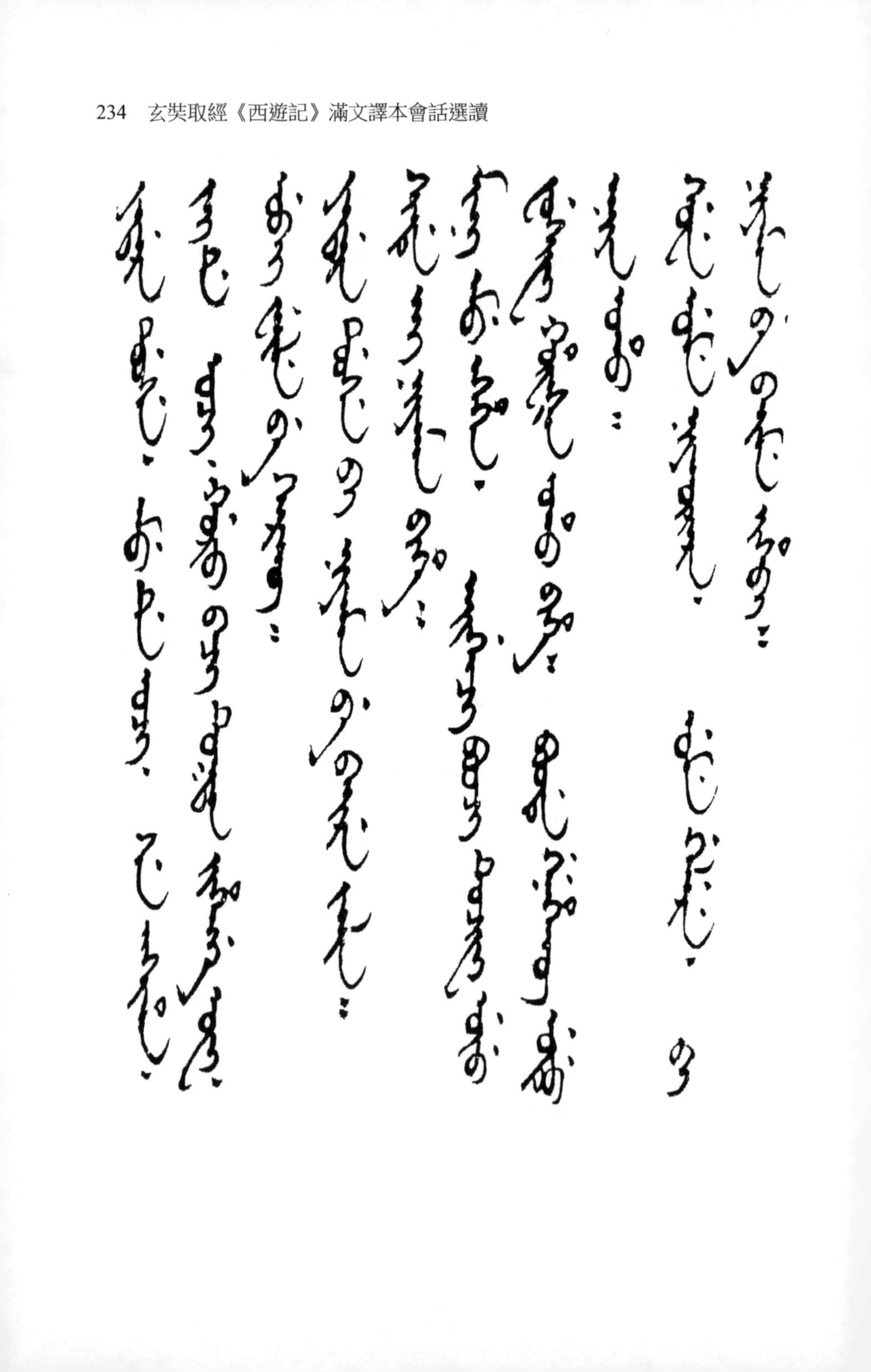

yadara doose, emu de oci, se asihan, jai de oci, goro baci tuktan jihengge ofi, ubai weile be sarkū.
yadara doose bi niyaman be baire jalin.
sinde ai niyaman bihe.
mini emu eshen, ajigenci booci tucifi uju fusifi hūwašan oho bihe. boode genehekū udu aniya oho.
suwe ume niyakūrara, ume gelere, bi niyaman be baime jihebi.

---

我貧道一則年幼，二則是遠方初來，不知這裡之事。
我貧道也為尋親。
你有什麼親？
我有一個叔父，自幼出家，削髮為僧，幾年不見回家。
你們不要跪，休怕。我是來尋親的。

---

我贫道一则年幼，二则是远方初来，不知这里之事。
我贫道也为寻亲。
你有什么亲？
我有一个叔父，自幼出家，削发为僧，几年不见回家。
你们不要跪，休怕。我是来寻亲的。

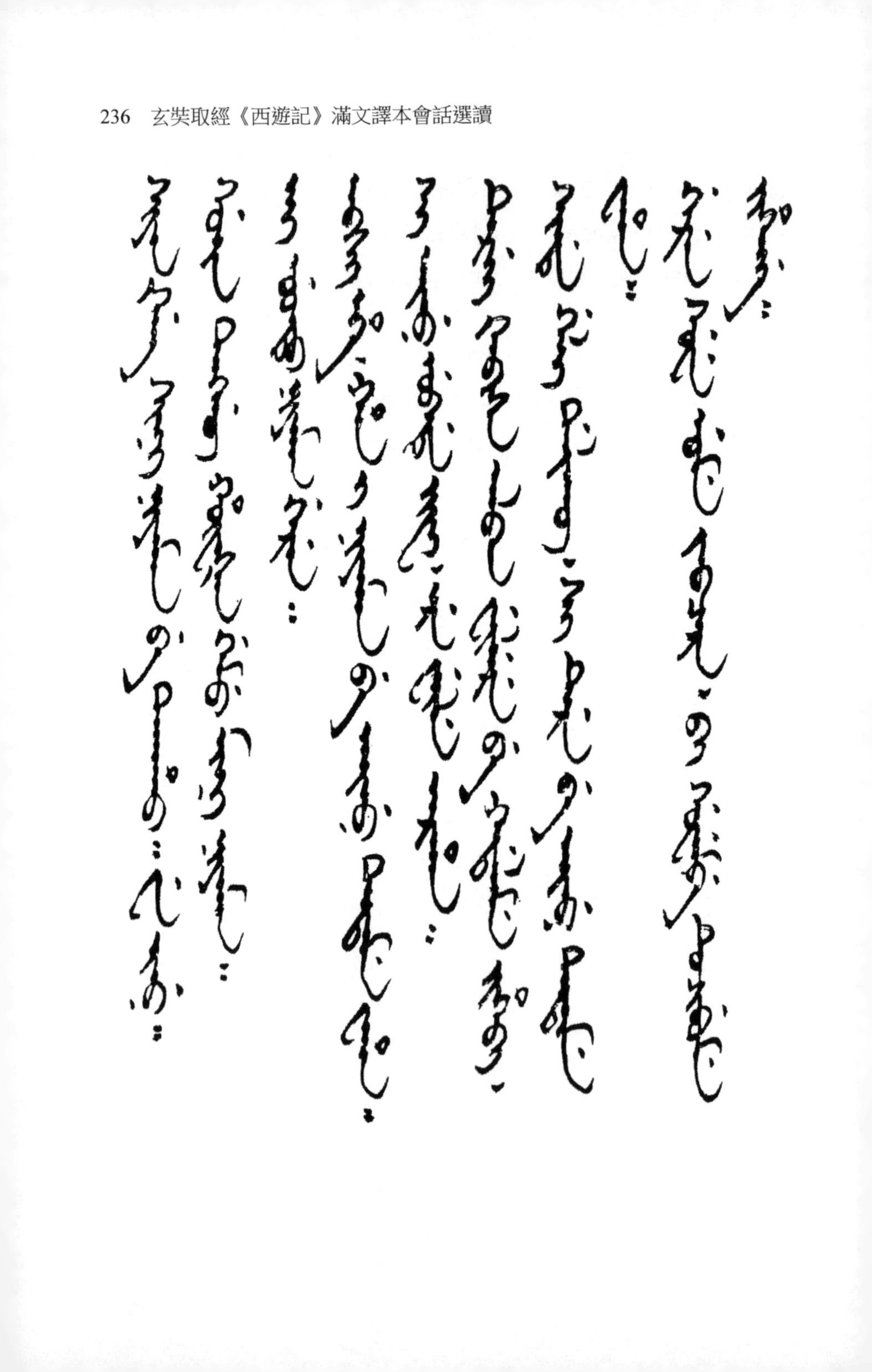

siyan šeng sini niyaman be takahao. we inu.
sunja tanggū hūwašan gemu mini niyaman.
ai uttu niyaman geren.
absi ehe. han i niyaman be ainu tantame waha.
si ainu ubade jifi, ere weile araha.
terei šabisa alban weilere be kadalame jihebi, sinde geli dalikū, si tere be ainu tantame waha.
geren suwe ume jabcara, bi suwembe tucibume jihengge.

---

先生，認得你的親嗎？是哪一位？
五百個和尚都與我有親。
怎麼有許多親？
不好了，打殺皇親了。
你怎麼到這裡來犯此罪。
他徒弟出來監工，與你無干，你怎麼把他來打死？
列位休責怪，我是來救你們的。

---

先生，认得你的亲吗？是哪一位？
五百个和尚都与我有亲。
怎么有许多亲？
不好了，打杀皇亲了。
你怎么到这里来犯此罪。
他徒弟出来监工，与你无干，你怎么把他来打死？
列位休责怪，我是来救你们的。

# 二十八、孤掌難鳴

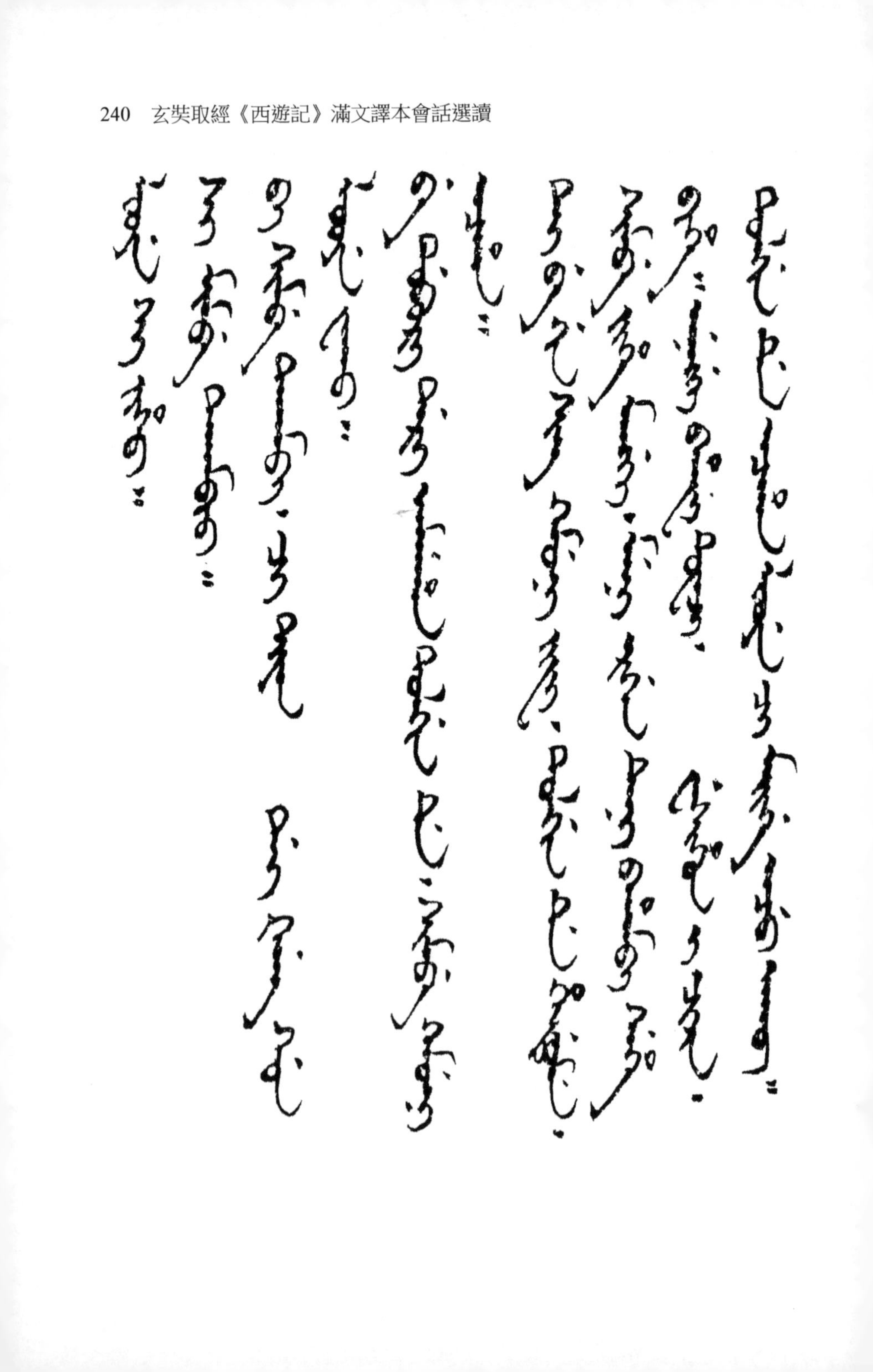

looye si jiheo.
si mimbe takambio.
bi simbe takambi, ci tiyan dai šeng sun looye wakao.
be dobori dari amgaha tolgin de, simbe kemuni acaha.
tai be ging sing kemuni jifi, tolgin de hendume, simbe jihe manggi, meni ergen teni bahambi sehe bihe. enenggi bahafi tuwaci, wesihun i cira, tolgin de acaha looye ci majige encu akū.

---

老爺你來了？
你認得我嗎？
我認得你，不是齊天大聖孫老爺嗎？
我們夜夜睡夢中常見你。
太白金星常常來託夢說道：「等你來後，我們纏得性命。」今日果見尊嚴與夢中所見老爺毫無不同。

---

老爷你来了？
你认得我吗？
我认得你，不是齐天大圣孙老爷吗？
我们夜夜睡梦中常见你。
太白金星常常来托梦说道：「等你来后，我们缠得性命。」今日果见尊严与梦中所见老爷毫无不同。

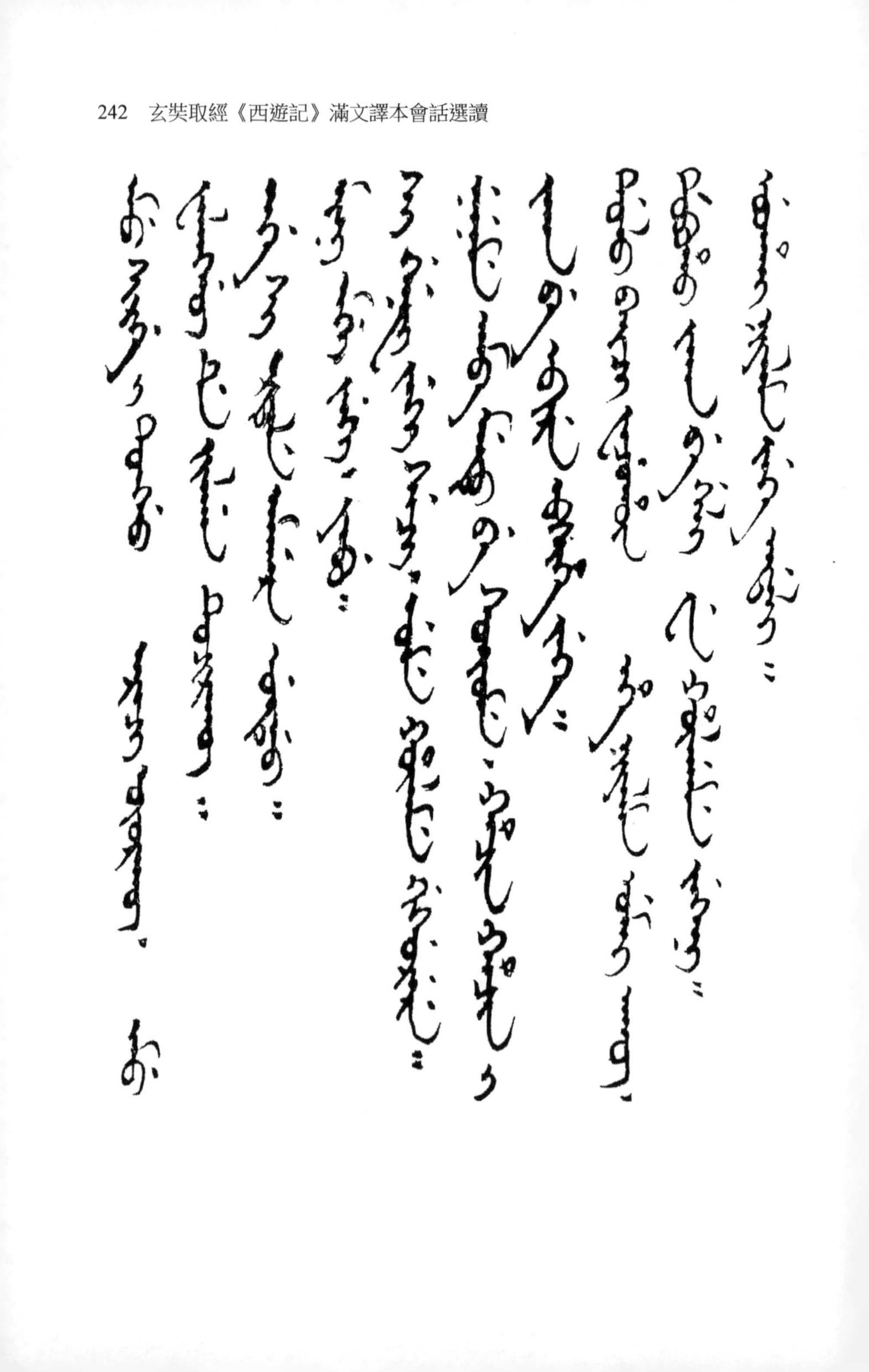

emu sirge i tonggo araci ojorakū, emu falanggū de jilgan tucirakū.

age si ertele amgara undeo.

mini emgi jeki, yabu.

si genenfi jeki seci, ume hūlame gisurere.

neneme amba mentu be sonjome, hacin hacin i jaka be ebire ebsihe jeke.

dolo baici facuhūn ehe niyalma umai akū, doboho jaka be geli we hūlgame jekeni.

uthai（booi）niyalma jeke adali.

---

單絲不線，孤掌難鳴。

哥哥，你還不曾睡嗎？

和我吃些，走吧！

你要去吃東西，不要大呼小叫。

先挑大饅頭吃，各樣東西任情吃飽。

去裡面尋找並無歹人，又是誰把供獻都吃了呢？

就像家人吃的一樣。

---

单丝不线，孤掌难鸣。

哥哥，你还不曾睡吗？

和我吃些，走吧！

你要去吃东西，不要大呼小叫。

先挑大馒头吃，各样东西任情吃饱。

去里面寻找并无歹人，又是谁把供献都吃了呢？

就像家人吃的一样。

# 二十九、濟度萬民

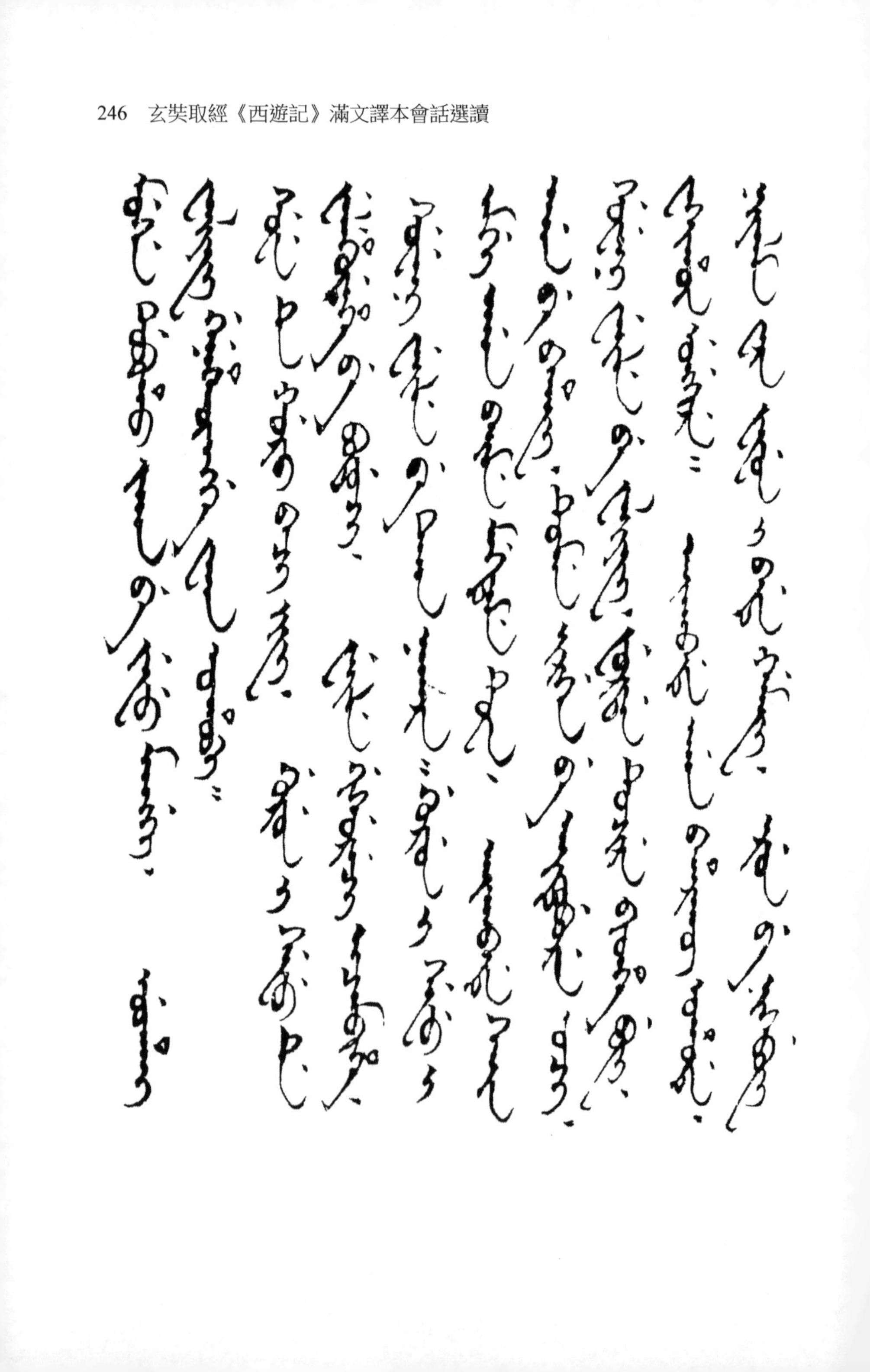

muse doboho jaka be jefu manggi, uthai waliyafi genehekūngge waka ohobi.

suwe te goro baci jifi, gurun i sefu de felehudehe be bodoci, weile gisureci acambihe, suweni weile be taka nakara. gurun i sefu i emgi aga baime mekteme tuwa, aikabade sain aga be bahafi, tumen irgen be aitubure oci, suweni weile be waliyafi, furdan tucire bithe bufi, wasihūn unggire. aikabade aga baharakū ohode, niyalma wara fafun i bade gamafi, erun be nikebufi

---

我們吃供物後，且不走路，是我們的不是。

你們如今遠來，冒犯國師，本當問罪，姑且饒恕你們的罪，敢與國師賭一賭看求雨，倘若祈得甘霖，濟度萬民，即饒你們罪名，給你們出關文書，放你西去。倘若無雨時，就將你們推赴刑場，典刑

---

我们吃供物后，且不走路，是我们的不是。

你们如今远来，冒犯国师，本当问罪，姑且饶恕你们的罪，敢与国师赌一赌看求雨，倘若祈得甘霖，济度万民，即饶你们罪名，给你们出关文书，放你西去。倘若无雨时，就将你们推赴刑场，典刑

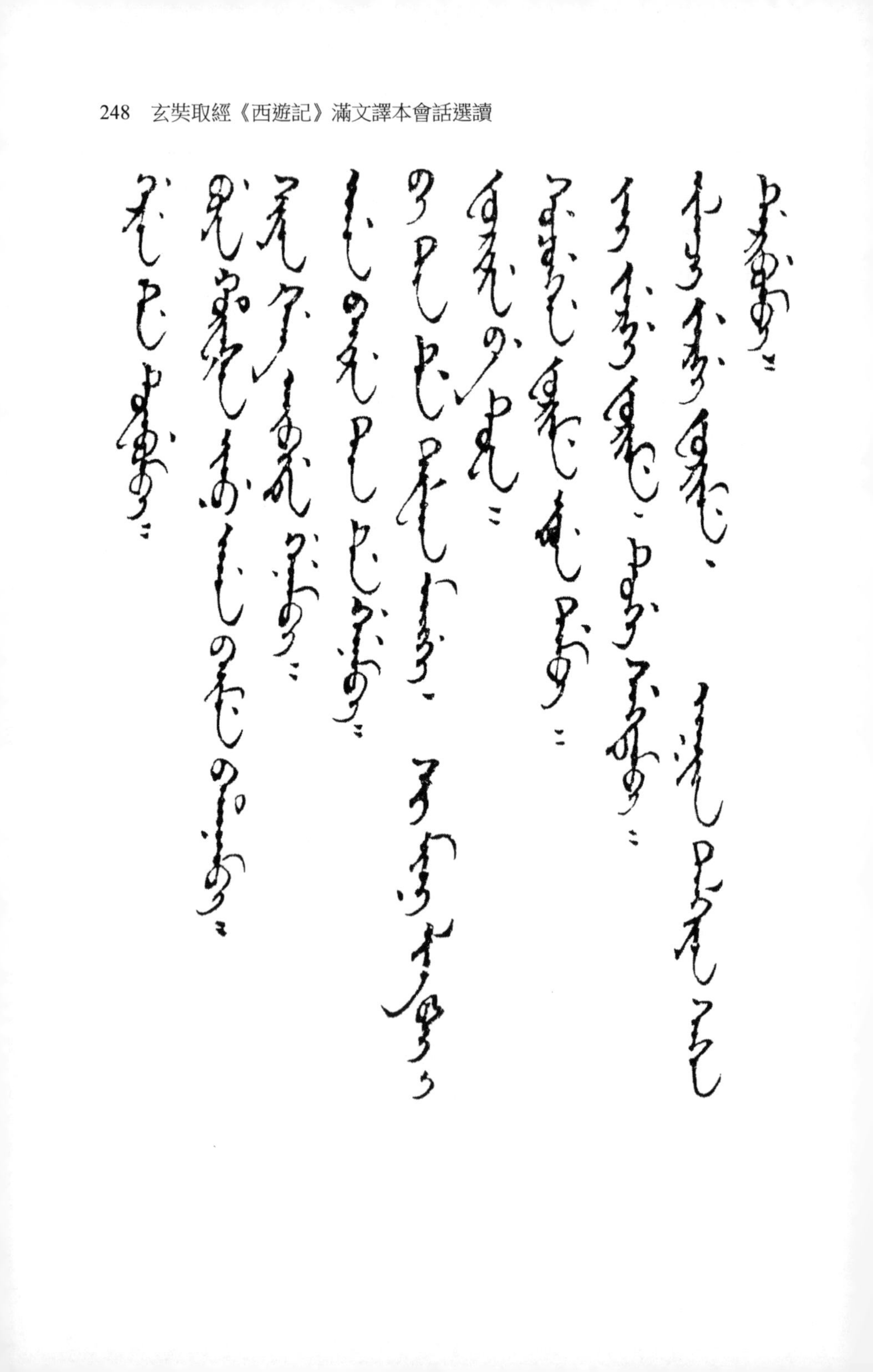

geren de tuwabumbi.
buya hūwašan inu aga baime bahanambi.
siyan šeng aibide genembi.
aga baire tan de genembi.
bi tan de tafaka manggi, si mini ling pai i forire be tuwa.
sucungga forime edun dambi.
jai jergi forime, tugi sektembi.
ilaci jergi forime, akjan talkiyan sasa deribumbi.

---

示眾。
小和尚也會求雨。
先生哪裡去？
登壇祈雨。
我上壇後，你只看我的令牌為號。
一聲響，刮風。
二聲響，雲起。
三聲響，雷電齊鳴。

---

示众。
小和尚也会求雨。
先生哪里去？
登坛祈雨。
我上坛后，你只看我的令牌为号。
一声响，刮风。
二声响，云起。
三声响，雷电齐鸣。

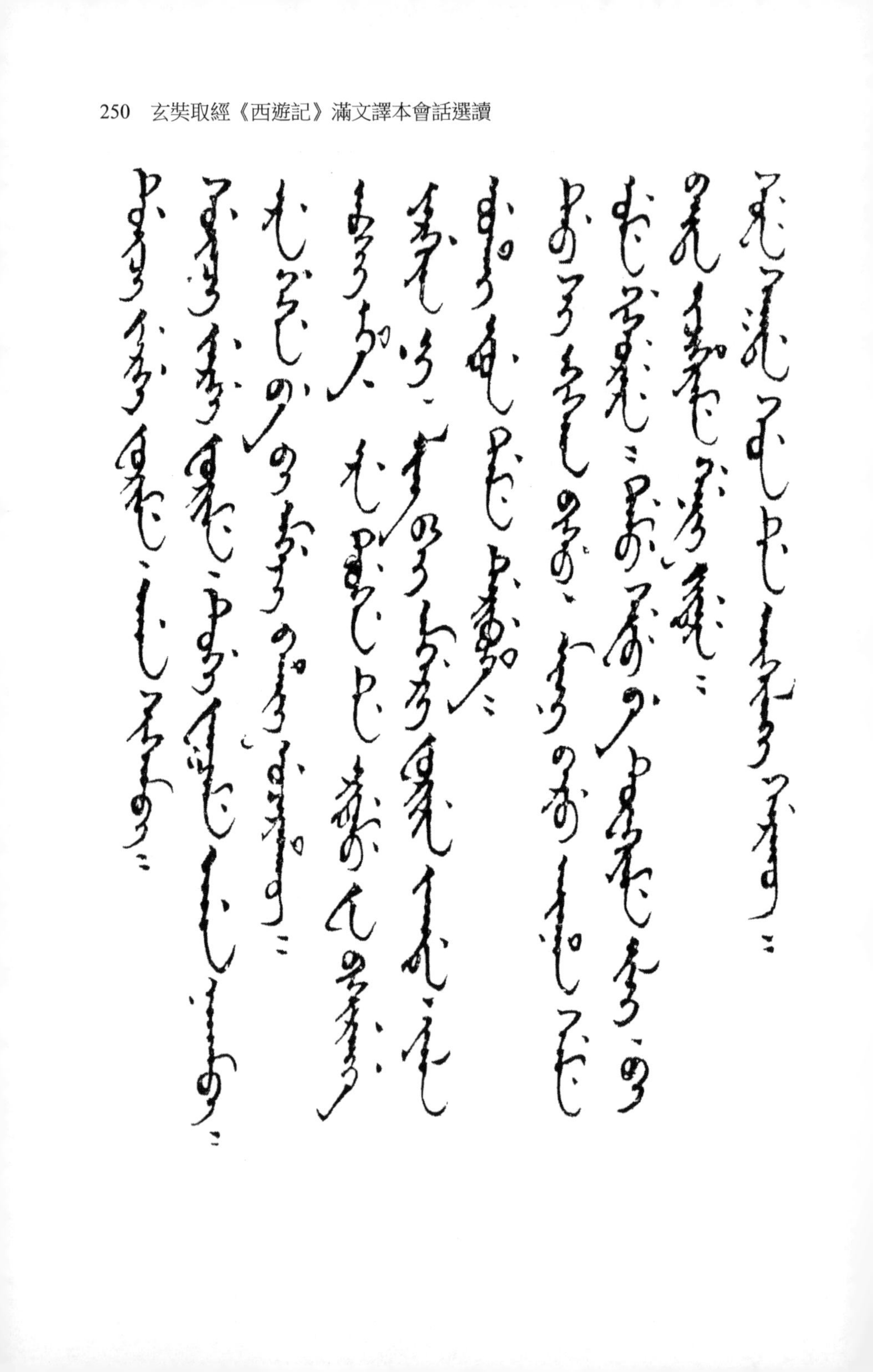

duici jergi forime, aga sisambi.
sunjaci jergi forime, tugi fakcame aga nakambi.
ere gese be bi emgeri bahafi ucarahakū.
absi ehe, ere doose de erdemu fa bisirengge yargiyan ni, ling pai emgeri forire jakade, yala uthai edun dame deribuhe.
deo si ekisaka bisu, mini baru ainaha seme ume gisurere. damu sefu be tuwakiyame ili, bi baita icihiyame genefi jidere.
suwe sakda sun de aisilaki serakū.

---

四聲響，雨至。
五聲響，雲散雨收。
似此我是不曾見。
不好了，這道士果然有本事，令牌響了一下，果然就開始刮風。
兄弟，你悄悄的，再莫與我說話，只管護持師父，等我幹事去來。
你們怎麼不想助老孫？

---

四声响，雨至。
五声响，云散雨收。
似此我是不曾见。
不好了，这道士果然有本事，令牌响了一下，果然就开始刮风。
兄弟，你悄悄的，再莫与我说话，只管护持师父，等我干事去来。
你们怎么不想助老孙？

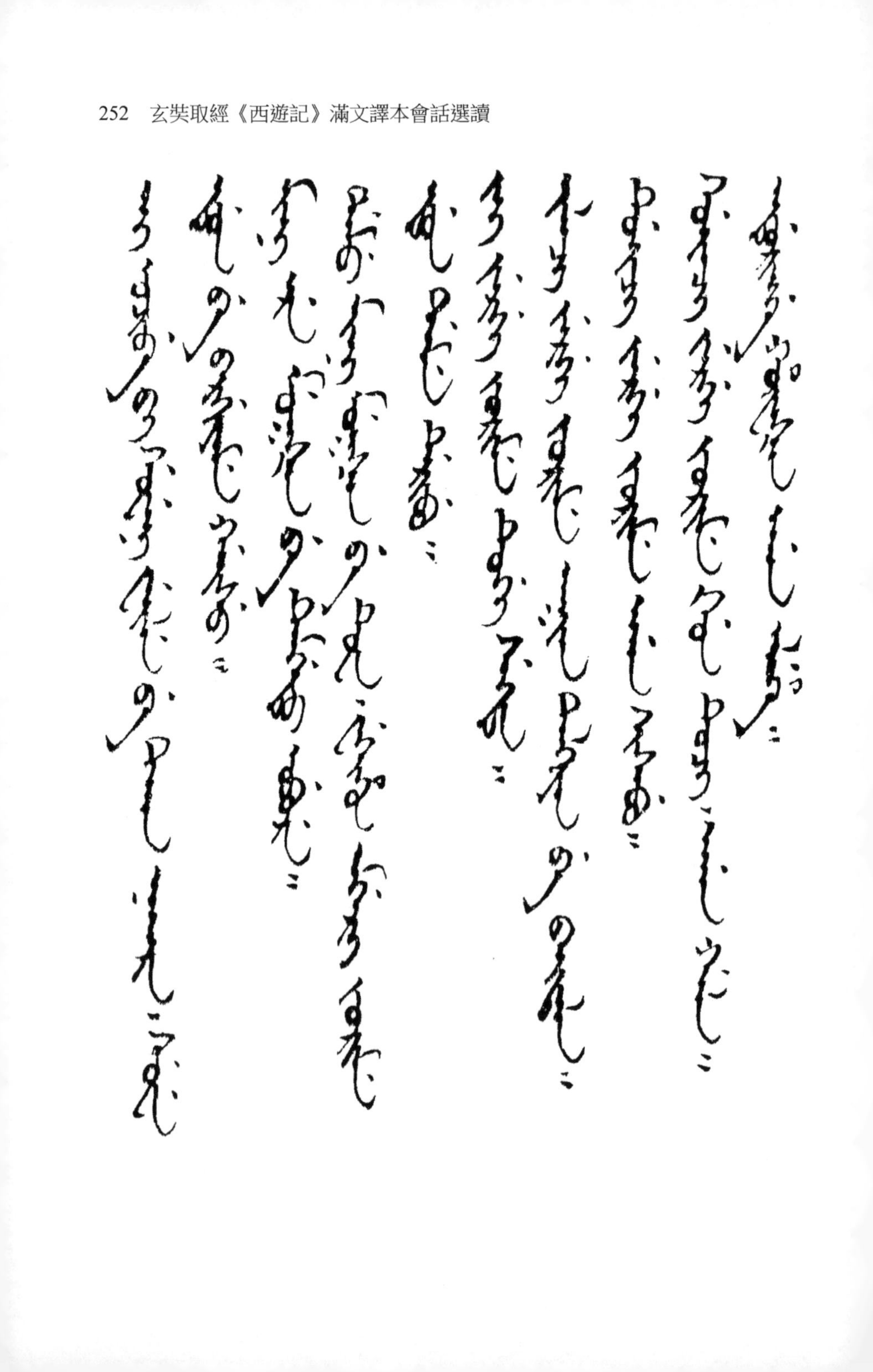

ai ocibe bi suweni weile be taka nakara, suwe edun be bargiyame gaisu.
mini ere mukšan be temgetu obure.
damu mini mukšan be tuwa, wesihun emgeri jorime edun dame deribu.
jai jergi jorime tugi sekte.
ilaci jergi jorime akjan talkiyan be baitala.
duici jergi jorime aga sisabu.
sunjaci jergi jorime šun tuci, aga gala.
enduringge hūwašan aga elehe.

---

不管怎麼，我且饒你們，你們把風收了。
我將這棍子為號吧！
但看我的棍子，往上一指，就要刮風。
第二指，就要佈雲。
第三指，就要用雷電。
第四指，就要下雨
第五指，就要日出雨足。
聖僧，雨夠了。

---

不管怎么，我且饶你们，你们把风收了。
我将这棍子为号吧！
但看我的棍子，往上一指，就要刮风。
第二指，就要布云。
第三指，就要用雷电。
第四指，就要下雨
第五指，就要日出雨足。
圣僧，雨够了。

# 三十、坐禪念佛

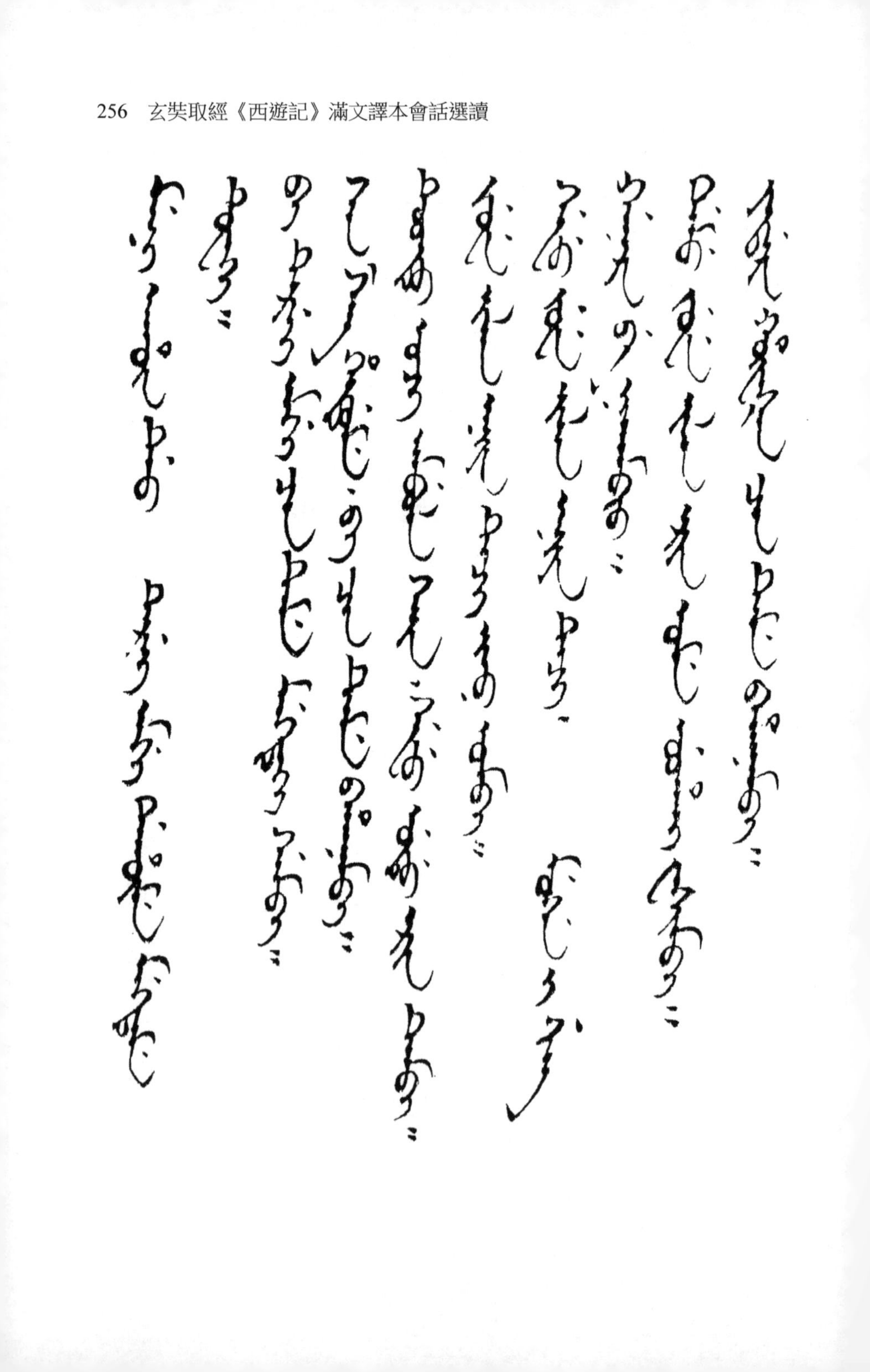

meni ahūn deo terei emgi dahūme mekteme tuwaki.
bi terei emgi can teme mekteki sembi.
san dzang hendume, bi can teme bahanambi.
tuttu oci ambula sain, sefu udu erin tembi.
juwe ilan aniya teci inu ombi.
sefu juwe ilan aniya teci, muse i ging ganara be nakambio.
damu juwe ilan erin ome uthai wasimbi.
yadara hūwašan can teme bahanambi.

---

我們兄弟與他再賭一賭，看是何如？
我想與他賭坐禪。
三藏道：我會坐禪。
那很好，師父可坐得多少時？
也可坐二、三個年頭。
師父若坐二、三年，我們就不取經吧！
只是二、三個時辰就下來。
貧僧會坐禪。

---

我们兄弟与他再赌一赌，看是何如？
我想与他赌坐禅。
三藏道：我会坐禅。
那很好，师父可坐得多少时？
也可坐二、三个年头。
师父若坐二、三年，我们就不取经吧！
只是二、三个时辰就下来。
贫僧会坐禅。

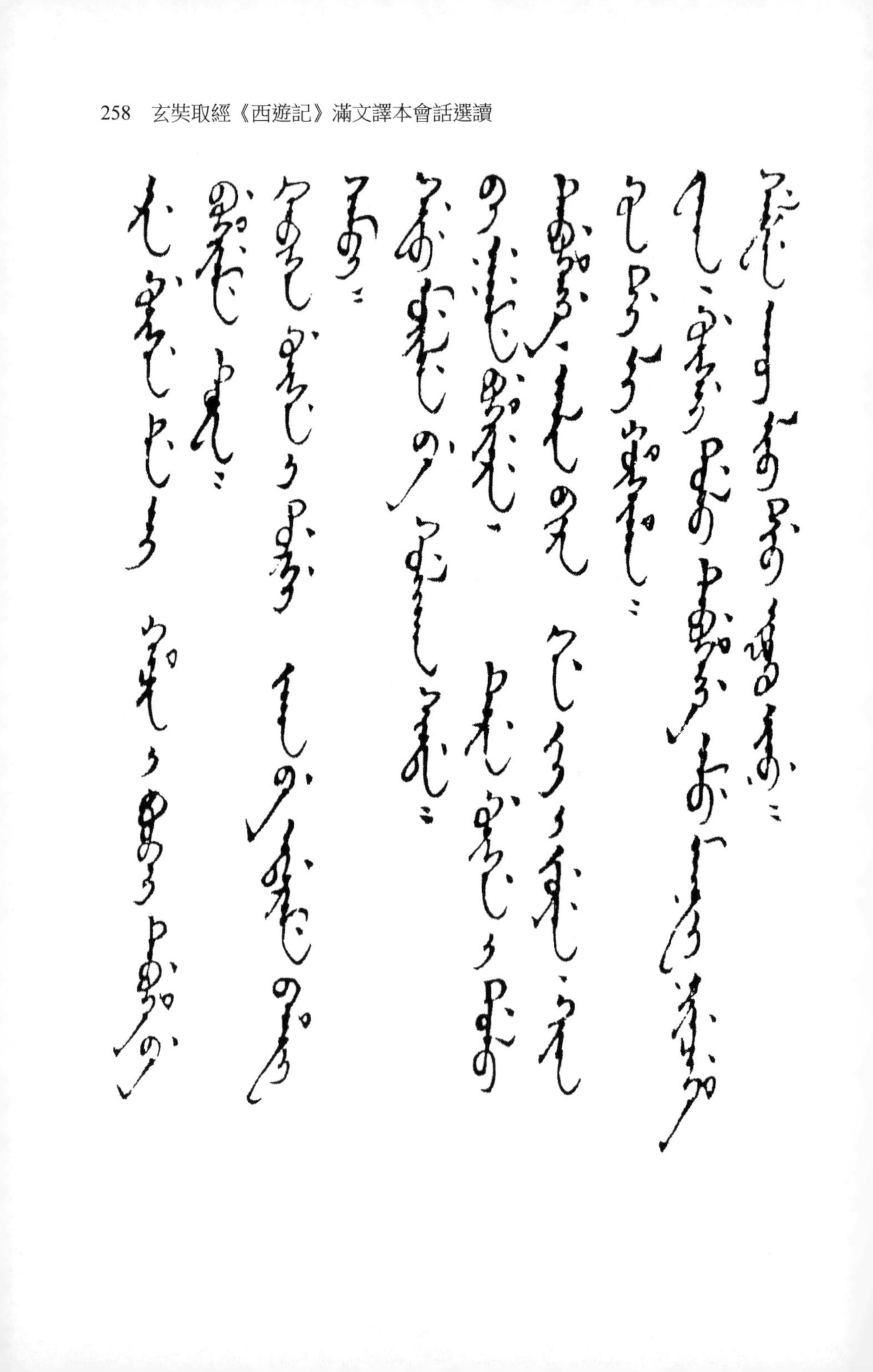

ere guise de ai hacin i boobai tebuhe be buhiyeme tuwa.
šabisa guise i dorgi jaka be adarame bahafi sambi.
sefu mujilen be sulakan sinda.
bi neneme buhiyere, tere guise i dolo tebuhengge, alin bira še ji juyen, kiyan kun di li hūsihan.
waka, guisei dolo tebuhengge emu manafi niyecehe selfen akū lio dio etuku inu.

---

猜一猜看這櫃中是何寶貝？
徒弟，櫃中之物，如何得知？
師父放心。
我先猜，那櫃裡裝的是山河社稷襖，乾坤地理裙。
不是，櫃裡裝的是件破爛流丟一口鐘[3]。

---

猜一猜看这柜中是何宝贝？
徒弟，柜中之物，如何得知？
师父放心。
我先猜，那柜里装的是山河社稷袄，乾坤地理裙。
不是，柜里装的是件破烂流丢一口钟。

---

[3] 破爛流丟一口鐘，滿文讀作"emu manafi niyecehe selfen akū lio dio etuku"，意即「一件磨破逢補過無開衩的衣服」。

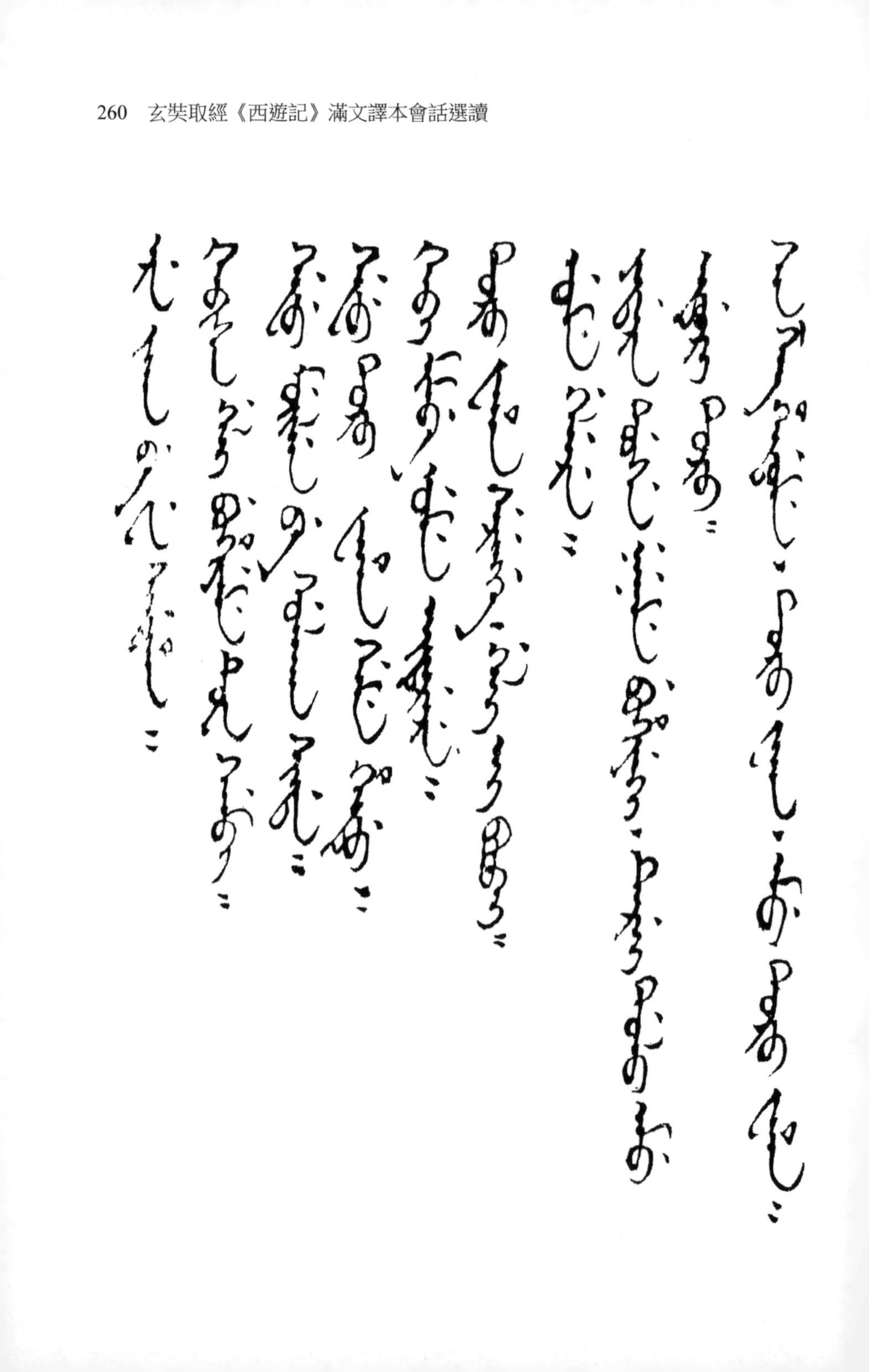

ere jaka be we sindaha.
šabisa geli buhiyeme tuwa sembi.
sefu mujilen be sulakan sinda.
sefu toro faha seme hendu.
šabi mimbe ume eiterere.
toro faha serengge, geli ai boobai.
ume gelere.
yadara doose neneme buhiyeki, terei dolo emu enduri toro.
san dzang hendume, toro waka, emu toro faha.

---

是誰放上此物？
徒弟，又來猜了。
師父放心。
師父只說是個桃核子。
徒弟，休要騙我。
桃核子又是什麼寶貝？
休怕。
貧道先猜，裡面是一顆仙桃。
三藏道：不是桃，是個桃核子。

---

是谁放上此物？
徒弟，又来猜了。
师父放心。
师父只说是个桃核子。
徒弟，休要骗我。
桃核子又是什么宝贝？
休怕。
贫道先猜，里面是一颗仙桃。
三藏道：不是桃，是个桃核子。

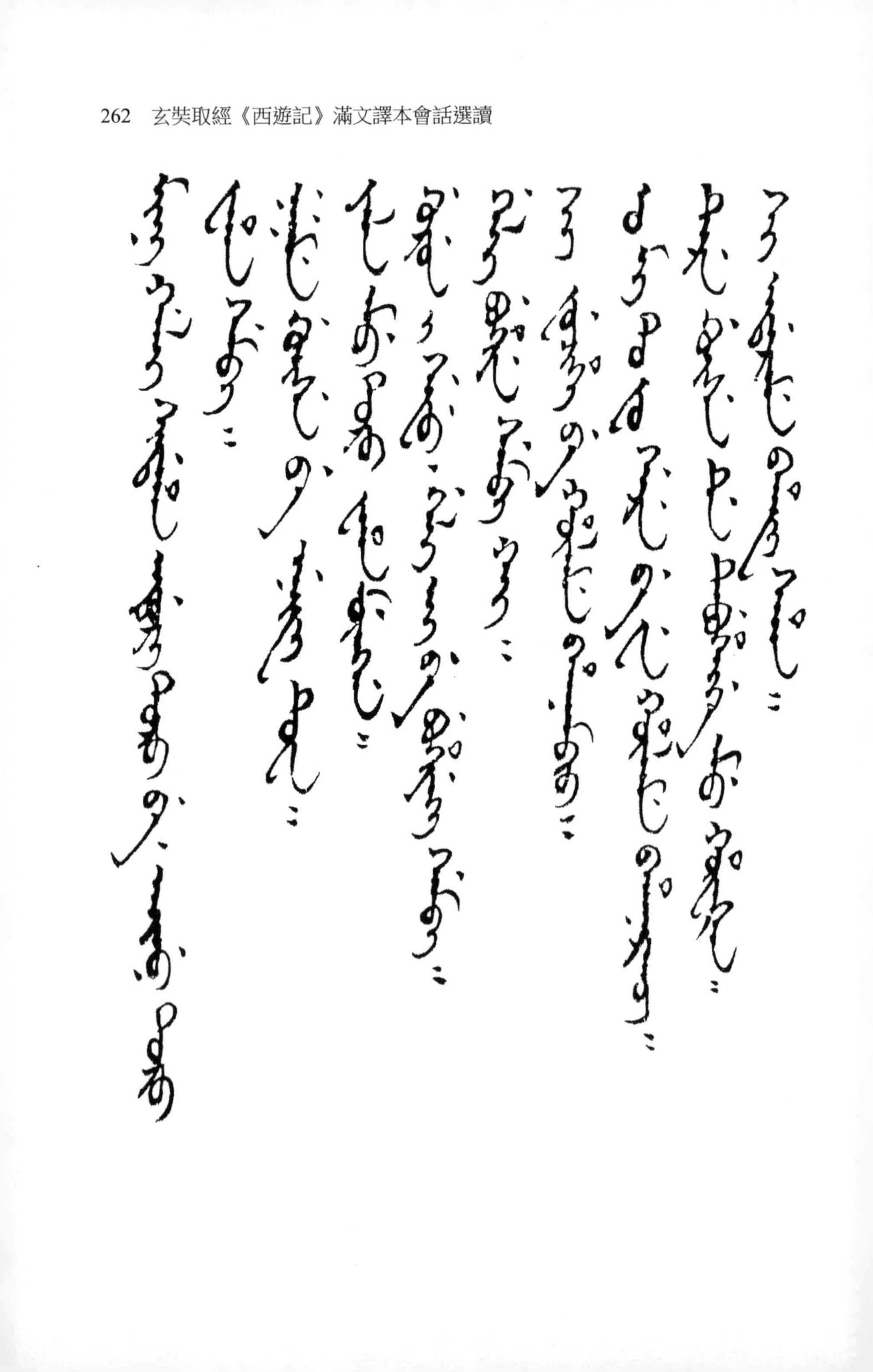

mini galai sindaha enduri toro be, ainu toro faha sembi.
neneme guise be neifi tuwa.
yala emu toro faha mujangga.
gurun i sefu, geli ai be buhiyeki sembi.
geli buhiye sembi kai.
si fucihi be hūlame bahanambio.
o mi to fo sere be we hūlame bahanarakū.
tere guise de tebuhengge emu hūwašan.
si adarame bahafi saha.

---

是我親手放的仙桃，如何是核？
先打開來看。
果然是一個核子。
國師還要猜甚？
再猜是甚？
你可會念佛？
阿彌陀佛那個不會念？
那櫃裡裝的是個和尚。
你怎麼得知？

---

是我亲手放的仙桃，如何是核？
先打开来看。
果然是一个核子。
国师还要猜甚？
再猜是甚？
你可会念佛？
阿弥陀佛那个不会念？
那柜里装的是个和尚。
你怎么得知？

# 三十一、砍頭剖腹

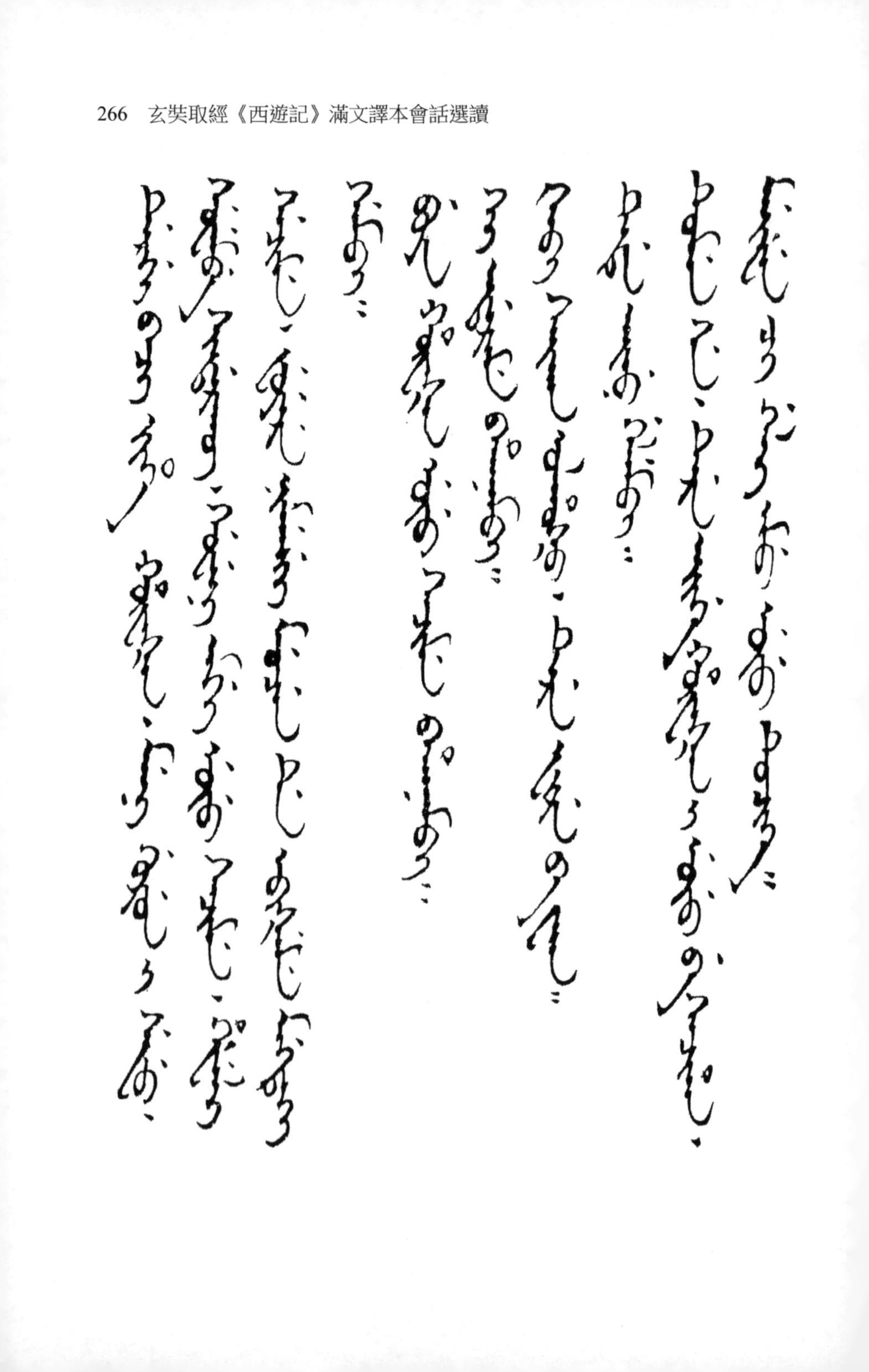

dergi baci jihe hūwašan, meni gurun i sefu, suwembe sindarakū, suweni emgi uju sacime, hefeli secime, fuyere nimenggi mucen de ebišeme mekteki sembi.

buya hūwašan uju sacime bahanambi.

si adarame bahanambi.

šabi saikan olhošo, tere efire ba waka.

tede ainu gelembi.

tumen se, tere ajige hūwašan i uju be saciha, meifen ci geli emu uju tucike.

---

東土來的和尚，我國師不肯放你們，還要與你們賭砍頭剖腹，下滾油鍋洗澡哩。

小和尚會砍頭。

你怎麼會？

徒弟啊！仔細些，那裡不是耍處。

怕他怎的？

萬歲，那小和尚砍了頭，又從肩膀長出一顆頭來了。

---

东土来的和尚，我国师不肯放你们，还要与你们赌砍头剖腹，下滚油锅洗澡哩。

小和尚会砍头。

你怎么会？

徒弟啊！仔细些，那里不是要处。

怕他怎的？

万岁，那小和尚砍了头，又从肩膀长出一颗头来了。

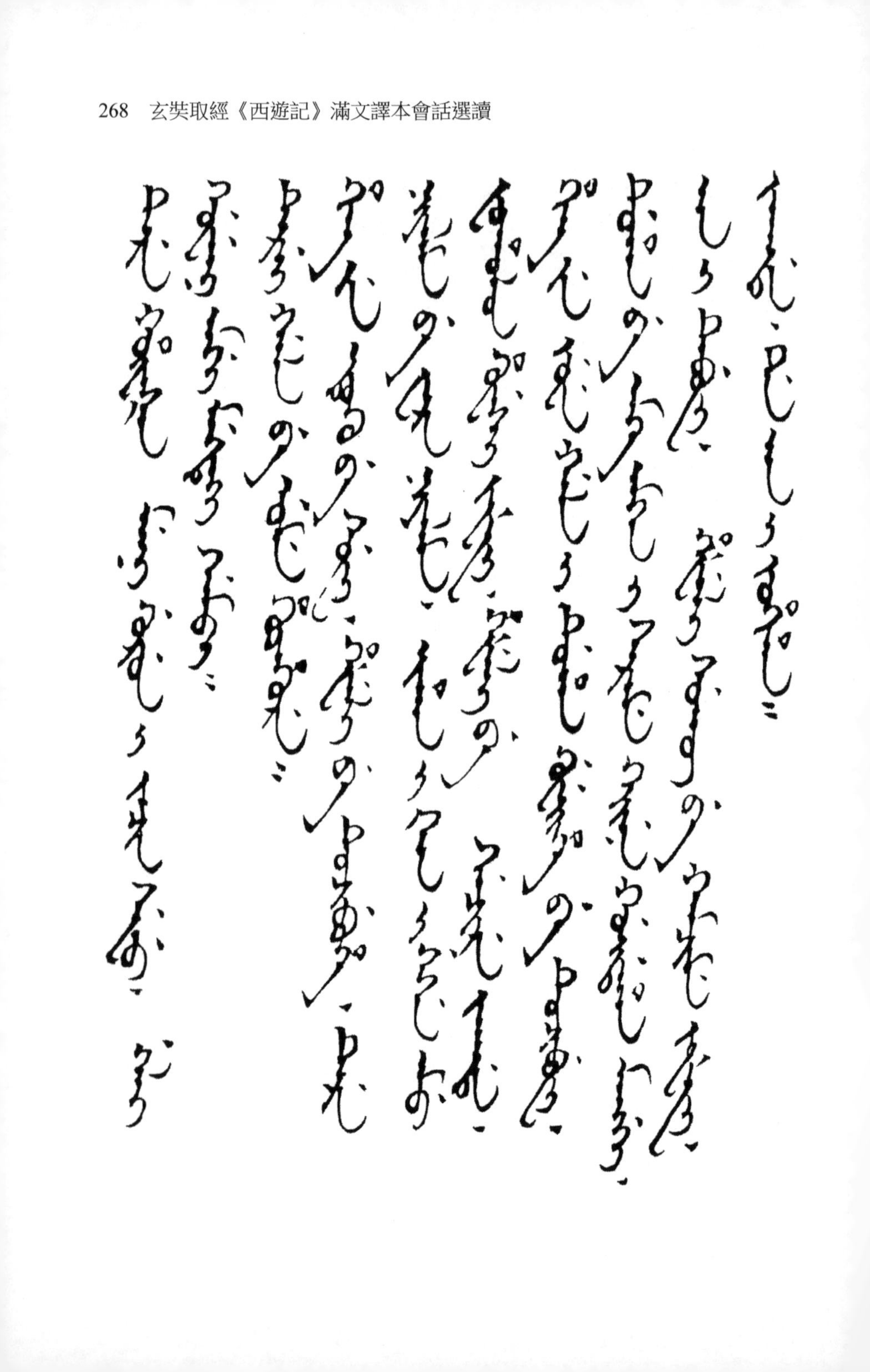

[illegible]

tere hūwašan meni gurun i jacin sefu, geli suweni emgi mekteki sembi.

terei gala be ume huthure.

hing je etuku be sufi, hefeli be tucibuhe, tere niyalma be wara niyalma, ihan i šan i gese emu foholon huwesi jafafi, hefeli be secire jakade, hing je juwe gala i duha guwejihe be tucibufi, duha be emke emken i sarame kejine goidaha manggi, an i tebufi, hefeli sukū be kamcime jafafi, jakade, da an i johiha.

---

那和尚，我二國師還要與你們賭哩！

莫綁他手。

行者解開衣帶，露出肚腹，那劊子手把一口牛耳短刀，着肚皮下一割，行者雙手爬開肚腹，拿出腸臟來，一條條理夠多時，依然安在裡面，捻着肚皮，依然長合。

---

那和尚，我二国师还要与你们赌哩！

莫绑他手。

行者解开衣带，露出肚腹，那刽子手把一口牛耳短刀，着肚皮下一割，行者双手爬开肚腹，拿出肠脏来，一条条理够多时，依然安在里面，捻着肚皮，依然长合。

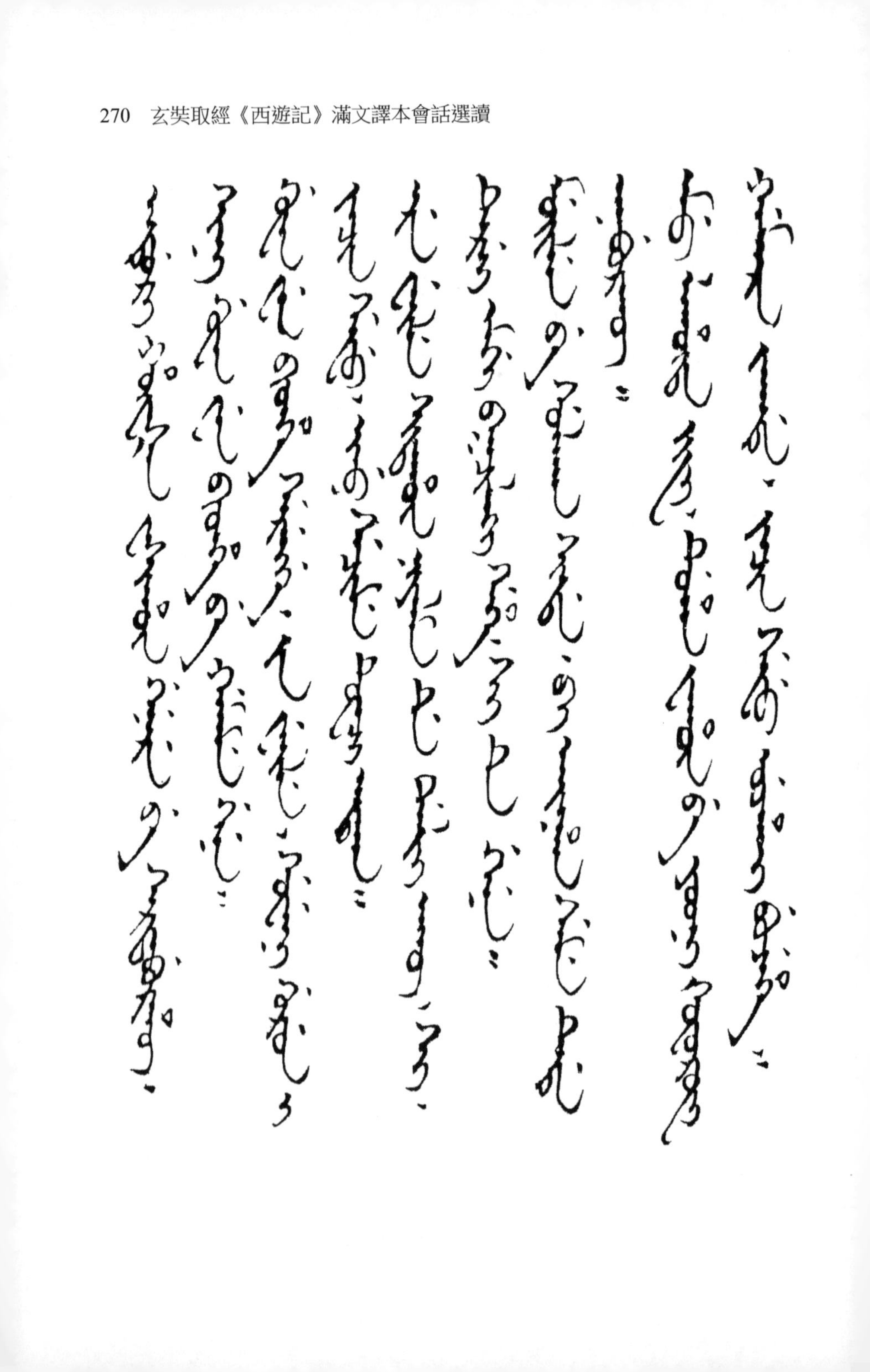

enduri hūwašan wasihūn genere be sartaburahū, sini guwan wen bithe be gamame gene.

guwan wen bithe serengge, ja weile, suweni gurun i jacin sefu, inu secime tuwaci antaka.

ere weile sitahūn niyalma de dalji akū, si, terei emgi bakcilaki sehe, si te gene.

mujilen be sulakan sinda, bi ainaha seme tede anaburakū.

emu lahūta jifi, duha fahūn be yooni šoforofi gamara jakade, jacin sefu uthai bucehe.

---

聖僧恐誤西行，與你關文去吧！

關文小可，也請二國師剖剖剜剜，何如？

這事不與寡人相干，是你要與他做對頭的，你現在就去吧！

寬心，我決不輸與他。

一隻鷹來將肝腸都刁去了，二師父就死了。

---

圣僧恐误西行，与你关文去吧！

关文小可，也请二国师剖剖剜剜，何如？

这事不与寡人相干，是你要与他做对头的，你现在就去吧！

宽心，我决不输与他。

一只鹰来将肝肠都刁去了，二师父就死了。

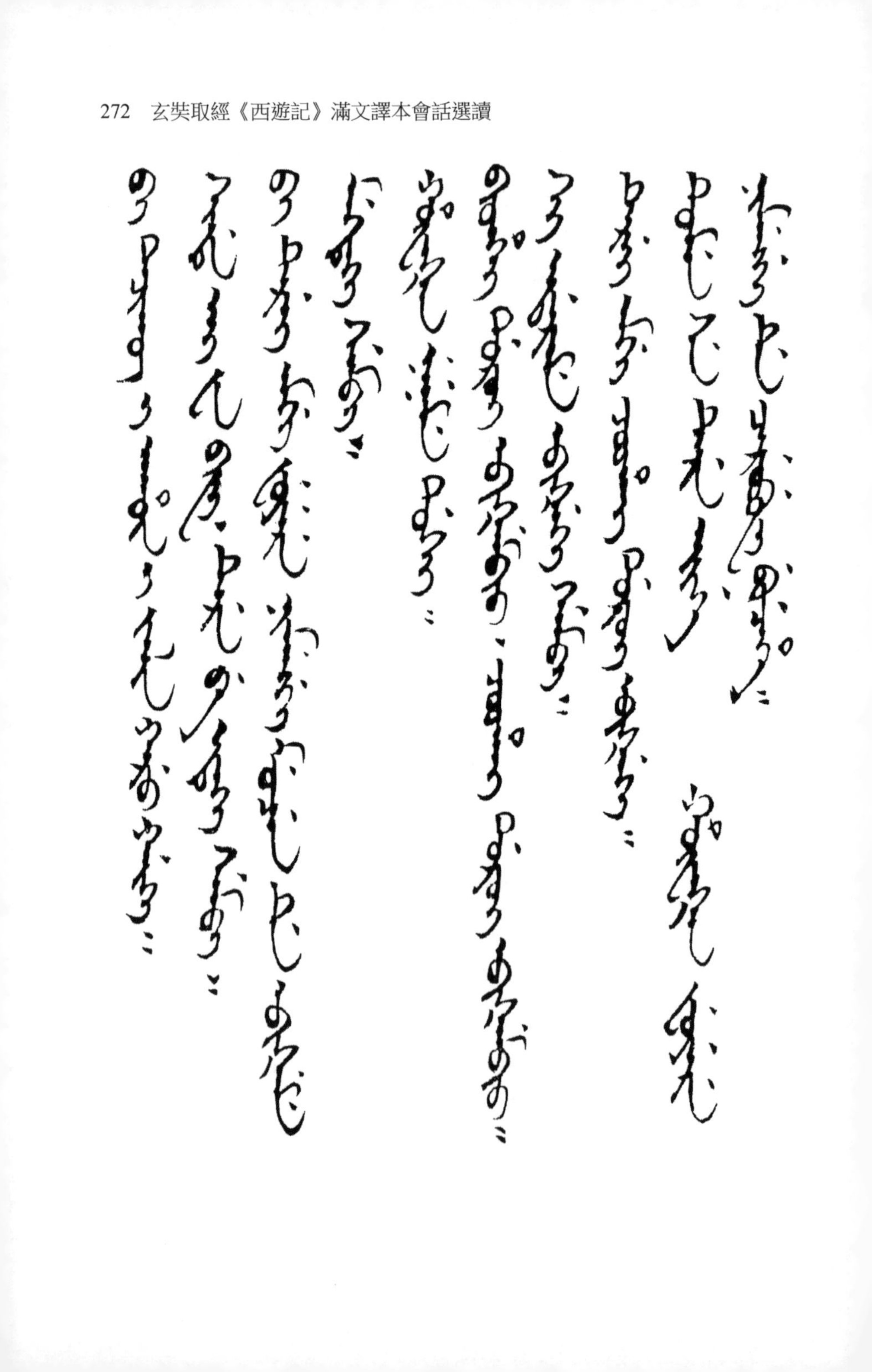

bi tacikū i ahūn i jalin karu gaiki.
sinde ai fa bifi, tere be eteki sembi.
bi terei emgi fuyere nimenggi mucen de ebišeme mekteki sembi.
hūwašan neneme dosi.
bithei doroi ebišembio, coohai doroi ebišembio.
si adarame ebišeki sembi.
terei emgi coohai doroi ebišeki.
tumen se tere ajige hūwašan fuyere nimenggi de carubufi bucehe.

---

我要為師兄報仇。
你有什麼法力想贏他？
我要與他賭下滾油鍋洗澡。
和尚先下去。
不知文洗？武洗？
你要怎麼洗？
要與他武洗。
萬歲，那小和尚被滾油烹死了。

---

我要为师兄报仇。
你有什么法力想赢他?
我要与他赌下滚油锅洗澡。
和尚先下去。
不知文洗? 武洗?
你要怎么洗?
要与他武洗。
万岁，那小和尚被滚油烹死了。

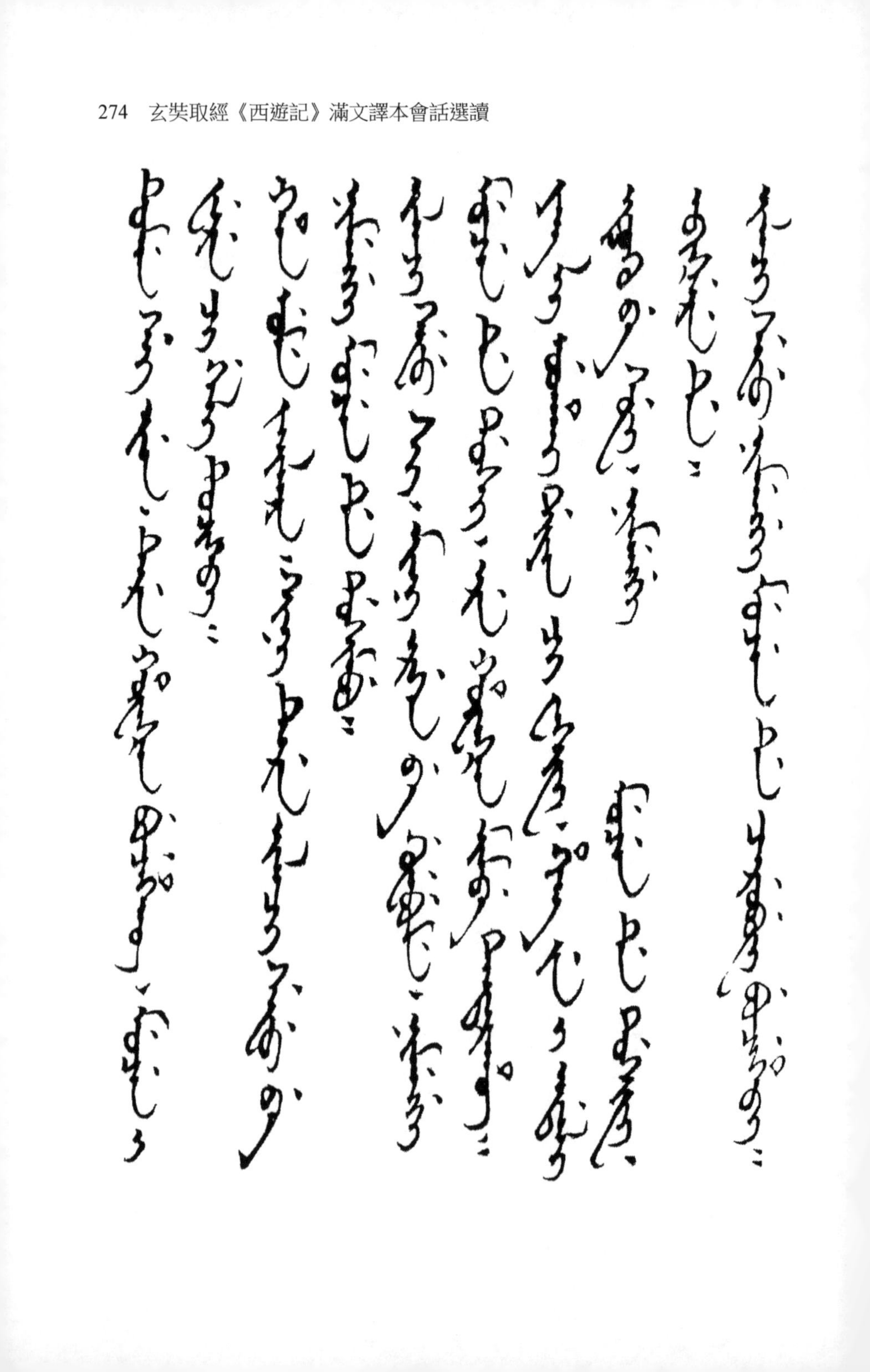

tumen sei ejen, tere hūwašan bucehekū, mucen i fere ci geli tucikebi.

han ume jailara, sini tere ilaci sefu be nimenggi mucen de dosimbu.

ilaci sefu si, mini ergen be guwebume, nimenggi mucen de dosi, ere hūwašan mimbe tantarahū.

yang li uthai diyan ci wasifi, hing je i adali etuku be sufi, nimenggi mucen de dosifi, ebišere de.

ilaci sefu nimenggi mucen de carubufi bucehebi.

---

萬歲皇上，那和尚不曾死，又從鍋底鑽出來了。
陛下不要走，且教你那三師父也下下油鍋去。
三師父你救我的命，下鍋去，恐這和尚打我。
羊力下殿，照依行者脫了衣服，進入油鍋洗浴。
三師父在油鍋裡烹死了。

---

万岁皇上，那和尚不曾死，又从锅底钻出来了。
陛下不要走，且教你那三师父也下下油锅去。
三师父你救我的命，下锅去，恐这和尚打我。
羊力下殿，照依行者脱了衣服，进入油锅洗浴。
三师父在油锅里烹死了。

# 三十二、披星戴月

ᠪᠣ ᡩᡝ ᠪᡝᠶᡝ ᡨᡝᡵᡝ ᡳ ᡳ ᡩᡝ ᡤᡝᠮᡠ ᠪᡝ
ᠪᠣ ᠰᡝ ᠮᡠᠰᡝᡳ ᠨᡝᠩᡤᡝᡵᡳ ᠠᠴᠠᠮᡝ ᡨᡠᠸᠠᡶᡳ::
ᠪᠣ ᡩᡝ ᠪᡝᠶᡝ ᡨᡝᡵᡝ ᠨᡝᠩᡤᡝᡵᡳ ᠪᠠᡥᠠᡶᡳ::
ᡤᡳᠰᡠᡵᡝᠮᡝ ᠪᠣᡳ ᠮᡝᠨᡳ ᡤᡳᠰᡠᡵᡝᡳ ᠪᡳᡥᡝᡳ::
ᡨᡠᠸᠠ ᠪᠣ ᠰᡝ ᠮᡠᠰᡝᡳ ᠨᡝᠩᡤᡝᡵᡳ, ᠪᠣ ᡩᡝ ᠪᡝᠶᡝ
ᡥᡝᠰᡝ ᡳ ᡠᠮᡝᠰᡳ ᠰᡝᠮᡝ ᠠᡴᡡᠮᠪᡠᡶᡳ::
ᡤᡳᠰᡠ ᠪᡠᡥᡝ ᠪᡝ ᡨᡠᠸᠠᠮᡝ::
ᠪᡝᠯᡝ ᠪᠣᡳᡤᠣᠨ ᡤᡳᠰᡠᡵᡝ, ᡩᠣᠰᡳᠮᡝ ᡤᡝᠮᡠ ᠵᠠᠯᡳᠨ, ᡨᡠᠰᡳᠮᡝ,
ᠮᡠᠰᡝ ᠮᡠᠰᡝᡳ, ᡤᠣᠰᡳᠮᡝ ᠰᡝ ᠪᡝᠶᡝᡳ, ᠮᡠᡩᠠᠨ ᠰᡝ
ᠮᡠᠰᡝ ᡤᡳᠶᠠᠨ ᠠᠯᡳᠮᡝ ᡨᡠᠸᠠ ᡤᠠᠮᠠ ᠮᡠᡤᡳᠶᡝ ᠪᡝᠶᡝᡳ,

tereci san dzang ni sefu šabi inenggi yabume, dobori teyeme, kangkaci muke omime, uruci buda jeme genehei, niyengniyeri dulefi, juwari wajifi, geli bolori erin isinjiha.
šabisa ere yamji aibide dedumbi.
sefu boo ci tucike niyalma, boo de bisire gisun be ume gisurere.
boo de bisire niyalma adarame.
boo ci tucike niyalma geli adarame.
boo de bisire niyalma ere erin de halhūn

---

且說三藏師徒曉行夜宿，渴飲餐食，不覺的春盡夏殘，又是秋光天氣。
徒弟，今宵何處安身也？
師父，出家人莫說那在家人的話。
在家人怎麼？
出家人又怎麼？
在家人，這時候

---

且说三藏师徒晓行夜宿，渴饮餐食，不觉的春尽夏残，又是秋光天气。
徒弟，今宵何处安身也？
师父，出家人莫说那在家人的话。
在家人怎么？
出家人又怎么？
在家人，这时候

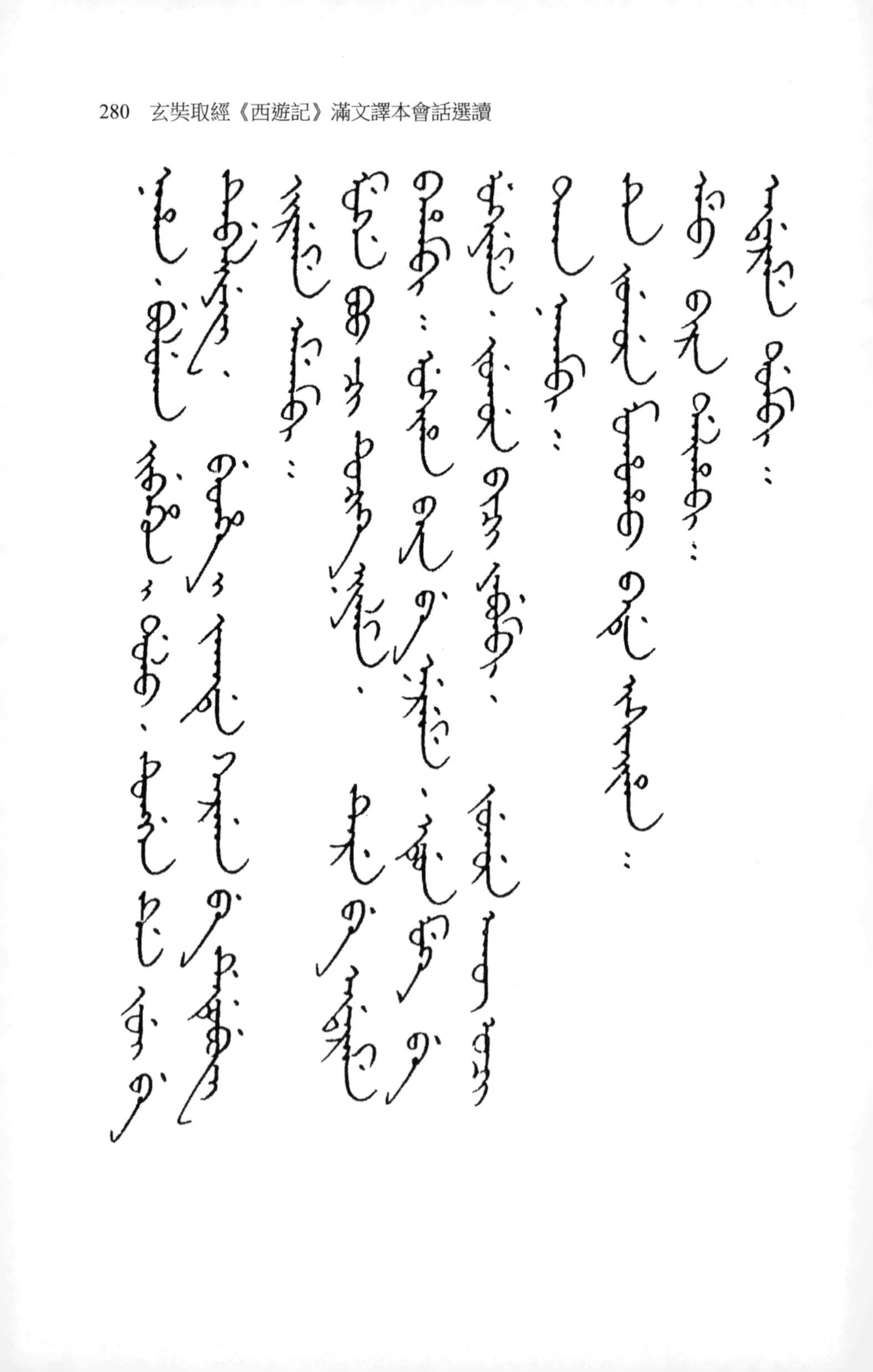

[illegible]

nahan, bulukan jibehun i dolo, tunggen de jui be tebeliyefi, bethe i jakade sargan be dedubufi jirgame amgambi.
muse boo ci tucike niyalma, tere be adarame bahambi. usiha biya be nereme, edun muke be ukiyeme, jugūn bici yabumbi, jugūn akū oci taka nakambi.
te jugūn mohoho bade isinjiha.
emu bira dalihabi.
adarame dombi.

---

溫牀暖被，懷中抱子，腳後蹬妻，自自在在睡覺。
我等出家人，哪裡能夠，便是要戴月披星，餐風宿水，有路且行，無路方住。
如今來到盡頭路了。
是一股水擋住了。
怎生得渡？

---

温床暖被，怀中抱子，脚后蹬妻，自自在在睡觉。
我等出家人，哪里能够，便是要戴月披星，餐风宿水，有路且行，无路方住。
如今来到尽头路了。
是一股水挡住了。
怎生得渡？

ᠮᡠᠰᡝ ᠵᡳᡥᡝᠩᡤᡝ ᠪᡝ ᠰᠠᡵᡳᡴᡡ::
ᡨᡠᠸᠠᡵᠠ ᠪᠠᡳᡨᠠ ᡤᡝᠯᡳ ᡨᠠᠰᡥᠠᡵᠠᡴᡡ::
ᡤᡝᡵᡤᡝᠨ ᠵᡠᠪᡝᠯᡝᠴᡳ ᡩᠠᡥᠠᡵᡝ::
ᡨᡝᡵᡝ ᡤᡝᠯᡝᡵᡝ ᠪᡝ ᠪᠠᡳᡨᠠ::
ᠮᡠᠰᡝ ᠮᡠᡴᡩᡝᠨᡳ ᡩᡝᠪᡨᡝᠯᡳᠨ ᡴᡳᠮᡠᠨ᠈ ᡨᡠᠸᠠᡵᠠ ᠰᠠᠪᡠᡵᡝ ᡨᡝᡵᡝ
ᡩᡝᡵᡳ::
ᡨᡠᠴᡳᡵᡝ ᡨᡝ ᡤᡝᠯᡝᡵᡝ ᠰᡠᠸᠠ ᠮᡠᠰᡝ ᠪᠠᡳᡨᠠ᠈ ᡩᠠᡥᠠᡵᠠ ᡴᡳᠮᡠᠨ ᠵᡠᠪᡝᠯᡝᡵᡝ
ᡨᡠᠸᠠᡵᠠ ᡩᡝᡵᡤᡳ ᠮᡠᡴᡩᡝᡴᡳ::
ᡨᡝ ᠪᡝᠶᡝ ᠮᡠᠰᡝ ᡤᡝᠯᡝᡵᡝ᠈ ᠮᡠᠰᡝᡳ ᠪᠠᡳᡨᠠ ᡴᡳᠮᡠᠨ ᠪᡝ
ᠪᡳ ᠰᡳᠨᡩᡝ ᠪᠠᡳᡨᠠ ᡴᡳᠮᡠᠨ ᠪᡝ ᡩᠠᡥᠠᡴᡳ::

bi cendeme šumin micihiyan be tuwaki.
si balai ume gisurere, muke i šumin micihiyan be adarame cendeci ombi.
umgan i gese wehe emke baifi, dulimbade maktame tuwambi.
mukei obonggi tucici micihiyan, cib seme irume genere jilgan bici šumin.
si genefi cendeme tuwa.
absi šumin geneci ojorakū.
onco isheliyen be sarkū.

---

我試看深淺。
你休亂談，水之深淺，如何試得？
尋一個鵝卵石，抛在當中看。
若是濺起水泡來，是淺，若是骨都都沉下有聲，是深。
你去試試看。
何其深也，去不得。
不知有多少寬闊？

---

我试看深浅。
你休乱谈，水之深浅，如何试得？
寻一个鹅卵石，抛在当中看。
若是溅起水泡来，是浅，若是骨都都沉下有声，是深。
你去试试看。
何其深也，去不得。
不知有多少宽阔？

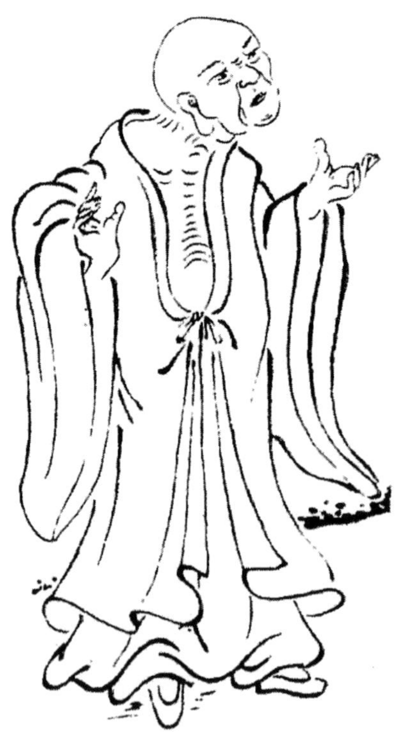

# 三十三、貌醜心善

ᡨᡝᡵᡝ ᠪᡝ ᡤᡝᠯᡝᠮᡝ ᠠᡴᡡᠮᠪᡠ ᡳᠰᡳᠨᠵᡳᡥᡝ ::
ᠰᠠᡴᡩᠠ ᠮᠠᠩᡤᠠ ᡳᠯᡳᠮᠪᡳ᠈ ᡤᡳᠰᡠᡵᡝᠮᡝ ᡨᡠᠸᠠᠮᠪᡳ ::
ᡩᡝ ᠵᡳᡥᡝ ᠪᡝ ᠠᠯᡳᡥᠠ ᡥᡝᠰᡝᠮᠪᡠᡥᡝ᠈ ᠮᠠᠩᡤᠠ ᠪᡳ
ᡳᠯᡳᡥᠠ ᠪᡝ ᡤᡳᠰᡠᡵᡝᠮᡝ ::
ᡤᡝᠯᡝᡥᡝ ᠰᡠᠸᠠᠨ ᠠᠯᡳᠮᠪᡳ ᡳᠯᡳᡥᠠ ᠪᡳᡥᡝ ᠪᡝ ᡤᡝᠮᡠ ::
ᡳᠯᡳᡥᠠ ᠮᠠᠩᡤᠠ ᡳᠰᡳᠨᠵᡳᡥᡝ ::
ᠮᡠᠰᡝᡳ ᠵᡳᡥᡝ ᡩᡝ ᡥᡝᠰᡝᠮᠪᡠᡥᡝ ᠵᡠᠯᡝᠰᡳ ᠪᡝ ᡤᡝᠮᡠ ::
ᠰᡠᠸᡝ ᠵᡳᡥᡝ ::
ᠰᡠᠸᡝ ᡳᠯᡳᡥᠠ᠈ ᠰᡠᠸᡝ ᡤᡝᠮᡠ ᠪᡝ᠈ ᠪᡳ ᠪᡝ ᠵᡳᡥᡝ
ᠰᠣᡵᡳ ᠶᠠᡴᠰᡳᡥᠠ ᡩᡝᡵᡝ ᡤᡳᠰᡠᠨ ᡤᡡᠪᡠ ᠪᡝ ᠰᡳᠴᠠᡥᠠ ::

ere be yala sarakū〔sarkū〕mujangga.
sefu absi onco, geneci ojorakū.
te dalin be saburakū, onco i ton be adarame bahafi sambi.
šabisa uttu oci adarame ohode sain.
sefu ume songgoro.
si terei mukei dalin de ilihangge be tuwa. emu niyalma wakao.
niyalma waka, emu wehe i bei, tere bei de ilan amba hergen tung tiyan ho bira sehebi.

---

這卻不知。
師父，好深，去不得。
如今看不見邊岸，怎麼得知寬闊之數？
徒弟啊！似這等怎麼好呢？
師父莫哭。
你看那水邊立的，可不是個人嗎？
不是人，是一面石碑，那碑上有三個大字「通天河」。

---

这却不知。
师父，好深，去不得。
如今看不见边岸，怎么得知宽阔之数？
徒弟啊！似这等怎么好呢？
师父莫哭。
你看那水边立的，可不是个人吗？
不是人，是一面石碑，那碑上有三个大字「通天河」。

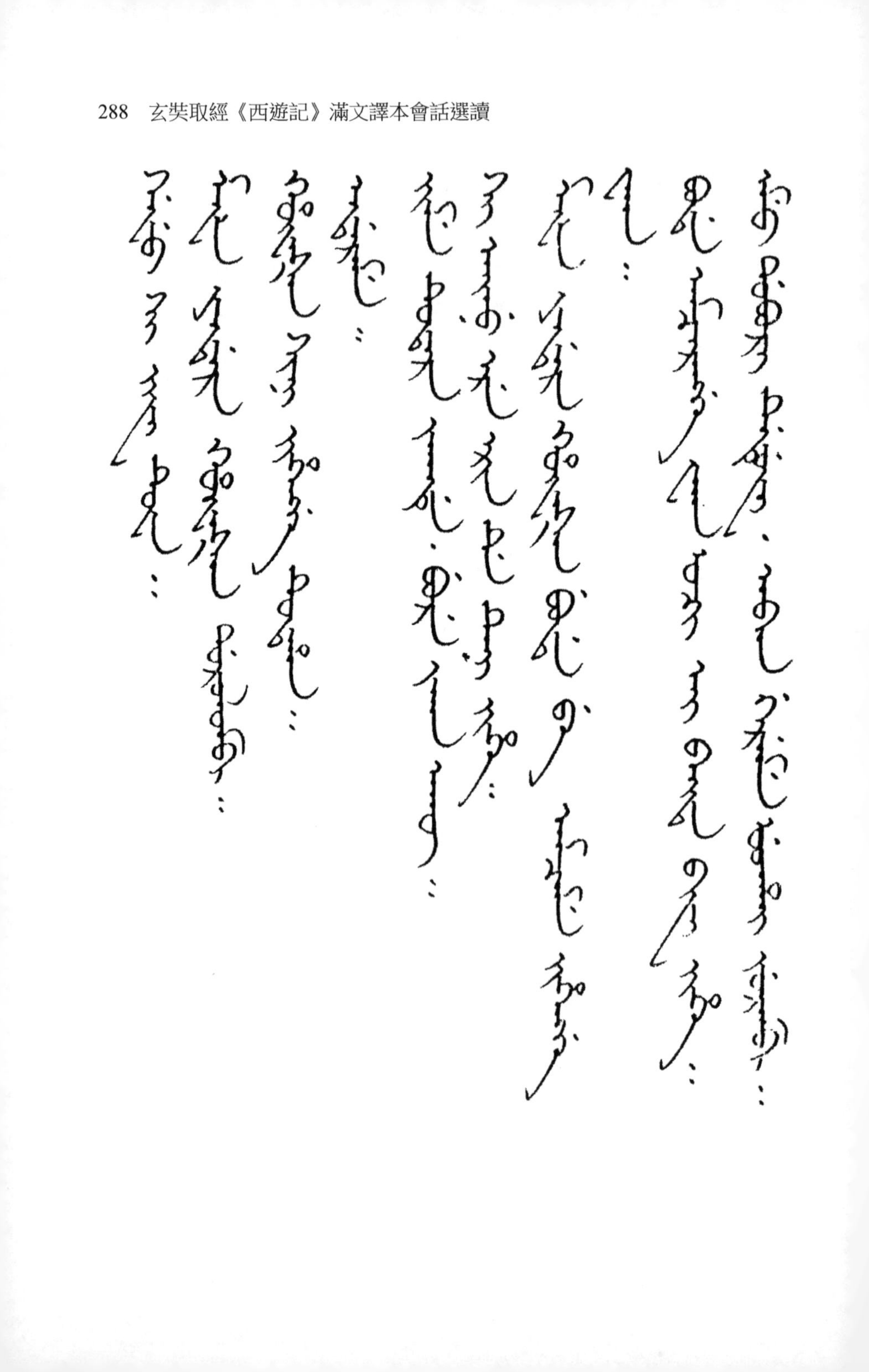

sefu si jifi tuwa.
mafa yadara hūwašan dorolombi.
hūwašan sini jihengge tutaha.
adarame.
jime tutara jakade, bure jaka akū.
si ainu ere erin de teni jihe.
mafa yadara hūwašan buda be amcame jihengge waka.
buda amcarangge waka oci ai baita bifi jihe.
emu dobori dedufi, abka gereme uthai jurambi.

---

師父，你來看看。
老施主，貧僧問訊了。
和尚你來遲了。
怎麼說？
因為來遲，所以沒有施捨之物了。
你怎麼這時候纔來？
老施主，貧僧不是來趕齋的。
既不趕齋，來此何幹？
來告借一宿，天明就起行。

---

师父，你来看看。
老施主，贫僧问讯了。
和尚你来迟了。
怎么说？
因为来迟，所以没有施舍之物了。
你怎么这时候纔来？
老施主，贫僧不是来赶斋的。
既不赶斋，来此何干？
来告借一宿，天明就起行。

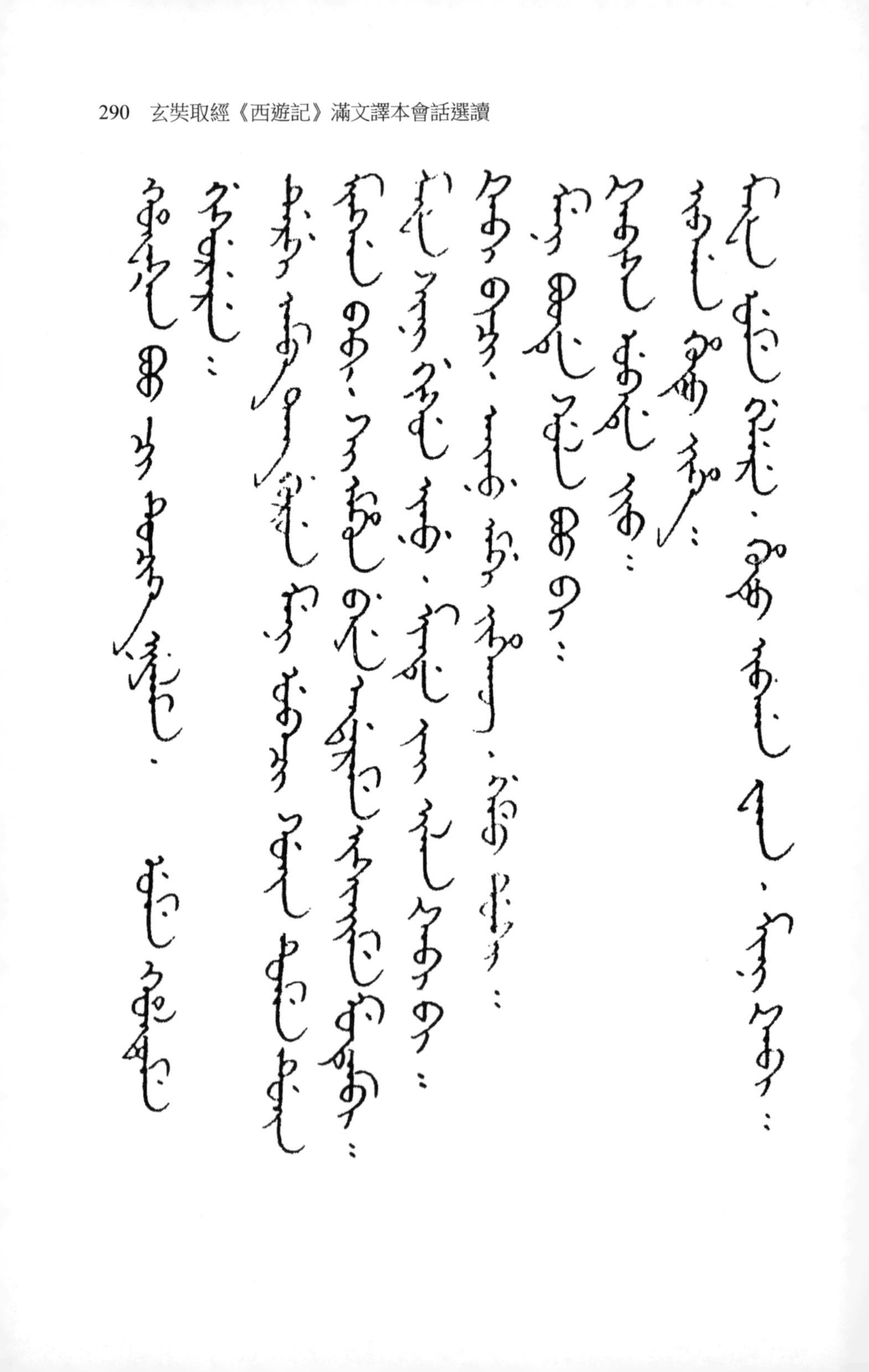

hūwašan boo ci tucike niyalma, ume holtome gisurere.
dergi amba tang gurun meni ubaci sunja tumen duin minggan babi, si emhun beye adarame isinjime mutembi.
mafa sini gisun inu, minde jai ilan šabi bi.
šabi bici, ainu emgi jihekū, gemu dosi.
meni boode sula boo bi.
šabisa ubade jio.
ibagan hutu jihe.
mafa ume gelere, hutu ibagan waka, mini šabi.

---

和尚，出家人休打誑語。
東土大唐離我們這裡，有五萬四千里路，你這等單身，如何來得？
老施主見得最是，但我還有三個徒弟。
既有徒弟，何不同來？都進來。
我們舍下有空房。
徒弟，這裡來。
妖怪來了。
老施主莫怕，不是妖怪，是我徒弟。

---

和尚，出家人休打诳语。
东土大唐离我们这里，有五万四千里路，你这等单身，如何来得？
老施主见得最是，但我还有三个徒弟。
既有徒弟，何不同来？都进来。
我们舍下有空房。
徒弟，这里来。
妖怪来了。
老施主莫怕，不是妖怪，是我徒弟。

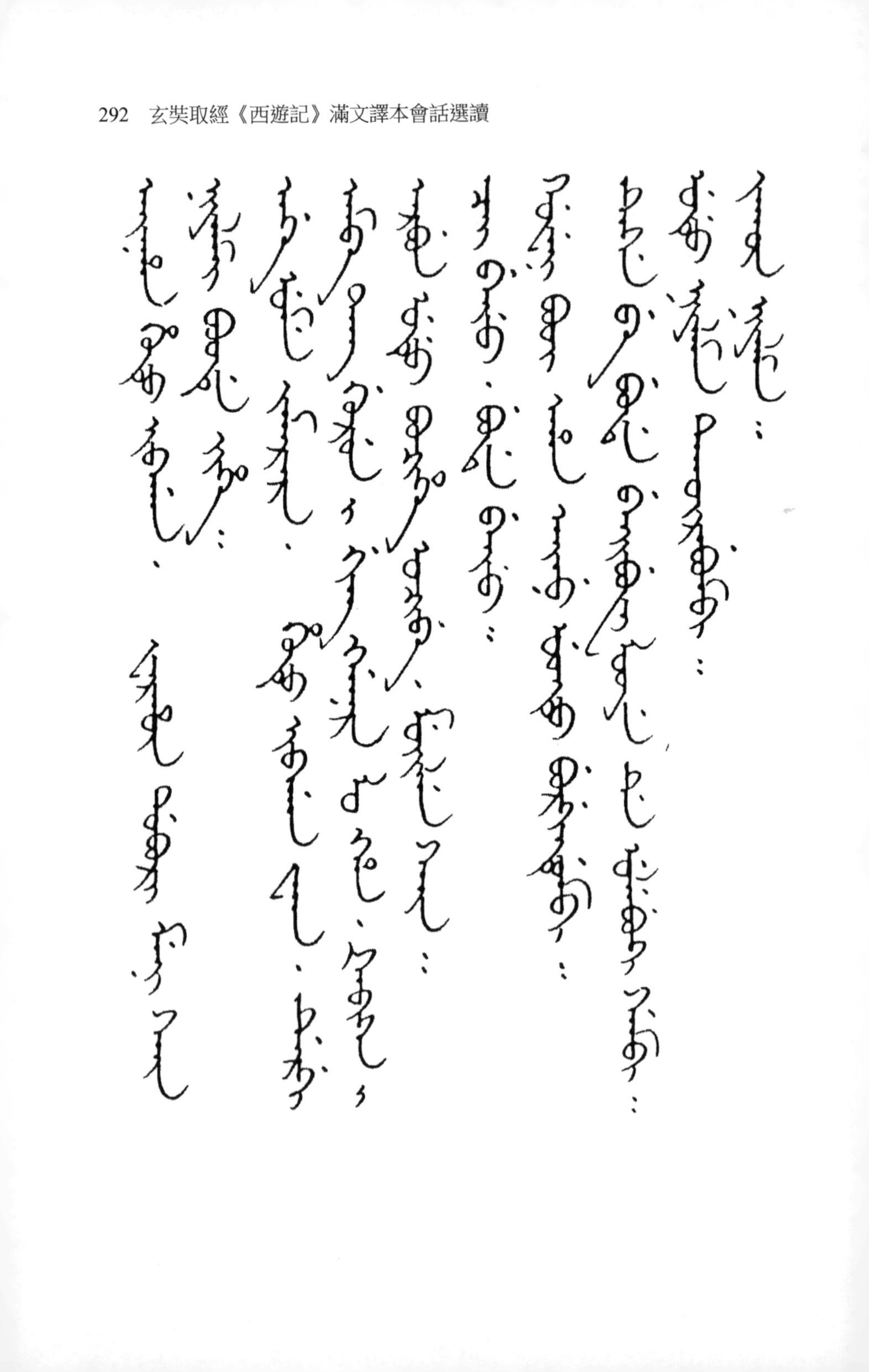

[illegible]

ainaha hutu ibagan, farhūn dobori meni sain niyalmai boode jihe.
age ume jamarara, hutu ibagan waka, dergi amba tang gurun i ging ganara lo han, šabisa i arbun udu bocihe ocibe, mujilen sain.
cai benju, buda benju.
suweni booi aha ainu uttu burgindumbi.
tese be buda benjibufi looye de ulebuki sembi.
udu niyalma takūrabumbi..
jakūn niyalma.

---

是什麼邪魔，黑夜裡來我們善人之家？
哥哥莫嚷，不是邪魔，乃東土大唐取經的羅漢。徒弟們相貌雖醜，心卻善良。
看茶來，排齋。
你們家的僮僕，為何如此戰戰兢兢？
教他們捧齋來侍奉老爺。
幾個人服侍？
八個人。

---

是什么邪魔，黑夜里来我们善人之家？
哥哥莫嚷，不是邪魔，乃东土大唐取经的罗汉。徒弟们相貌虽丑，心却善良。
看茶来，排斋。
你们家的僮仆，为何如此战战兢兢？
教他们捧斋来侍奉老爷。
几个人服侍？
八个人。

# 三十四、同天共日

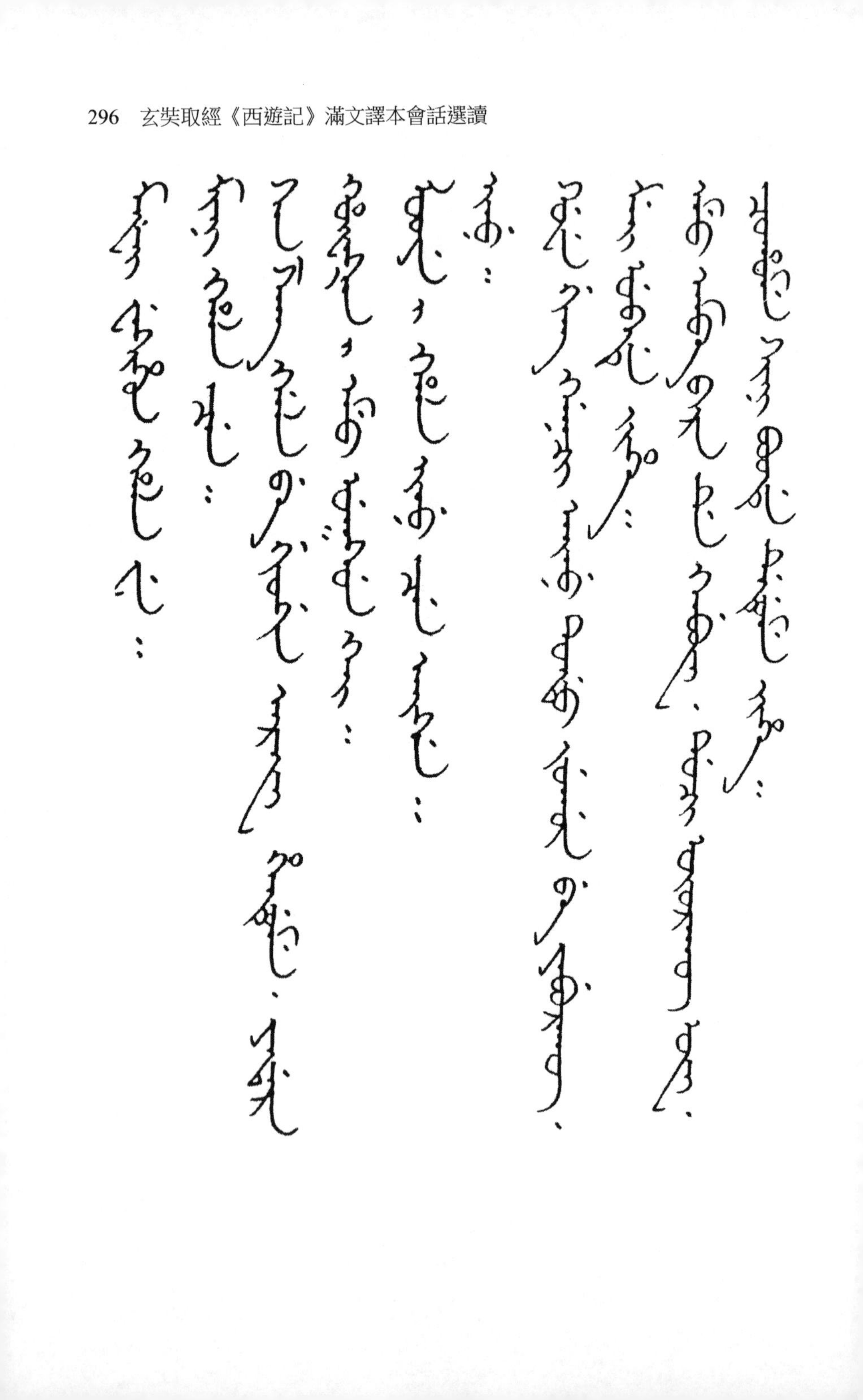

[illegible]

mafai wesihun hala we.
mini hala cen.
san dzang gala be giogin arafi hendume, yadara hūwašan i emu uksun kai.
looye i hala inu cen aise.
inu.
suwe ging ganaci ainu tondo jugūn be yaburakū, meni ubade jihe.
emu amba bira de kabufi, doci ojorakū ofi, cohome sini boode dedume jihe.

---

老施主，高姓？
我姓陳。
三藏合掌道：是貧僧的同宗了。
老爺也姓陳吧！
是。
你等取經，怎麼不走正路，卻到我們這裡來？
一股大河擋住，不能得渡，特來貴府借宿。

---

老施主，高姓？
我姓陈。
三藏合掌道：是贫僧的同宗了。
老爷也姓陈吧！
是。
你等取经，怎么不走正路，却到我们这里来？
一股大河挡住，不能得渡，特来贵府借宿。

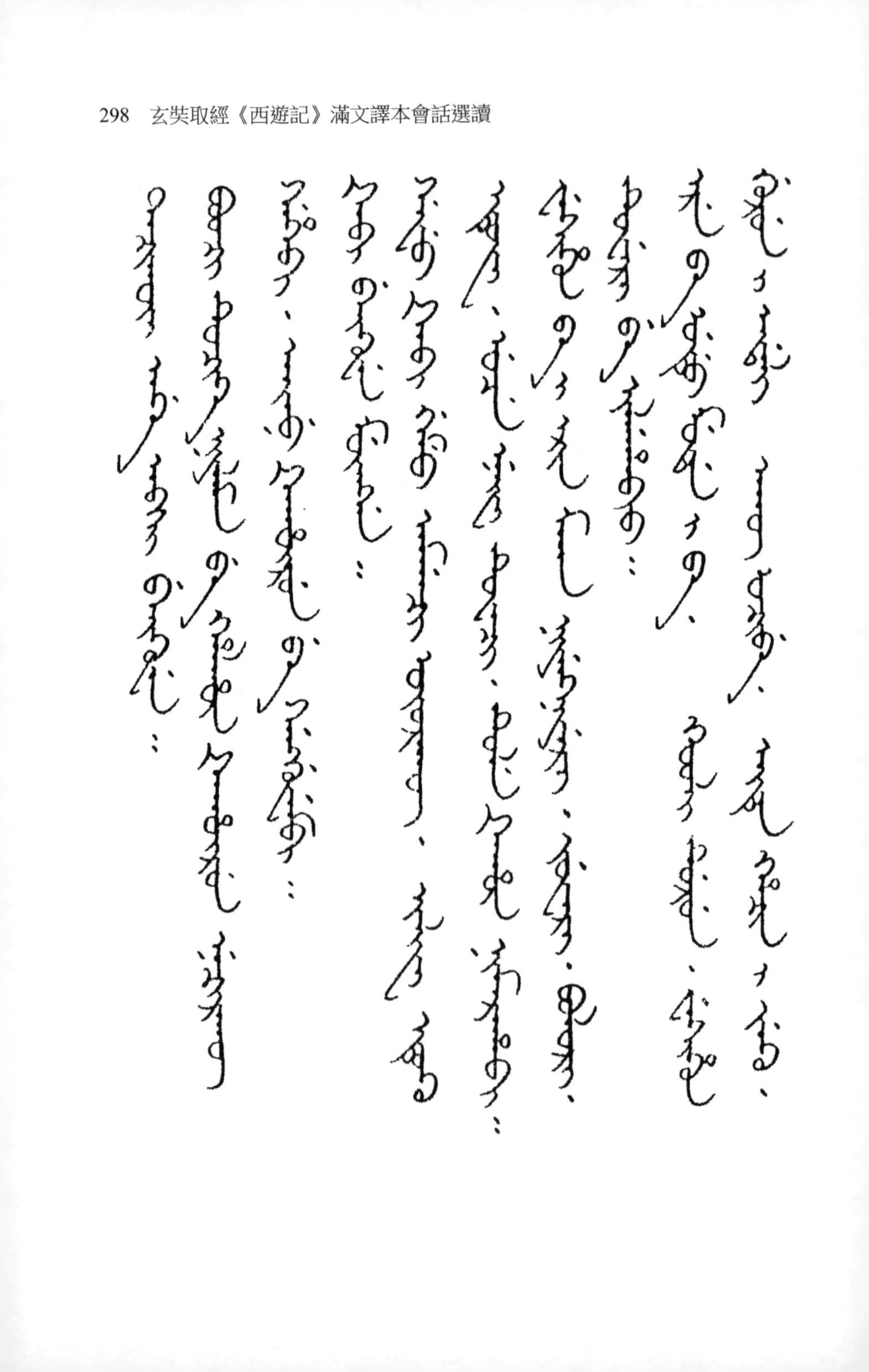

tacikūi age absi beikuwen.
booci tucike niyalma be halhūn šahūrun necirakū sehebi, ainu šahūrun be sengguwembi.
šabi beikuwen mujangga.
sefu šabi gemu amgaci ojorakū, ilifi etuku etufi, uce neifi tuwaci, tule šahūn nimarahabi.
wesihun ba i erin maka niyengniyeri, juwari, bolori, tuweri be ilgahabio.
ere ba udu mudan i ba, kooli durun, wesihun gurun i adali akū ocibe, eiten hacin i jeku,

---

師兄，好冷啊！
出家人寒暑不侵，怎麼怕冷？
徒弟，果然冷！
師徒們都睡不得，爬起來，穿了衣服，開門看處，外面下了白雪。
貴處時令，不知可分春夏秋冬？
此間雖是僻地，風俗人物，雖與上國不同，但諸凡穀苗，

---

师兄，好冷啊！
出家人寒暑不侵，怎么怕冷？
徒弟，果然冷！
师徒们都睡不得，爬起来，穿了衣服，开门看处，外面下了白雪。
贵处时令，不知可分春夏秋冬？
此间虽是僻地，风俗人物，虽与上国不同，但诸凡谷苗，

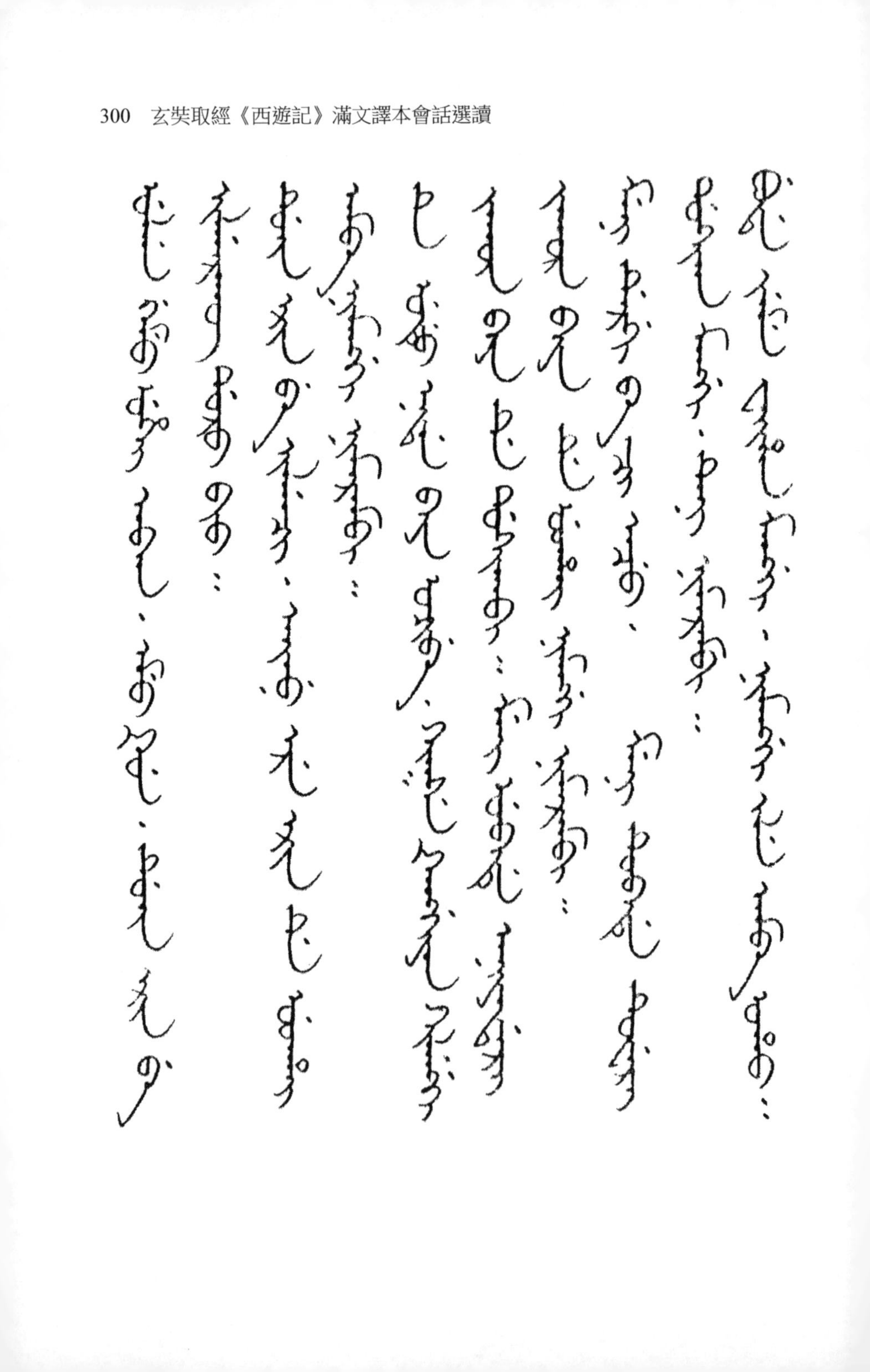

[illegible]

[illegible]

[illegible]

[illegible]

[illegible]

[illegible]

[illegible]

[illegible]

[illegible]

ulga gemu uhei abka, emu šun, duin erin be ilgarakū doro bio.
duin erin be ilgaci, ainu ere erin de uthai amba nimanggi nimarambi.
te udu nadan biya ocibe, sikse šanggiyan silenggi jakūn biya de dosikabi. meni ubade aniyadari jakūn biya de uthai nimanggi nimarambi.
meni dergi ba ci encu, meni tubade tuweri dosika manggi, teni nimarambi.
buda jeme wajiha manggi, nimanggi ele amba oho.

---

牲畜都是同天共日，豈有不分四時之理？
既分四時，怎麼此時就有這般大雪？
如今雖是七月，昨日已交白露，進入八月了。我們這裡常年八月間就有霜雪。
比我們東土不同，我們那裡交冬後，方有霜雪。
吃完飯後，雪更大了。

---

牲畜都是同天共日，岂有不分四时之理？
既分四时，怎么此时就有这般大雪？
如今虽是七月，昨日已交白露，进入八月了。我们这里常年八月间就有霜雪。
比我们东土不同，我们那里交冬后，方有霜雪。
吃完饭后，雪更大了。

# 三十五、道路迷漫

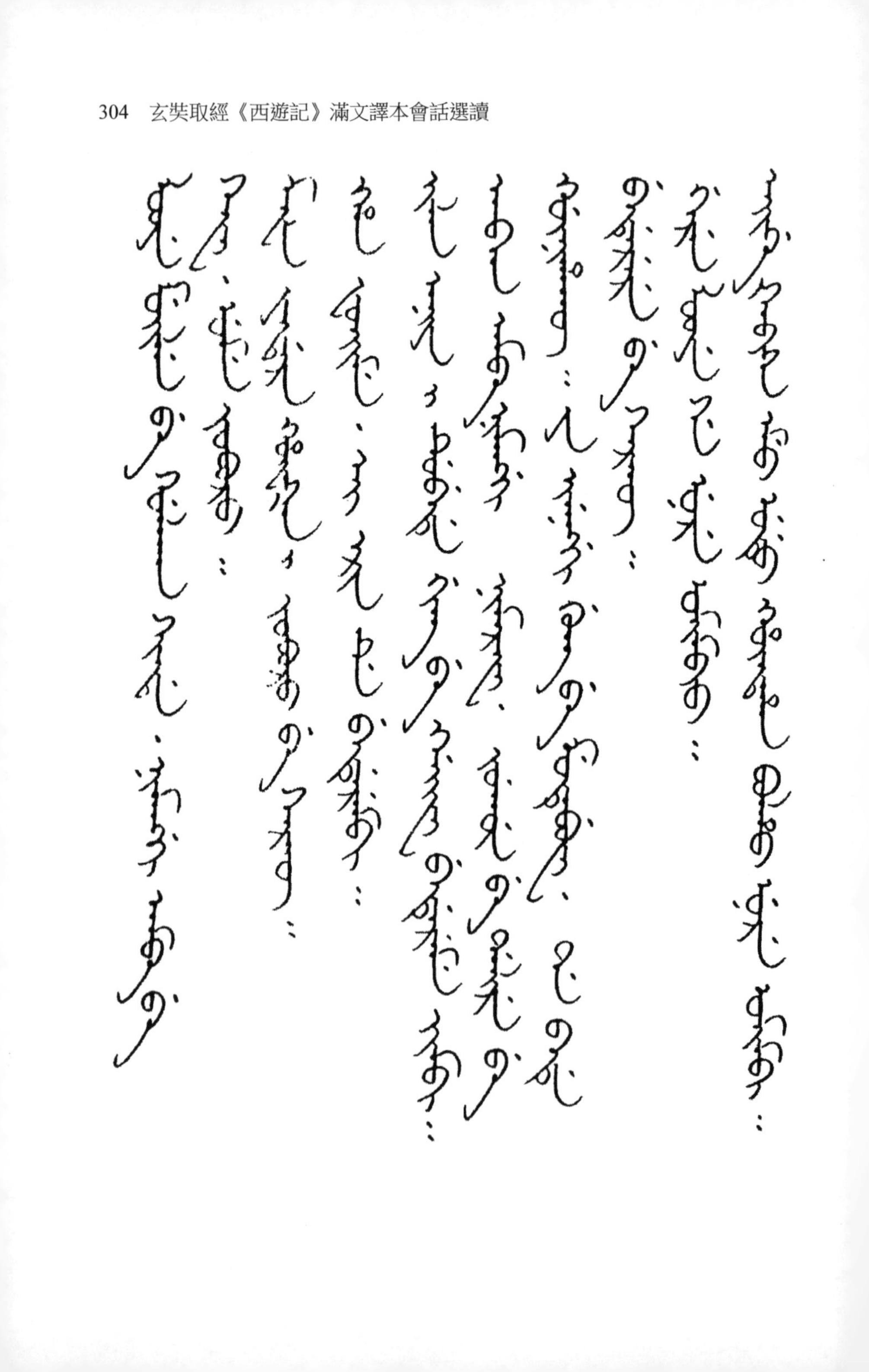

looye mujilen be sulakan sinda, nimanggi amba be safi, ume joboro.
mafa yadara hūwašan i joboro be sarkū.
han fonjime, ai erin de bederembi.
ilan aniya i dubede ging be gajifi bedereme jimbi.
abka amba nimanggi nimarafi, jugūn be dalire be gūnihakū. ya inenggi gung be mutebufi, da bade bederere be sarkū.
geren looye se nure omimbio.
ajige šabisa emu udu hūntahan bolho nure omimbi.

---

老爺放心，莫見雪大憂慮。
老施主不知貧僧之苦。
帝問道：幾時可回？
只消三年，可取經回國。
不期天將大雪，道路迷漫，不知哪日纔得功成返回故土。
列位老爺，可飲酒嗎？
小徒略飲幾杯素酒。

---

老爷放心，莫见雪大忧虑。
老施主不知贫僧之苦。
帝问道：几时可回？
只消三年，可取经回国。
不期天将大雪，道路迷漫，不知哪日纔得功成返回故土。
列位老爷，可饮酒吗？
小徒略饮几杯素酒。

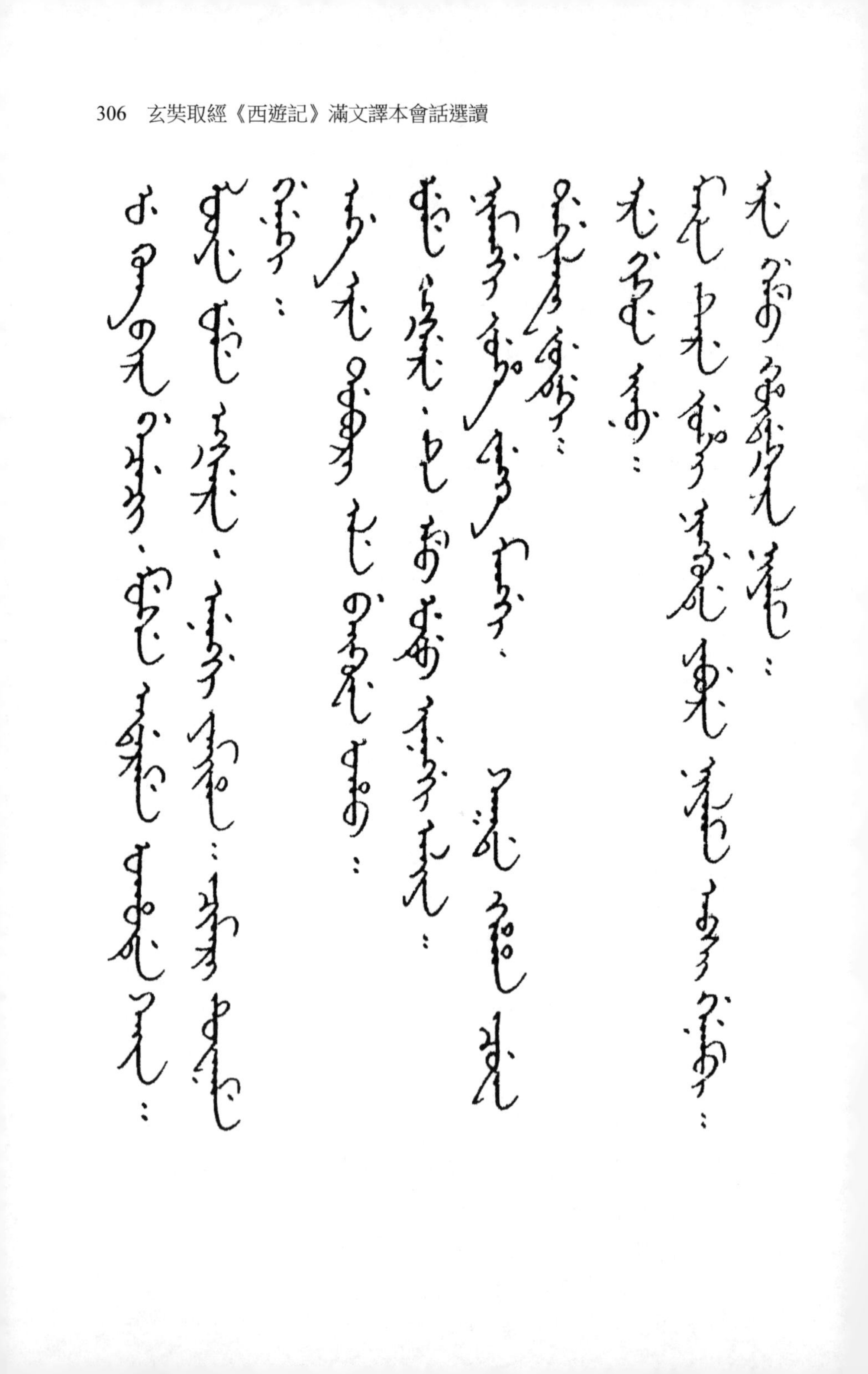

[illegible]

[illegible]

[illegible]

[illegible]

[illegible]

[illegible]

[illegible]

[illegible]

[illegible]

[illegible]

u kung bira gececi, muse adarame ohode sain.
looye ume ekšere, enenggi yamjiha. cimari tuwaname geneki.
age ere dobori ele beikuwen oho.
ume ekšere, te emu udu inenggi aliya.
nimanggi juhe wengke manggi, sakda haha cuwan dagilafi fudeki.
ere gisun inu.
mafa tere juhei ninggude yabure niyalma absi genembi.
ere gemu hūdašara niyalma.

---

悟空，凍住河，我們怎生是好？
老爺莫忙，今日晚了，明日去看。
師兄，今夜更冷了。
莫忙，如今待幾日吧！
雪融冰解後，老漢備船相送。
言之有理。
老施主，那些在冰上走的人往哪裡去？
這些都是做買賣的人。

---

悟空，冻住河，我们怎生是好？
老爷莫忙，今日晚了，明日去看。
师兄，今夜更冷了。
莫忙，如今待几日吧！
雪融冰解后，老汉备船相送。
言之有理。
老施主，那些在冰上走的人往哪里去？
这些都是做买卖的人。

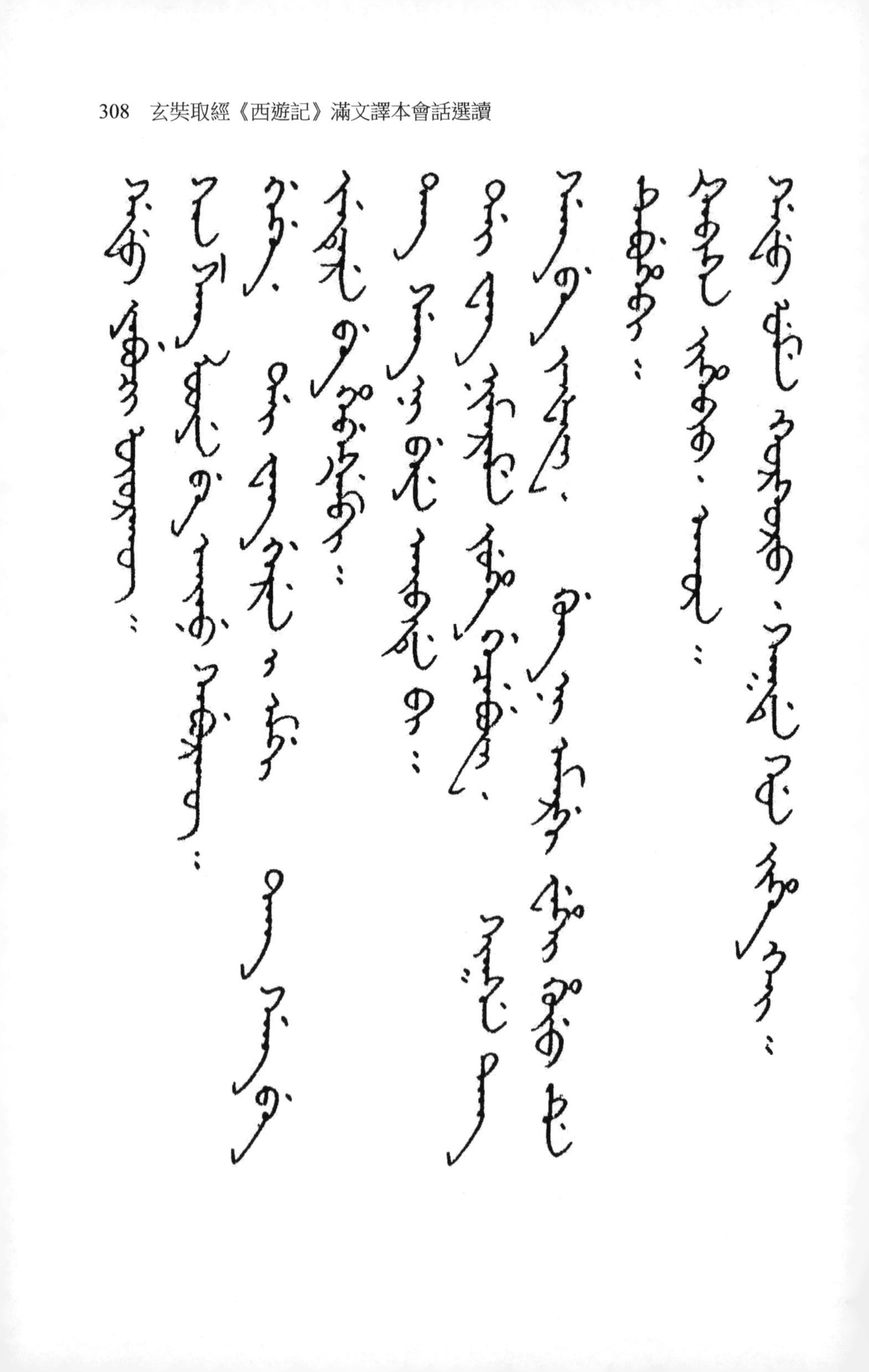

[illegible]
[illegible]
[illegible]
[illegible]
[illegible]
[illegible]
[illegible]
[illegible]
[illegible]
[illegible]

sefu yabuci ojorakū.
san dzang looye be ainu saburakū.
gege, dai wang geren i emgi tang seng be jetere be hebešembi.
tang seng ni beye aibide bi.
dai wang nimarame juhe gecebufi, sikse tang seng be jafafi, gung ni amargi wehei huju de tebuhebi.
šabisa jihebio, akūn.
sefu ume korkoro, sakda sun jihe kai.

---

師父，難行。
怎麼不見三藏老爺？
姆姆，大王與眾商議要吃唐僧。
唐僧身在哪裡？
大王降雪結冰，昨日拿住唐僧裝入宮後石匣中。
徒弟來否？
師父莫恨，老孫來了。

---

师父，难行。
怎么不见三藏老爷？
姆姆，大王与众商议要吃唐僧。
唐僧身在哪里？
大王降雪结冰，昨日拿住唐僧装入宫后石匣中。
徒弟来否？
师父莫恨，老孙来了。

# 三十六、竹林大士

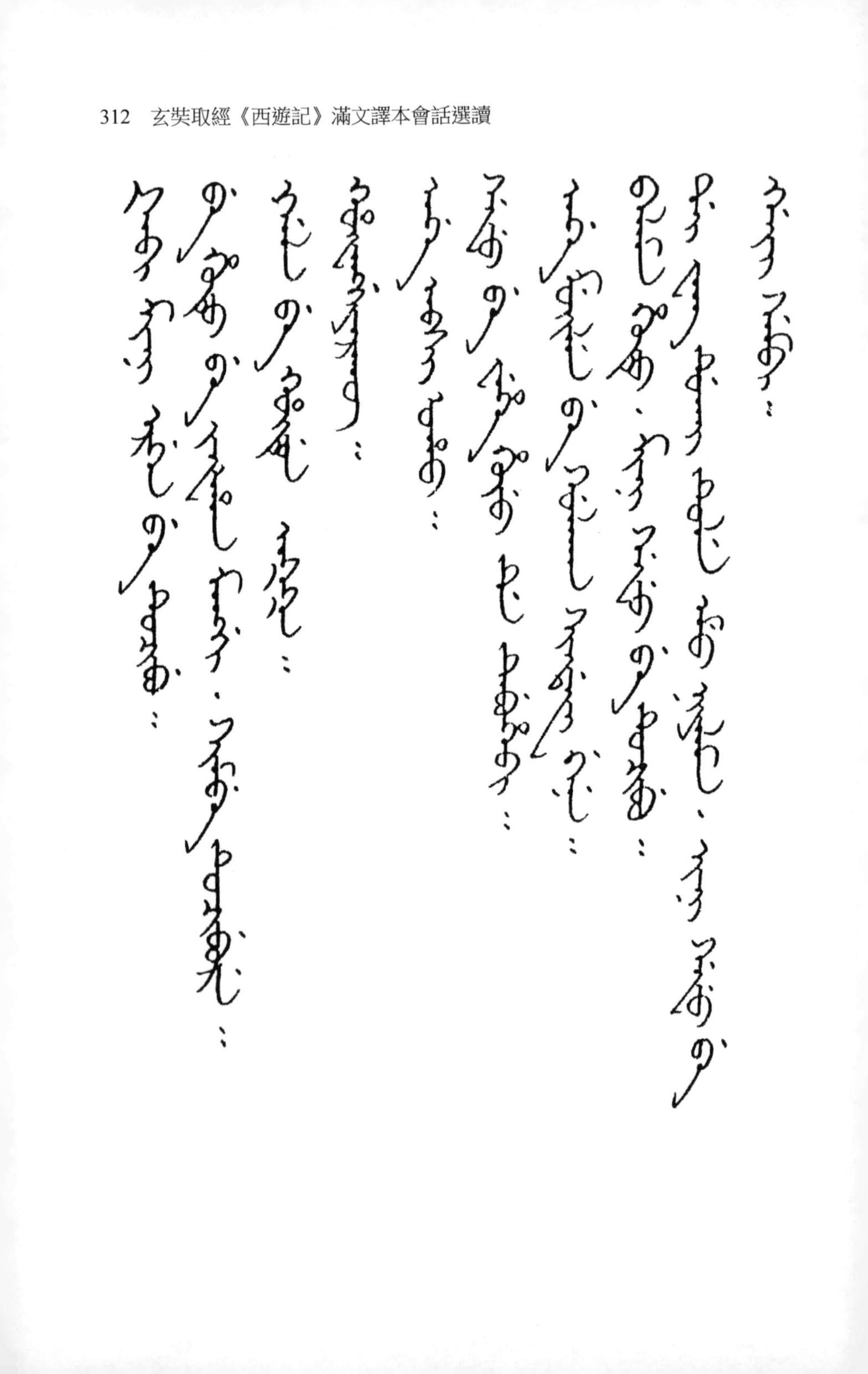

šabi mini ergen be tucibu.
be hutu be jafaha manggi, simbe tucibure.
gala be hūdun ašša.
hūwanggiyarakū.
age absi oho.
sefu be wehe huju de tebuhebi.
age mujilen be sulakan sindafi gene.
balama hutu, mini sefu be tucibu.
dai wang dukai tule emu niyalma, ini sefu be gaji sembi.

---

徒弟，救我。
我們擒住妖精後，管教你脫離。
快些兒下手。
沒事。
哥哥，如何？
師父被蓋在石匣之下。
哥哥放心先去。
潑怪物，送我師父出來。
大王，門外有個人要他的師父哩！

---

徒弟，救我。
我们擒住妖精后，管教你脱离。
快些儿下手。
没事。
哥哥，如何？
师父被盖在石匣之下。
哥哥放心先去。
泼怪物，送我师父出来。
大王，门外有个人要他的师父哩！

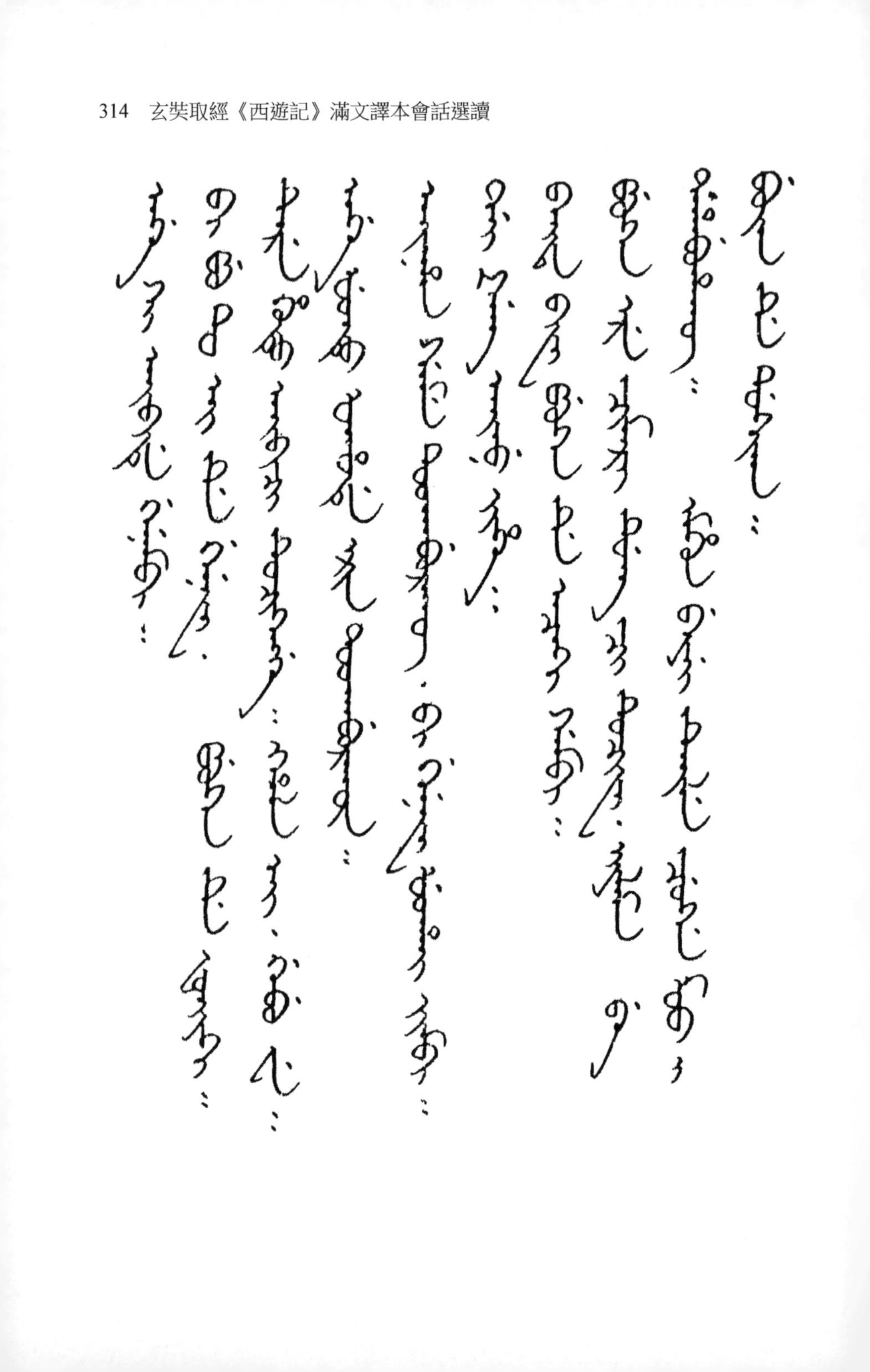

age si aibide genembi.
bi pu to ai de genefi, pusa de fonjiki.
tere hutu aibici tucikengge, hala ai, gebu we.
age uttu ohode erin tookaburakūn.
ainaha seme tookaburakū, bi genefi uthai jimbi.
dai šeng ainu jihe.
baita bifi pusa de acaki sembi.
pusa ere cimari dung ci tucifi, niyalma be dahabuhakū. emhun beyei teile cuse moo i bujan de dosika.

---

哥哥，你往哪裡去？
我上普陀巖拜問菩薩。
那妖怪是哪裡出身，姓甚？名誰？
哥哥，這樣不耽擱了時辰嗎？
絕不耽擱，我去就來。
大聖何來？
有事要見菩薩。
菩薩今早出洞，不許人隨，獨自進入竹林裡。

---

哥哥，你往哪里去？
我上普陀岩拜问菩萨。
那妖怪是哪里出身，姓甚？名谁？
哥哥，这样不耽搁了时辰吗？
绝不耽搁，我去就来。
大圣何来？
有事要见菩萨。
菩萨今早出洞，不许人随，独自进入竹林里。

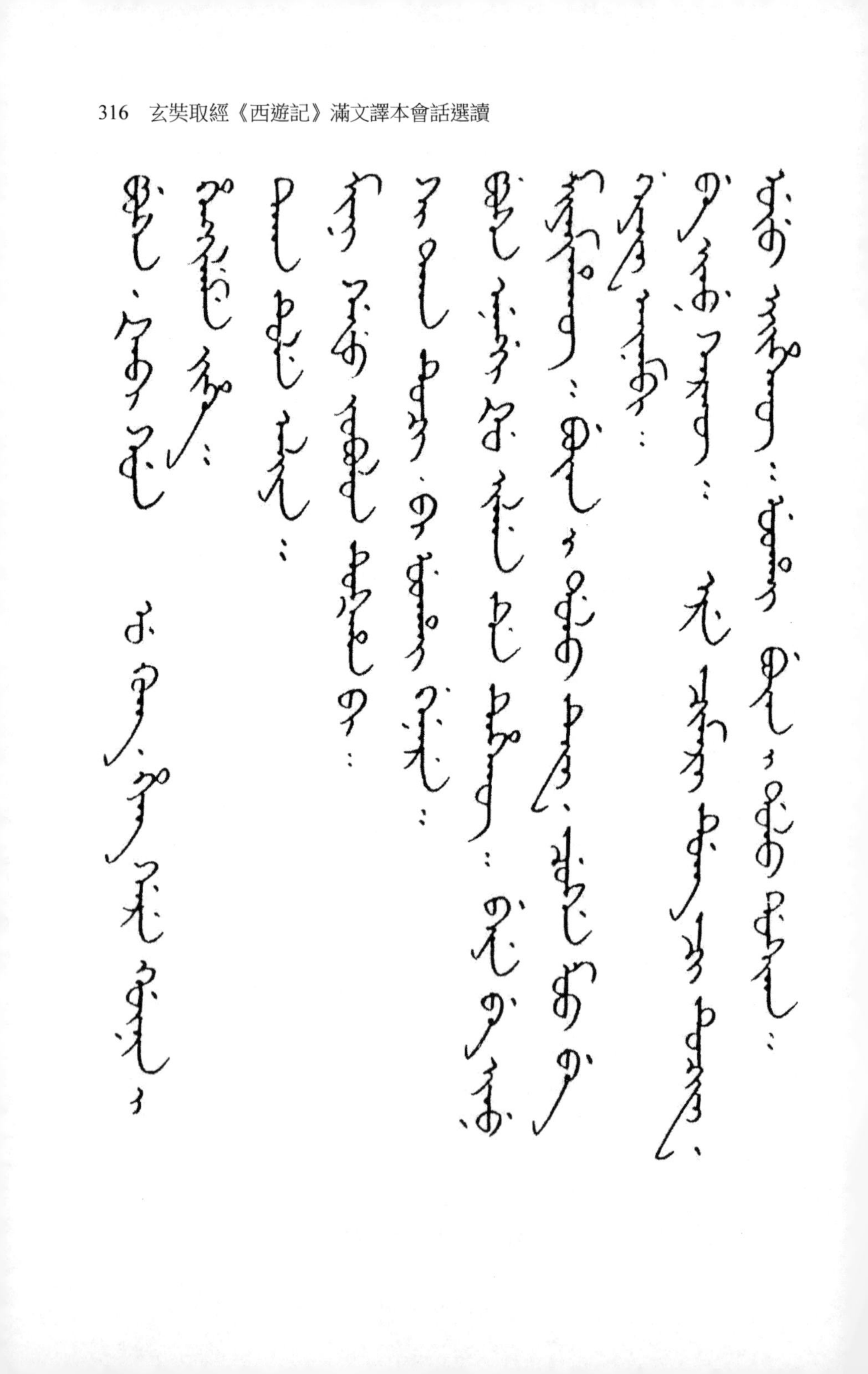

pusa, šabi sun u kung, hing sere gūnin i hengkileme jihe.
taka tule aliya.
mini sefu jobolon tušaha bi.
si taka tuci, bi uthai genere.
pusa enenggi šu ilga de tehekū. beye be inu miyamihakū. bujan i dolo tefi cuse moo be giyafi ainambi.
be inu sarkū. ere cimari dung ci tucifi, uju ijihekū. uthai bujan i dolo dosika.

---

菩薩，弟子孫悟空志心朝禮。
暫在外面等候。
我師父有難。
你暫且出去，我就去。
菩薩今日不坐蓮臺，也不妝飾，坐在竹林裡削篾做什麼？
我等也不知，今早出洞，未曾妝束，就進入竹林裡。

---

菩萨，弟子孙悟空志心朝礼。
暂在外面等候。
我师父有难。
你暂且出去，我就去。
菩萨今日不坐莲台，也不妆饰，坐在竹林里削篾做什么？
我等也不知，今早出洞，未曾妆束，就进入竹林里。

# 三十七、浮頭聽經

ᡤᡡᠸᠠ ᡳ ᠠᡳᠨᡳ ᠣᡴᡩᠣᠮᠪᡳ :: ᠪᡳ ᠰᡳᠨᡩᡝ

ᡩᠣᠪᠣᡵᡳ ᠰᡝᡶᡠ ᠪᡝ ᠠᠯᡳᠶᠠᠮᡝ᠈ ᠪᡳ ᠶᠣ ᠮᡠᡴᡩᡝᡥᡝᠨ ᠪᡝᠶᡝ ᡤᡝᠮᡠ᠈

ᡨᡝ ᠪᡝ ᠪᠣᡵᠣ ᠠᠮᠠᡳ ᠪᡝ ᡤᡝᠮᡠ ᠪᡝ ᠮᡠᡩᠠᠨ ᡳ ᠪᡳᠮᡝ

ᠰᡝᡶᡠ ᠮᡳᠨᡳ ᡤᡠᠨᡳᠨ ᠪᡝ ᠠᠮᠠ ᠣᠵᠣᡵᠣ ᠪᡳ :: ᠪᡳ ᠰᡝᡵᡝ ᠰᡝᡶᡠ᠈

ᠵᡠᠸᡝ ᠪᡳ ᡨᡝᡵᡤᡳ ᠵᡠᠸᡝ ᡳ ᠪᡝ ᡨᡠᡵᡤᡠᠨ ::

ᠰᡝᡵᡝ ᠰᡝᡶᡠ ᠠᡳᠰᡳᠨ ᡳᠰᡳᠨᠵᡳᡶᡳ :: ᠪᡠᡨᡠ ᠪᡠᡨᡠᠰᡳ ᠮᡝᠨ ::

ᡨᡠᠸᠠᠮᡝ ᠪᡳ ᠪᠣᡵᠣᠨ ᡳᠯᡳᠨᡳ ᡨᡝ ᠠᠮᠠᡥᠠ᠈ ᡨᡝ ᡳᠴᡳ ᠮᡠᡩᠠᠨ ᠪᡳ᠈ ᠮᡝᠨ ᡳ ᠮᡠᡴᡩᡝᠨ ᠪᡝ

ᠰᡝᡶᡠ ᡳ ᠠᡳᠨᡳ ᠪᡝ ᠪᡠᡵᠠᠨ ᡨᡠᠰᡳᠩᡤᠠ᠈ ᠪᡳ ᡳᠰᡳᠮᡝ

ᠪᡳ ᠰᡝᡶᡠ ᠪᡝ ᠪᡳ ᡨᡝ ᠵᡠᠸᡝ᠈ ᠮᡠᡴᡩᡝᠮᠪᡳ ᠪᡝ ᡨᡝᡵᡝ ᡳᠨᡤᡤᡝ

ᠪᠣᠣ ᡩᡝ ᡨᡝᠪᡳᠮᡝ ᡨᡠᠰᡳᠩᡤᠠ ::

hing je aliyame goidahakū. pusa gala de babungga šoro be jafafi, bujan ci tucifi hendume, u kung bi sini emgi tang seng be tucibume geneki.

šabi ai gelhun akū hacihiyambi. pusa etuku etufi, soorin de tefi genere be aliyaki.

etuku etufi ainambi. uthai uttu geneki.

tereci dai šeng amala dahame majige andande, tung tiyan ho bira de isinaha.

pusa šoro be bira de maktafi, angga i dolori bucehengge gene, weihun ningge jio.

---

行者等候不多時，菩薩手提竹籃，出林道：悟空，我與你救唐僧去來。

弟子不敢催促，等候菩薩着衣登座後去來。

不消着衣，就此去吧！

且說大聖，在後相隨，頃刻間，到了通天河。

菩薩將籃兒拋在河中，口中默念「死的去，活的來。」

---

行者等候不多时，菩萨手提竹篮，出林道：悟空，我与你救唐僧去来。

弟子不敢催促，等候菩萨着衣登座后去来。

不消着衣，就此去吧！

且说大圣，在后相随，顷刻间，到了通天河。

菩萨将篮儿抛在河中，口中默念「死的去，活的来。」

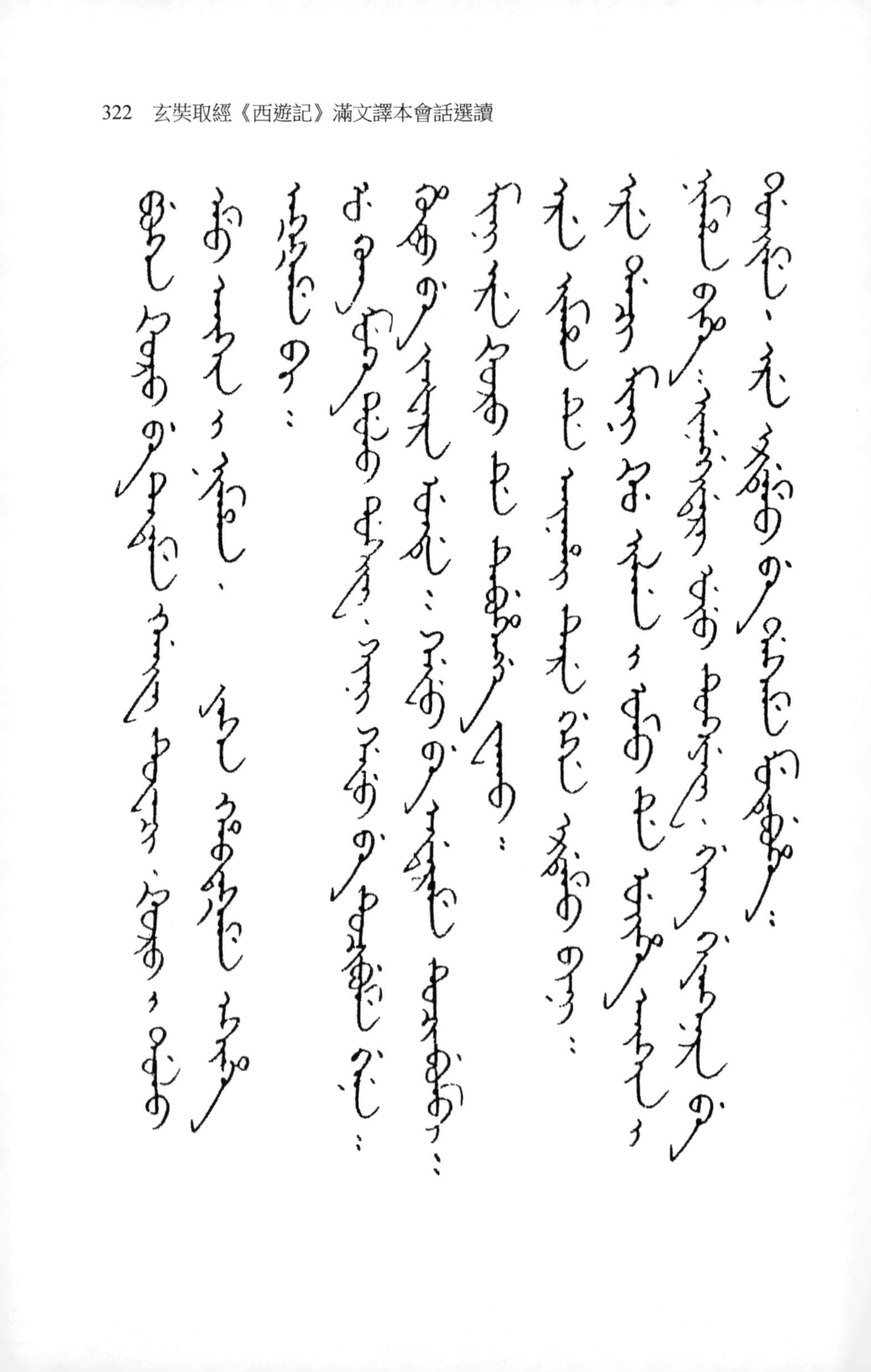

pusa šoro be tatame gaifi tuwaci, šoro i dolo emu aisin i nimaha, yasa habtašame esihe aššame bi.

u kung muke dolo dosifi, sini sefu be tucibume gene.

hutu be jafara unde. sefu be adarame tucibumbi.

mini ere šoro de tebuhengge wakao.

ere nimaha de ainahai tere gese erdemu bini.

ere daci mini šu ilga i omo de ujihe aisin i nimaha bihe. inenggidari uju tukiyefi, ging giyangnara be donjime, ere erdemu be dasame mutebuhe.

菩薩提起籃兒，但見那籃裡一尾金魚，還眨眼動鱗。

悟空，下水裡救你師父去！

未曾拿住妖邪，如何救得師父？

我這籃兒裡裝的不是嗎？

這魚兒怎生有那等手段？

這本是我蓮花池裡養大的金魚，每日浮頭聽經，修成這個手段。

---

菩萨提起篮儿，但见那篮里一尾金鱼，还眨眼动鳞。

悟空，下水里救你师父去！

未曾拿住妖邪，如何救得师父？

我这篮儿里装的不是吗？

这鱼儿怎生有那等手段？

这本是我莲花池里养大的金鱼，每日浮头听经，修成这个手段。

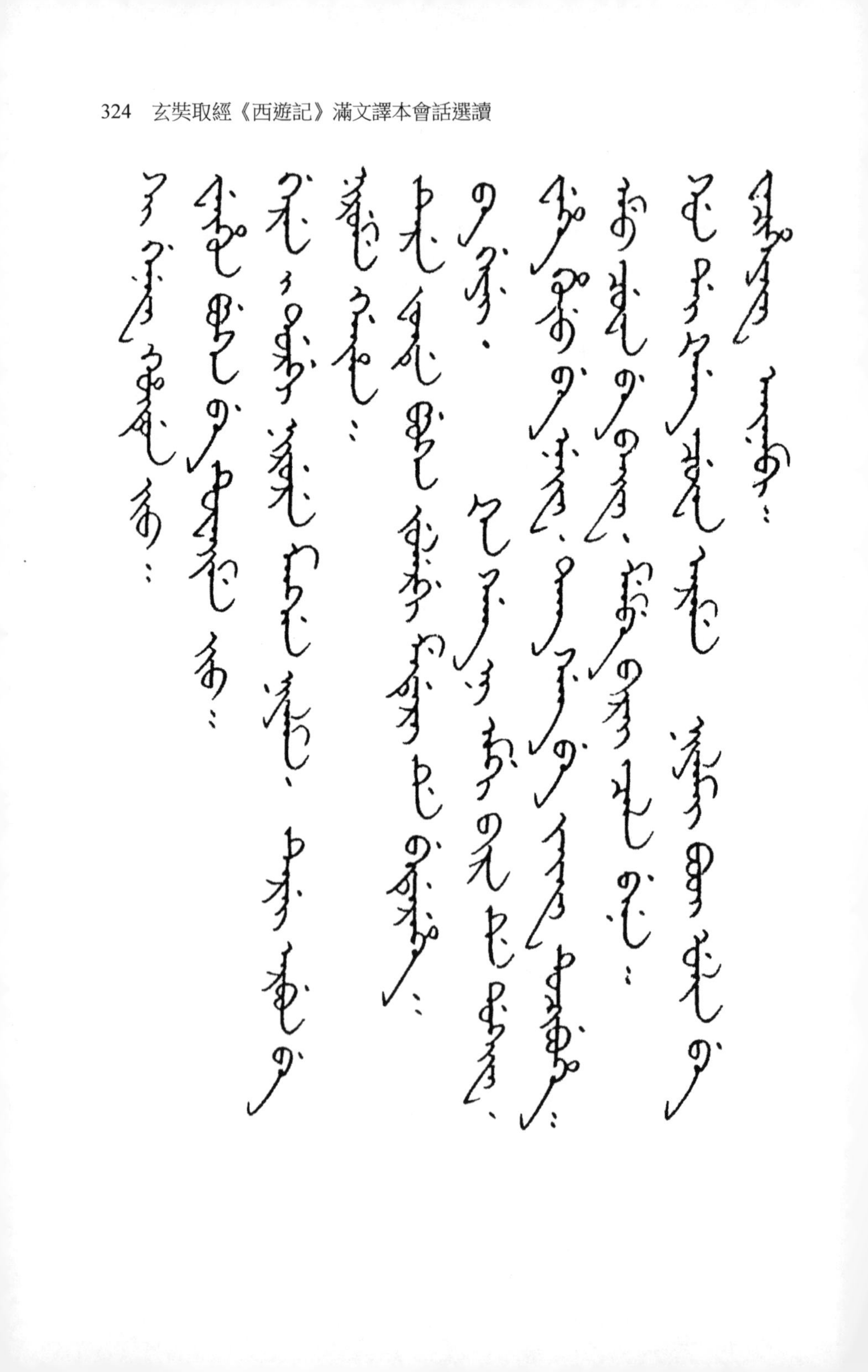

[illegible]

si genefi hūdun jio.
weihun pusa be tuwanjime jio.
geren i dorgi nirure mangga niyalma, terei arbun be nirume gaiha.
tere fonde pusa julergi mederi de bederehe.
ba giyei, ša seng ni emgi bira de dosifi, wehe huju be neifi, tang seng be jajafi tucibuhe.
emu cuwan be baifi, membe birai cala bene.
sun dai šeng cuwan arame niyalmai booi ulin be wacihiyafi ainambi.

---

你快去快來！
來看活菩薩！
眾人內有善圖畫的人，畫下他的形像。
當時菩薩就歸南海了。
八戒與沙僧進入水裡，揭開石匣，馱着唐僧出來。
找尋一隻船，送我們過河去。
孫大聖做什麼要花費造船人家的財物？

---

你快去快来！
来看活菩萨！
众人内有善图画的人，画下他的形像。
当时菩萨就归南海了。
八戒与沙僧进入水里，揭开石匣，驮着唐僧出来。
找寻一只船，送我们过河去。
孙大圣做什么要花费造船人家的财物？

# 三十八、大鼋渡河

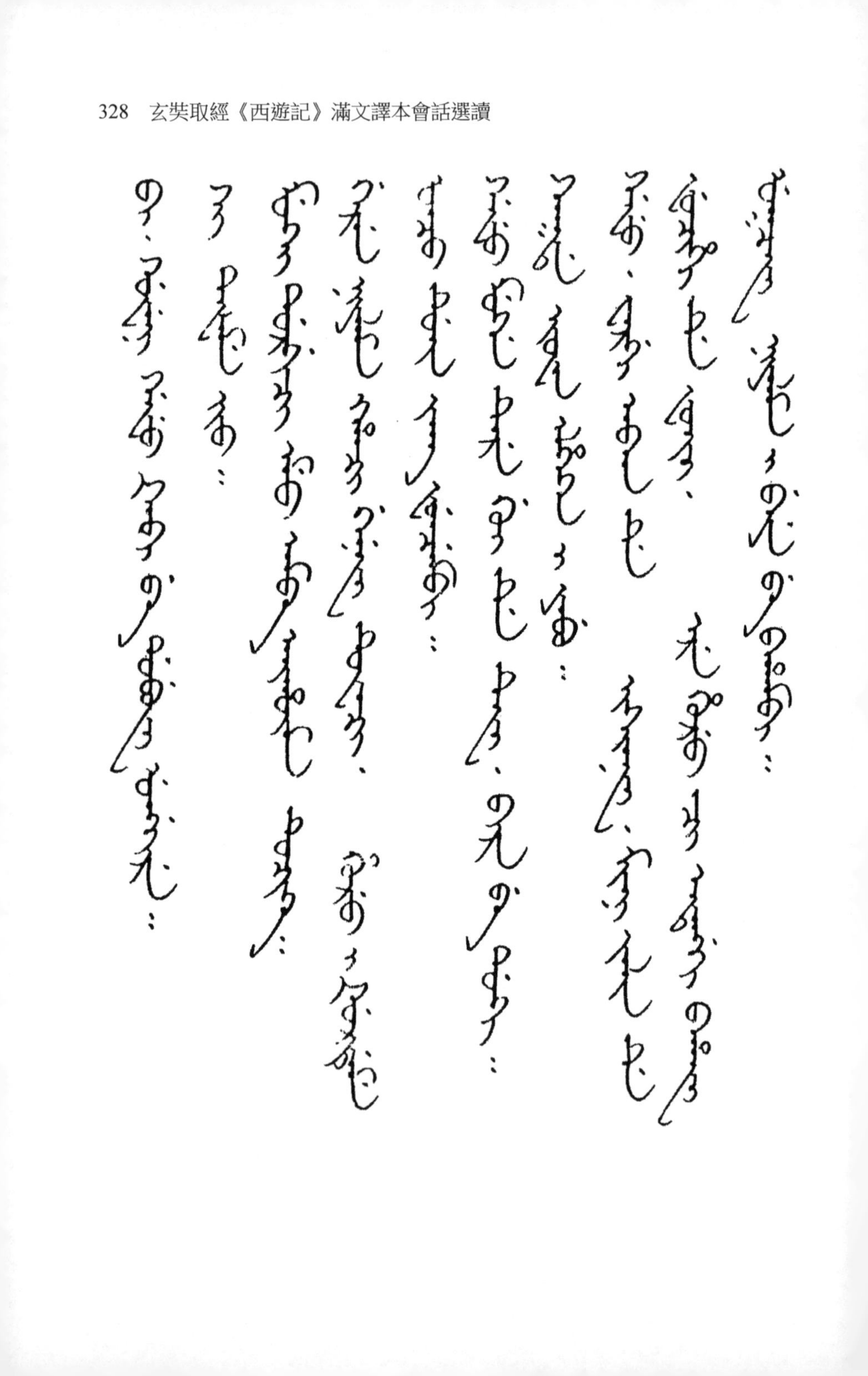

bi, suweni sefu šabi be dobufi unggire.

si tafame jio.

mukei dorgici emu amba aihūma tucike.

geren niyalma hanci genefi tuwaci, huru i šurdeme onco duin jang funcembi.

sefu muse tere gui de tefi, bira be doki.

sakda iowan elheken i yabu.

sefu, wargi abka de isinafi, mini jalin de fucihi de fonji, ere huru ci atanggi bahafi ukcafi niyalma i beye be bahambi.

---

我送你們師徒過去。

你上來吧！

一隻大黿從水中出來。

眾人近前觀看，蓋周圍寬四丈有餘。

師父，我們坐上那龜渡河吧！

老黿，慢慢走啊！

師父到西天，為我問佛祖，看我幾時得脫此殼，可得一個人身？

---

我送你们师徒过去。

你上来吧！

一只大黿从水中出来。

众人近前观看，盖周围宽四丈有余。

师父，我们坐上那龟渡河吧！

老黿，慢慢走啊！

师父到西天，为我问佛祖，看我几时得脱此壳，可得一个人身？

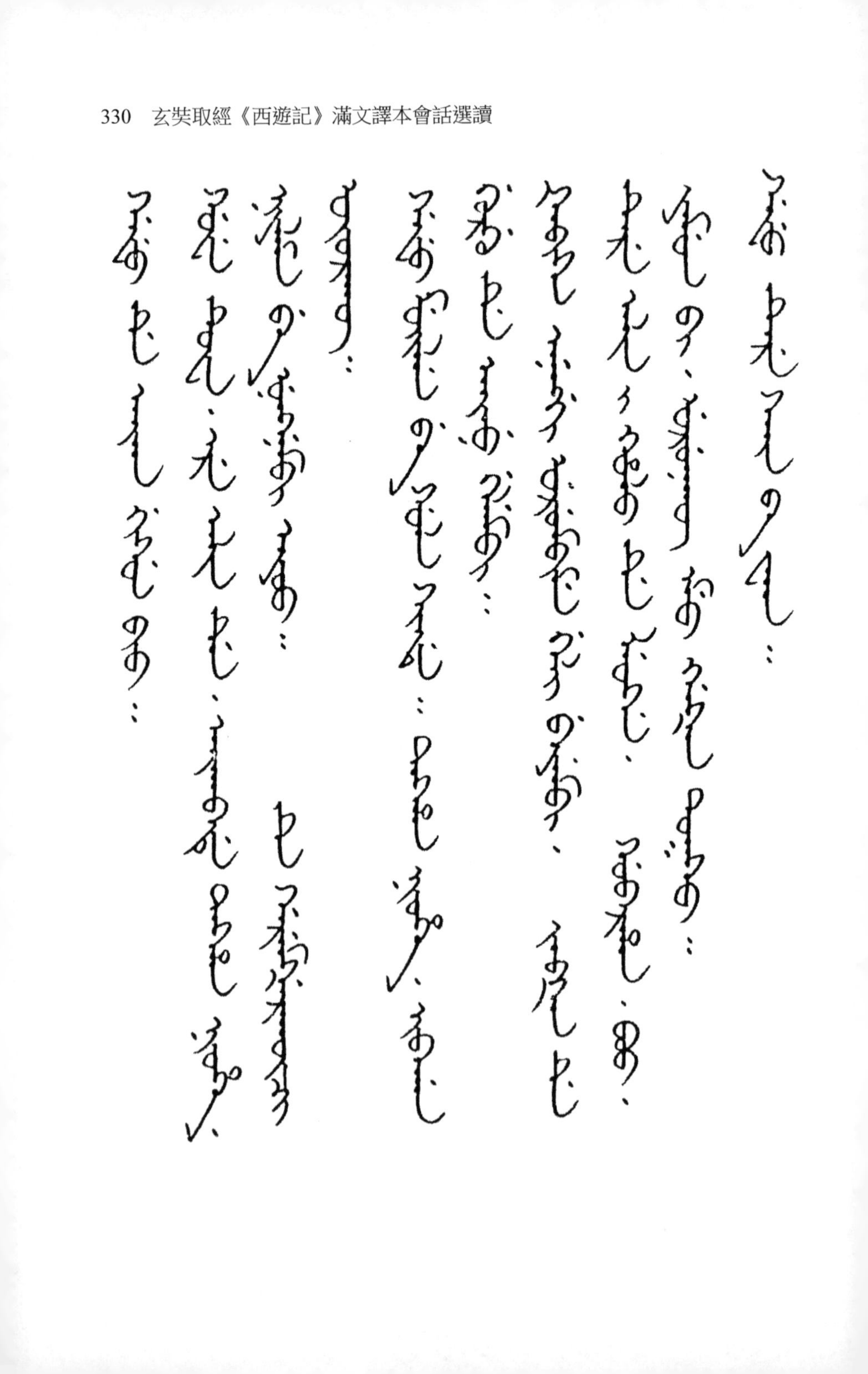

[illegible]

[illegible]

[illegible]

[illegible]

[illegible]

[illegible]

[illegible]

[illegible]

[illegible]

[illegible]

sefu de aika gisun bio.

suwe tuwa, ere alin den, aikabade tasha niohe, niyalma be nungnembi ayoo. te seremšerakūci ojorakū.

sefu mujilen be sula sinda. tasha niohe, ibagan gurgu de ainu gelembi.

šabisa enenggi urumbime geli beyembi, jabšan de tere alin i holo de leose, subarhan, boo, yamun bi, urunakū emu gašan tokso.

sefu tere sain ba waka.

---

師父，有何吩咐？

你們看，這山高，恐有虎狼傷人，如今不可不防備。

師父放心，怕什麼虎狼妖獸？

徒弟啊，今日又饑又寒，幸得那山凹裡有樓、塔、房舍、衙門，斷乎是一個村莊。

師父，那裡不是好地方。

---

师父，有何吩咐？

你们看，这山高，恐有虎狼伤人，如今不可不防备。

师父放心，怕什么虎狼妖兽？

徒弟啊，今日又饥又寒，幸得那山凹里有楼、塔、房舍、衙门，断乎是一个村庄。

师父，那里不是好地方。

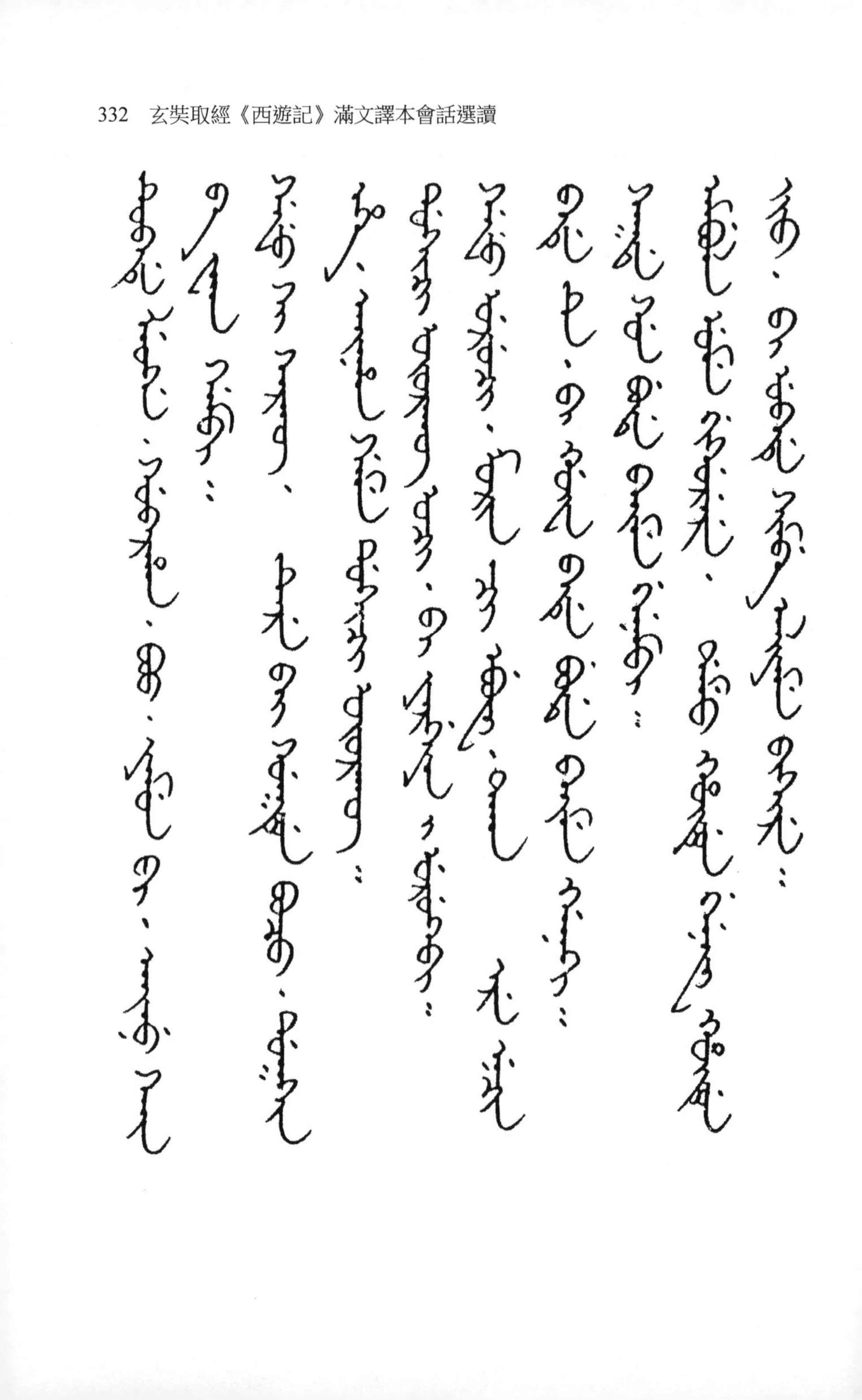

[illegible]

tubade leose, subarhan, boo, yamun bi, ainu sain ba waka sembi.
sefu si sarkū, tere bai sukdun boco, doksin ehe, ainaha seme dosici ojorakū.
dosici ojorakū oci, bi yargiyan i urukebi.
sefu uruci, morin ci ebufi, taka ere necin bade te, bi gūwa bade buda baime ganaki.
sakda sun buda baime genembi.
ambula ume gisurere, damu hūdun genefi hūdun jio, bi ubade simbe aliyame bisire.

---

那裡有樓、塔、房舍、衙門，如何說不是好地方？
師父啊，你那裡知道，那裡氣色兇惡，斷不可進入。
既不可進入，我卻實在飢餓了。
師父飢餓了，且請下馬，就在這平地上坐下，我到別處化些齋來。
老孫要化齋去了。
不必多言，但快去快來，我在這裡等你。

---

那里有楼、塔、房舍、衙门，如何说不是好地方？
师父啊，你那里知道，那里气色凶恶，断不可进入。
既不可进入，我却实在饥饿了。
师父饥饿了，且请下马，就在这平地上坐下，我到别处化些斋来。
老孙要化斋去了。
不必多言，但快去快来，我在这里等你。

# 三十九、西天如來

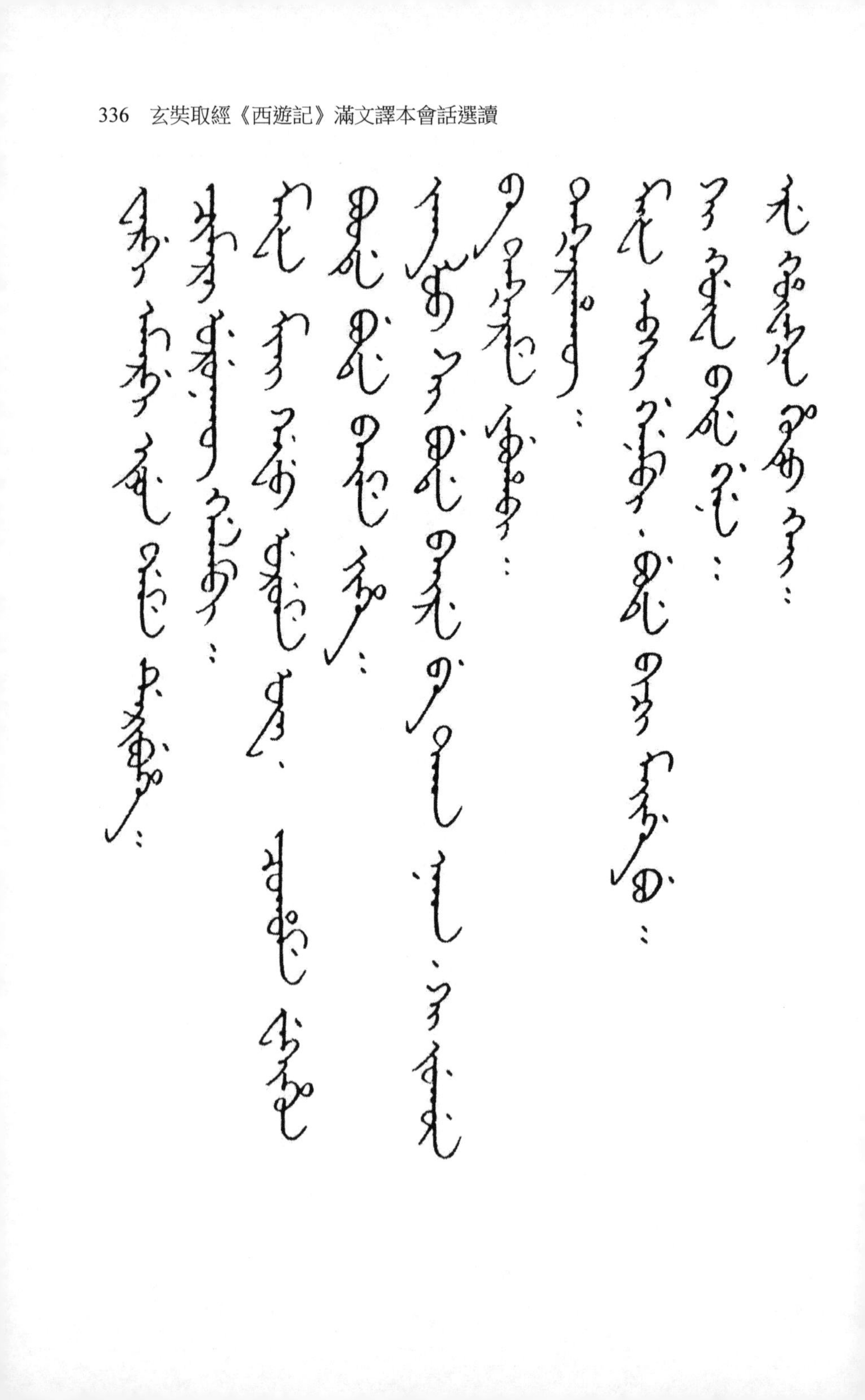

[illegible]

[illegible]

[illegible]

[illegible]

[illegible]

[illegible]

[illegible]

[illegible]

[illegible]

[illegible]

wargi amargi edun dame deribuhe.
cimari urunakū galambi.
mafa mini sefu urume ofi, cohome wesihun boode buda baime jihe.
jang loo si buda baire be taka naka, si jugūn ba tašarame yabuhabi.
tašarahakū.
mafa ebsi genembi, buda bici majige bu.
si gūwa bade gene.
ere hūwašan hutu kai.

---

西北風刮起來了
明日一定晴了。
老施主，我師父因腹中饑餒，特造尊府募化一齋。
長老，你且休化齋，你走錯路了。
不錯。
施主哪裡去？有齋化些兒。
你別轉一家去吧！
這個和尚是鬼啊！

---

西北风刮起来了
明日一定晴了。
老施主，我师父因腹中饥馁，特造尊府募化一斋。
长老，你且休化斋，你走错路了。
不错。
施主哪里去？有斋化些儿。
你别转一家去吧！
这个和尚是鬼啊！

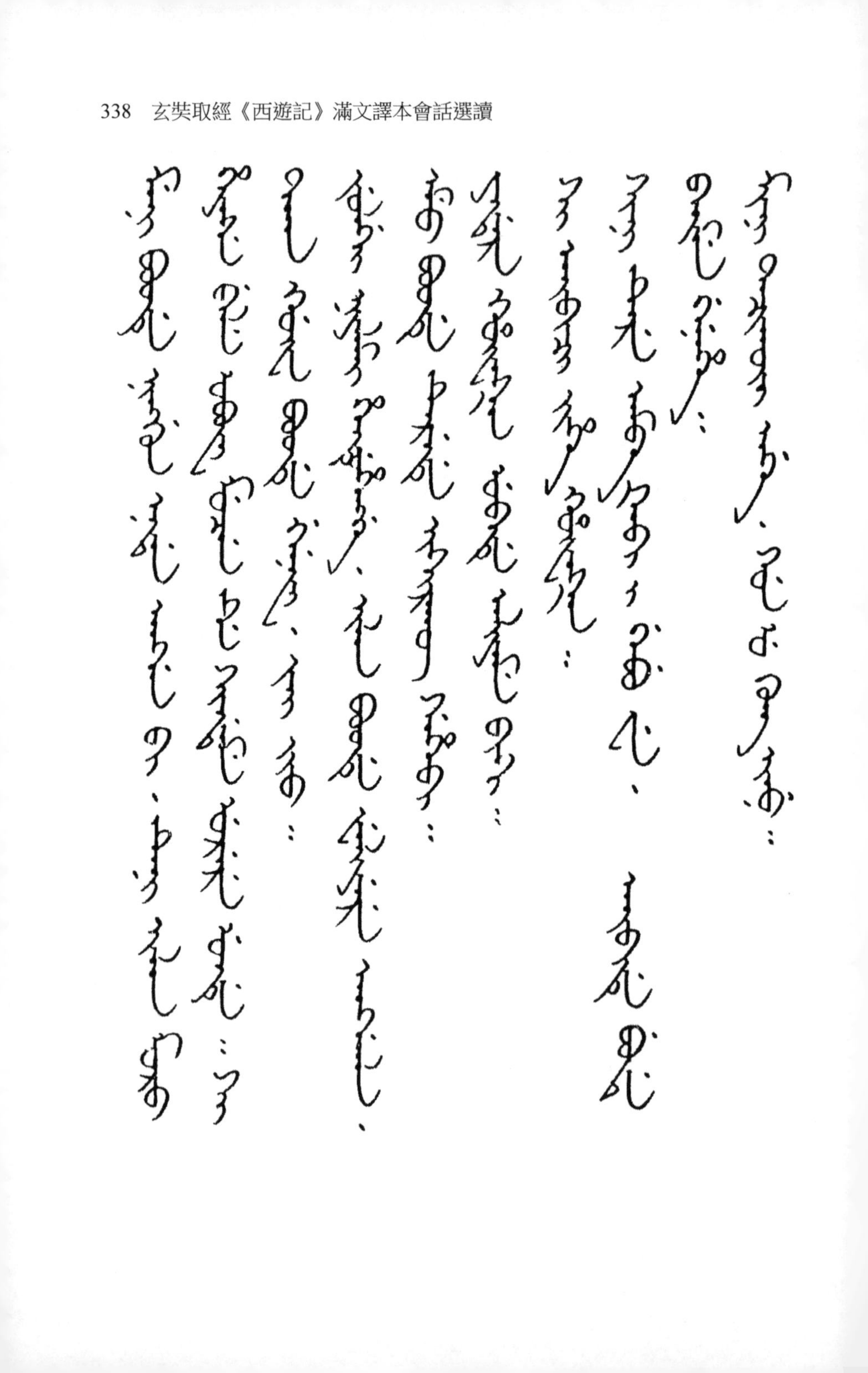

meni boode ninggun nadan angga bi, teni ilan moro hiyase bele obofi mucen de sindame urere unde. si taka gūwa boode genefi, jai jio.
julgei niyalmai henduhengge, ilan boode feliyere anggala, emu boode terede isirakū sehebi.
yadara hūwašan ubade aliyame biki.
si aibici jihe hūwašan.
sini tere amba šabi i gebu we, aibide buda baime genehe.
mini tacikūi age, sun u kung inu.

---

我們家六、七口，纔洗了三升米下鍋，尚未煮熟，你且到別家去，再來。
古人云：「與其走三家，不如坐一家」。
貧僧在此等一等吧！
你是哪方和尚？
你那大徒弟叫做什麼名字？往何方化齋去了？
我師兄孫悟空是也。

---

我们家六、七口，纔洗了三升米下锅，尚未煮熟，你且到别家去，再来。
古人云：「与其走三家，不如坐一家」。
贫僧在此等一等吧！
你是哪方和尚？
你那大徒弟叫做什么名字？往何方化斋去了？
我师兄孙悟空是也。

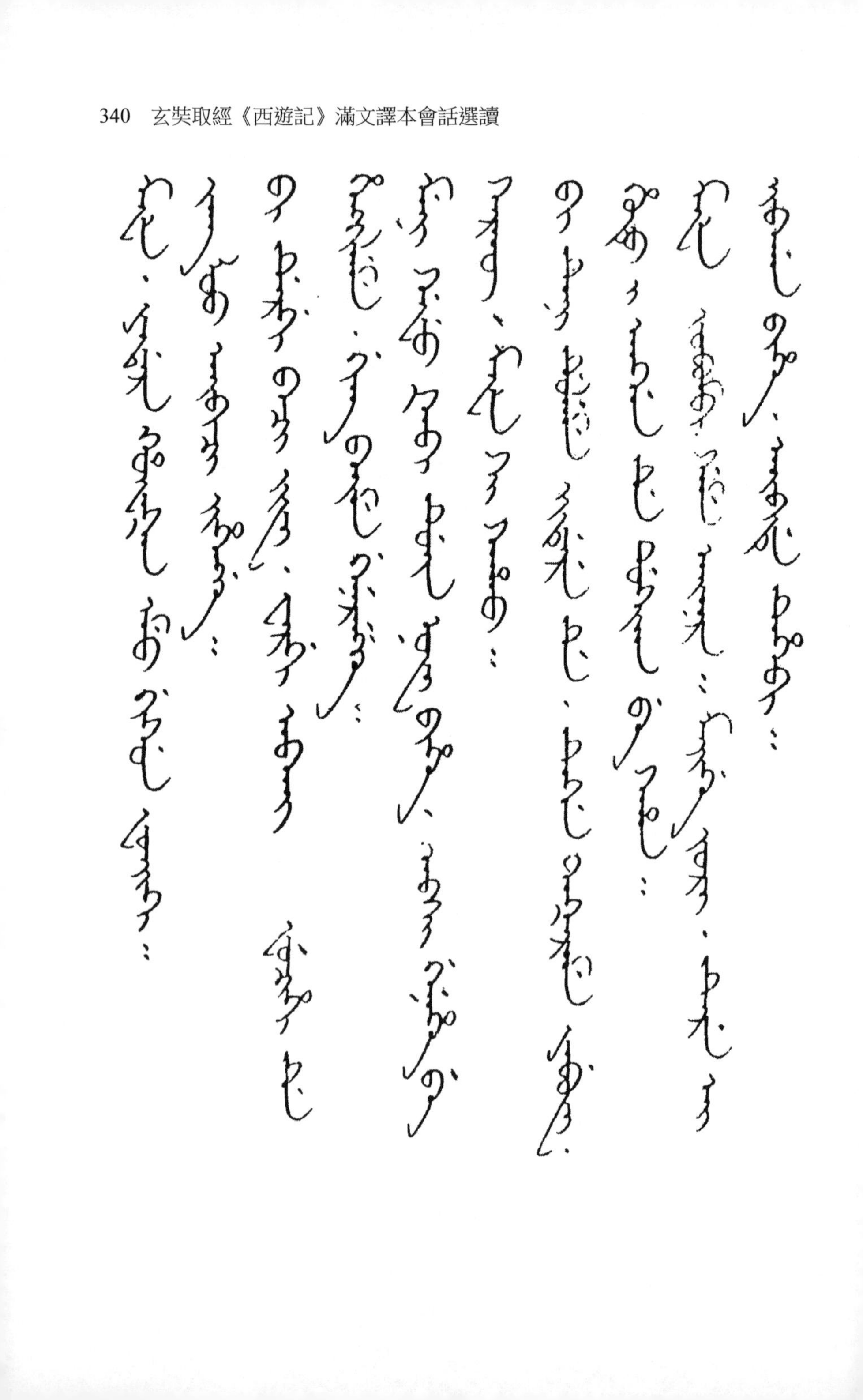

mafa, yadara hūwašan emu gisun fonjiki.
jang loo aibici jihengge.
bi dergi baci jifi, wargi abkai fucihi de hengkileme, ging baime generengge.
meni sefu šabi duin nofi bihe, absi genehe be sarkū, mafa si sahao.
bi teni duleme jidere de, tese tašarame yabufi, hutu i angga de dosika be saha.
mafa jobombi seme ainara, majige jori, tere ai ibagan bihe, aibide tehebi.

---

老公公，貧僧來問訊了。
長老哪裡來的？
我從東土來，往西天拜佛取經。
我們師徒四人，不知往哪裡去了？公公你可曾看見？
我剛纔從此經過時，看見他們走錯了路，已經闖入了妖魔口裡去了。
煩公公指教，那是什麼妖魔？居於何方？

---

老公公，贫僧来问讯了。
长老哪里来的？
我从东土来，往西天拜佛取经。
我们师徒四人，不知往哪里去了？公公你可曾看见？
我刚纔从此经过时，看见他们走错了路，已经闯入了妖魔口里去了。
烦公公指教，那是什么妖魔？居于何方？

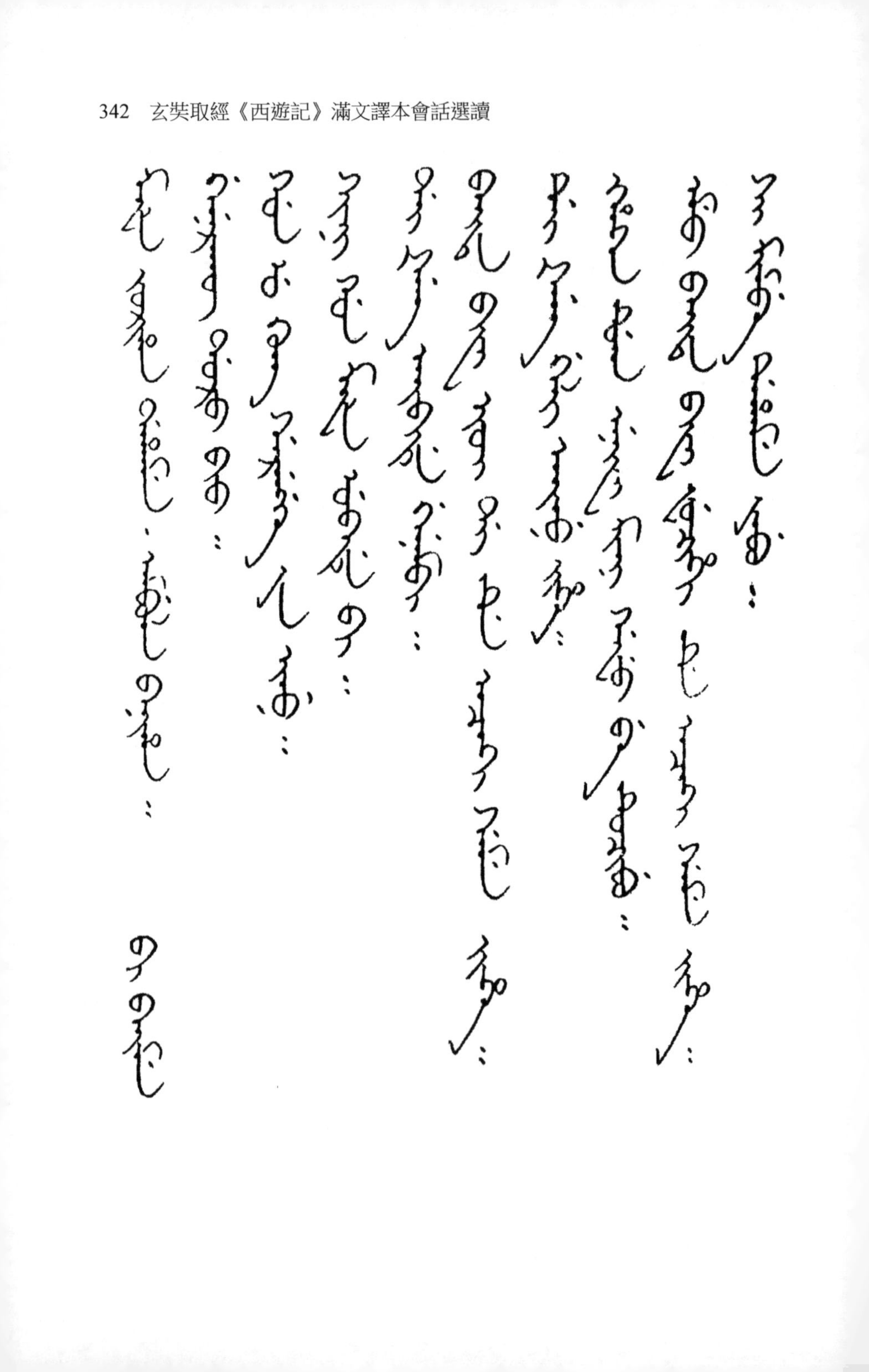

mafa joriha dahame, ambula baniha. bi baime generakū doro bio.
sun u kung serengge ya inu.
sini sun mafa ubade bi.
dai šeng aibide genembi.
baita bifi ioi di de acaki seme jihe.
dai šeng geli ainu jihe.
hasa duka neifi mini sefu be tucibu.
emu baita bifi fucihi de acaki seme jihe.
si mimbe dahame yabu.

---

多蒙公公指教。豈有不去之理？
哪個是孫悟空？
你的孫爺爺在這裡。
大聖何往？
有事來想要見玉帝。
大聖如何又來？
快開門！還我師父來！
正有一事來欲見如來佛。
你跟我來。

---

多蒙公公指教。岂有不去之理?
哪个是孙悟空?
你的孙爷爷在这里。
大圣何往?
有事来想要见玉帝。
大圣如何又来?
快开门！还我师父来！
正有一事来欲见如来佛。
你跟我来。

# 致　謝

本書滿文羅馬拼音及漢文，由原任駐臺北韓國代表部連寬志先生熱心支持校勘，在此最深誠感謝。